Miguel Ángel Lurueña

Del ultramarinos al hipermercado

imago mundi

Miguel Ángel Lurueña

Del ultramarinos al hipermercado

Un recorrido por los sabores, recuerdos y costumbres de toda una generación

Ediciones Destino Colección Imago Mundi **Volumen 358**

Ediciones Destino, un sello editorial de Editorial Planeta, S. A.
Avda. Diagonal, 662-664, 08034 Barcelona (España)
www.planetadelibros.com
www.edestino.es

Primera edición: noviembre de 2023
ISBN: 978-84-233-6401-5
Depósito legal: B. 17.081-2023
Composición: Realización Planeta
Impresión y encuadernación: CPI Black Print
Printed in Spain - Impreso en España

A mi abuela y a mi madre, que me enseñaron la verdadera magia de la cocina, la que hace que la comida llegue al corazón.

A mi mujer, la verdadera protagonista del libro más importante. Seguiremos escribiendo y disfrutando cada capítulo hasta que se nos acabe la tinta.

A mis hijas, ni en mis mejores sueños habría imaginado ser padre de dos personas tan maravillosas.

A todas las mujeres que hacen que el mundo siga girando.

ÍNDICE

PRÓLOGO

«Aprovecha ahora que puedes, que cuando seas mayor ya verás lo difícil que es la vida.» De pequeño no dejaba de escuchar este tipo de consejos en boca de algunos vecinos del barrio. Qué necesidad había de causar ese desasosiego a un niño de seis años.

Por supuesto, yo no tenía ni idea de qué era eso tan terrible y tan complicado que se avecinaba con la vida adulta. Pero se me ocurrió una idea para tratar de comprobarlo: tomar una referencia, la más simple que se me pasara por la cabeza, para observar si iba cambiando a lo largo del tiempo y cómo lo hacía. No sabía si era una tontería de niño pequeño o una genialidad, pero me quedé con aquello en mente.

La referencia que se me ocurrió fue una simple letra A mayúscula. Tres palitos. Dos que confluyen en un vértice y otro horizontal que une las dos rectas. ¿Qué podía tener eso de complicado?

Resulta que sí lo tenía. Con el tiempo y los conocimientos me di cuenta de que aquella simple letra A encerraba una complejidad enorme. Ya no veía tres simples palitos, sino una figura con un montón de facetas. Podemos darnos cuenta si vamos por ejemplo a una imprenta y decimos que nos impriman un cartel con una letra A. Nos preguntarán por la tipografía, el estilo, si la queremos o no con serifa... Podemos pensar también en los aspectos históricos: cómo se inventó el alfabeto latino y cómo ha evolucionado la tipografía a lo largo del tiempo. O en los antropológicos, para darnos cuenta de la revolución que supuso el lenguaje escrito como forma de transmitir nuestros pensamientos; los culturales, para pensar cómo se llegó al desarrollo de ese símbolo para representar un determinado sonido y por qué en otros idiomas suena diferente...

Quizá era una idea de niño repelente, pero funcionó.

Con la alimentación ocurre exactamente lo mismo, pero todavía hay quien no se ha dado cuenta, como me pasaba a mí con aquella letra. A veces es normal, por la falta de conocimientos. Pero en otros casos llama poderosamente la atención. Quizá el ejemplo más grave que he visto hasta ahora es el de un catedrático al que escuché en un congreso de alimentación, quien se lamentaba de que ahora se le dan demasiadas vueltas a la alimentación: que si el medioambiente, que si el veganismo... y tantas otras cosas «sin importancia», porque, según decía: «Todo se reduce única y exclusivamente a la bioquímica: según comas, así afectará a tu cuerpo». Aquel reduccionismo casi hace que me explote la cabeza.

Aquello no dejaría de ser una simple anécdota si no fuera porque hay muchas personas que caen en el mismo error.

Claro que la alimentación es bioquímica. Pero también mil cosas más: cultura, ética, medioambiente, consumo, seguridad alimentaria, legislación, publicidad, economía, religión, historia, política y mucho más. Todo en nuestra vida gira en torno a la comida. Porque todos necesitamos comer para vivir, pero también porque la comida es parte de nuestra vida y de nuestra identidad. Si comemos de una forma y no de otra, no es por casualidad, sino por cómo nos influyen todos esos aspectos.

Afortunadamente, hay muchas personas que son plenamente conscientes de ello. Eso no pasaba hace cuatro décadas, cuando la preocupación en torno a la alimentación era casi única y exclusivamente la de comer para nutrirnos. Donde antes veíamos un simple huevo frito, hoy valoramos muchas otras cosas, como el tiempo que nos lleva cocinarlo y los aspectos nutricionales, medioambientales o de bienestar animal. Antes era un alimento básico que nuestras madres cocinaban como un recurso fácil, rápido y asequible. Hoy es un alimento más de entre la enorme variedad de la que disponemos, e incluso tenemos la posibilidad de comprarlo listo para consumir para ahorrar tiempo y esfuerzo, pero a costa de pagar más y gastar más recursos, como el plástico del envase. ¿Cómo hemos pasado de un punto a otro en apenas cuarenta años?

Esa es la historia que cuento en este libro.

I

AQUELLOS MARAVILLOSOS AÑOS

La primera vez que entré por mí mismo en el mundo de la alimentación lo hice con mal pie. Calculo que tendría unos seis años, si no menos, cuando mi madre me dio dinero para ir a comprar. Era un barrio obrero, formado por edificios bajos de color blanco inmaculado y amplios paseos y jardines, con pocos coches y muy tranquilo, así que no había mucho peligro.

—¿Seguro que te arreglas para ir tú solo? —Mi madre no acababa de tenerlo claro, pero supongo que se decidió cuando vio la ilusión que me hacía aquello.

—¡Claro que sí! Siempre voy contigo a hacer la compra.

—Pues toma dinero. Ve donde Vicente y le dices que te dé un repollo.

Y allá que me fui la mar de contento a hacer mi primera compra en solitario. La tienda estaba a unos cien metros de casa, así que llegué sin ningún problema. La primera parte de la misión ya estaba cumplida. Solo había que entrar y comprar.

Eso ya me costó más, porque de pequeño era muy tímido. Pero me armé de valor, abrí la puerta y entré en la tienda. Era primera hora de la tarde, así que no había nadie más que el dueño. Le pedí un repollo, tal y como me había dicho mi madre, pero a medida que lo iba diciendo comencé a notar que algo no cuadraba.

—¿Pero tu madre te ha dicho que vinieras aquí a por un repollo? ¿Seguro? —La cara del dueño era un poema.

Estaba claro que algo no iba bien, pero yo no acababa de pillarlo. Como el hombre no lo veía muy claro, me envió de nuevo a casa para que mi madre me confirmara la misión que me había encomendado.

Cuando llegué y se lo conté se extrañó.

—Pero ¿cómo es que Vicente no te ha querido dar un repollo? —De repente se dio cuenta y se echó a reír—. ¿Pero tú dónde has ido?

Pues resulta que había confundido el repollo con el pollo y a Vicente el frutero con Lorenzo el carnicero. Vamos, que había ido a por un repollo a la carnicería. Fracaso absoluto. Pero ¡qué culpa tenía yo de que pusieran nombres tan parecidos a las cosas! Porque, en mi cabeza, los nombres de aquellos tenderos sonaban igual, como a «gente mayor».

Y lo de llamar repollo a una verdura y pollo a un tipo de carne se las trae... Aunque años después encontré una explicación, que supongo a estas alturas no sorprende a nadie, y es que ambas palabras tienen el mismo origen. *Pollo* procede del latín *pullus*, que significa 'retoño', y *repollo* también, concretamente de *repullulare*, es decir, 'retoñar'. Así que misterio resuelto, aunque un poco tarde.

Aquella fue mi primera experiencia vergonzante con los alimentos. O al menos la primera que recuerdo. Pero no fue la única. Luego vinieron muchas más. Otro gran éxito de mis meteduras de pata ocurrió dos o tres años después, en el colegio. Había examen de ciencias naturales y, no sé muy bien por qué, ese día no había estudiado, así que respondí lo que me sonaba de oídas. Una de las preguntas decía algo así como «¿Qué es la pasteurización?». Se suponía que debía contestar que «consiste en calentar la leche para matar las bacterias y poder conservarla durante más tiempo». Pero como había oído campanas y no sabía dónde, respondí que «consiste en añadir mucha cantidad de azúcar a la leche para conservarla mejor».

Esto podría haber pasado desapercibido, como cualquier otra barbaridad que todo el mundo escribe en un examen en algún momento de su vida. Pero a la maestra no se le ocurrió mejor idea que leerlo con sorna delante de toda la clase, así que hubo una explosión de carcajadas. Desde entonces quedé tan traumatizado que juré dedicar mi vida a estudiar los alimentos y escribir un libro para resarcirme.

Es broma. No me quedó ningún trauma de aquello, creo. Pero recuerdo que me sentí muy humillado. ¿En qué pensaban los maestros que hacían esas cosas? Si era por «endurecer el carácter de los niños», había métodos más efectivos, como abandonarlos en el desierto sin agua ni comida. Y si lo que pretendían era educar, para eso el respeto es fundamental y la humillación no entra dentro de la ecuación. Aunque no me quejaré demasiado, que poco me tocó para lo que todavía se veía en algunos colegios por aquella época.

Recuerdo que, además de humillado, me sentí contrariado porque yo había oído en algún lado que una forma de conservar la leche consistía en añadirle azúcar. Y así es. El pequeño detalle es que esa no es la leche pasteurizada por la que preguntaban en el examen, sino leche condensada, como la que usaba de vez en cuando para hacerme bocadillos en casa de mi abuela. Casi casi.

EL SECRETO DE LA LECHE CONDENSADA

Al abuelo de mi mujer lo hicieron prisionero durante la Guerra Civil. Contaba que pasó tanta hambre que un día logró echar mano de un cargamento de leche condensada y se zampó varios botes de una sentada. Se puso a morir, claro. Supongo que le dio tal subidón de azúcar que debió contarlo de milagro.

Desde su invención, este alimento se ha asociado tradicionalmente a los conflictos bélicos. Fue patentado en 1856 por el estadounidense Gail Borden y enseguida se empleó como alimento para los soldados de la Unión durante la guerra de Secesión (1861-1865). No es de extrañar porque es fácil de transportar y se conserva bien. Además, en un contexto de esas características, en el que reina la escasez, resulta nutritivo: aporta energía, proteínas, grasas... y también una gran cantidad de azúcares, lo que hace que sea un alimento insano, especialmente en nuestro contexto.

Su elevado contenido de azúcar (55-60 %) es precisamente el que explica su larga vida útil. Al igual que ocurre en otros productos como la mermelada, al añadir tales cantidades de azúcar, aumenta la presión osmótica. En pocas palabras, esto significa que se produce un desequilibrio que provoca la deshidratación de las células de los microorganismos y, por consiguiente, su muerte. Además, esa cantidad de azúcar reduce la actividad de agua, lo que quiere decir que los microorganismos no tienen agua disponible para desarrollarse.

Hoy en día la leche condensada no se consume como en el pasado, en parte porque se asocia a otros tiempos, hasta el punto de que para algunas personas resulta un alimento casi desconocido, con el que nunca han tenido relación. También hay quien no la toma porque prefiere evitar este tipo de alimentos insanos. Pero eso no significa que ya no se consuma. Aún se utiliza en muchos lugares, por ejemplo, para hacer postres o para endulzar el café. Eso sí, parece que lo de chupar directamente del tubo quedó relegado a los años ochenta. Que no es que yo lo hiciera. Me lo contó un amigo.

Después de aquel episodio con el pollo y el repollo, mi madre siguió encargándome recados, sobre todo para comprar alguna cosa suelta que se le había olvidado, como unos huevos o un pimiento. Yo lo hacía encantado, porque además me daba algo de propina. No me volví a equivocar de tienda nunca más. Había aprendido la lección. Pero la vergüenza no me la quitaba nadie, de modo que me costaba cumplir con las dos instrucciones que siempre me daba: «Dile que eres mi hijo» y «Dile que te lo den bueno».

La experiencia era peor cuando me tocaba ir a por vino. En casa no se bebía, así que ese recado me lo encargaba alguna vecina o mi abuelo, que lo tomaba muy de vez en cuando. Me daba la sensación de que a mi madre aquello no le hacía mucha gracia, y no me extraña, porque para comprarlo tenía que ir a una bodega bastante inquietante. Olía a vino rancio desde lejos y estaba llena de señores aún más rancios, borrachos como cubas, desvariando y dando voces. Con ese panorama, la situación resultaba un tanto incómoda para un niño de seis o siete años.

En los quioscos me encontraba mucho más a gusto. Formaban parte de mi mundo, así que no me daba tanta vergüenza como en las tiendas de mayores y obviamente resultaban menos hostiles que aquella bodega.

¿LOS «GUSANITOS» SON SALUDABLES?

Los «gusanitos» son aperitivos que suelen tener una forma alargada y curvada que recuerda a la de un gusano, aunque también pueden encontrarse en otras formas y tamaños, dependiendo del fabricante: palomitas, flores, bolas, etc. Se ofrecen habitualmente a los niños pequeños porque suelen gustarles mucho y son fáciles de comer: son crujientes y salados y se deshacen en la boca, así que en principio no plantean riesgo de atragantamiento. Además, en comparación con otras chuches, se suelen considerar «saludables» porque están horneados en lugar de fritos y porque tienen pocos ingredientes, que además son reconocibles: maíz, aceite de girasol y sal.

Eso significa que, a pesar de lo que se suele decir por ahí, no están hechos con cartón ni con petróleo. Faltaría más... Su elaboración es muy sencilla. Se parte de sémola de maíz (harina gruesa poco molida) a la que se añade agua. La mezcla se introduce en un extrusor, que es un aparato en cuyo interior se aplican calor y presión. Una vez alcanzadas las condiciones necesarias, la masa sale a través de un orificio troquelado que le da la forma deseada. El cambio de presión hace que el aperitivo se expanda, lo que le otorga su textura esponjosa característica. Para finalizar, el aperitivo se introduce en un horno para retirar la humedad y conseguir que sea crujiente, y por último se añaden aceite de girasol y sal para mejorar su sabor.

Si nos fijamos en su etiqueta, veremos que, en la mayoría de los casos, 100 gramos de producto aportan cantidades considerables de calorías, grasa y sal. Pero como pesan muy poco, los aportes por ración suelen ser bajos. Eso podría reforzar la idea de que son saludables. Pero en realidad no es así: están compuestos básicamente por harinas refinadas, grasa y sal, no aportan nutrientes de interés, y además pueden desplazar el consumo de alimentos que sí son saludables. Por otro lado, no debemos olvidar los aspectos educacionales. En las primeras etapas de la vida es fundamental que los niños conozcan los alimentos saludables y se habitúen a comerlos. Si desde pequeños los acostumbramos a comer este tipo de aperitivos, es probable que les resulte más difícil seguir una dieta saludable.

El quiosco del señor Eduardo estaba justo en la misma calle, un poco más arriba. Era un hombre ya entrado en años o eso me parecía. Quién sabe, igual solo tenía cincuenta, pero antes la gente aparentaba más edad de la que tenía. Solo había que ver a los futbolistas de entonces, que parecían cuarentones con aquel bigotón cuando en realidad tenían veinte años recién cumplidos. Quizá el señor Eduardo parecía tan mayor porque era muy serio. Por eso había que llevar bien pensado lo que ibas a comprar. Si tardabas mucho en decidirte, alzaba la vista por encima de las gafas y te fulminaba con la mirada. Además, era importante meditar bien la compra para sacar el máximo rendimiento al poco dinero del que disponías, que ríete tú de los fondos de inversión. Aquello sí que era un estudio de mercado.

Normalmente, ese dinero me lo daban mis abuelos y, si había suerte, podían ser hasta veinticinco pesetas. En ese caso lo tenía bastante claro. Siempre he sido poco goloso, así que prefería las cosas saladas. Me apañaba con una bolsa de Triskys (aros de maíz) y otra de Monchitos (granos de arroz inflado), que costaban diez pesetas cada una. Para completar, elegía una chuchería de cinco pesetas, y aquí la cosa ya se complicaba un poco porque había una variedad enorme: Palotes, Garrotazos, regalices de palo, chicles de sandía, Escalofríos, caramelos Selz, chicles de regaliz, nubes... Y eso sin contar las que no me gustaban, que eran unas cuantas. De hecho, algunas hasta las odiaba, como el dichoso pirulí de caramelo cubierto de oblea. Aquella cosa no se podía morder, porque el caramelo era muy duro, y tampoco se podía chupar, porque la oblea se reblandecía y quedaba pastosa. ¿Qué necesidad había de aquello y a quién se le ocurrió tal aberración? Lo más sorprendente es que todavía existe. ¡¿Cómo ha podido llegar aquella cosa hasta nuestros días?! ¿De verdad le gusta a alguien? Supongo que tiene que haber de todo en el mundo. Si sobreviven las manzanas de caramelo, por qué no iban a hacerlo aquellos dichosos pirulís.

Los que corrieron peor suerte fueron los cigarros de chocolate, que dejaron de existir hace tiempo. De chocolate tenían el nombre y poco más, porque eran infumables, nunca mejor dicho. Visto de forma ingenua, podríamos pensar que aquel producto infame se vendía simplemente para que los niños jugaran a ser mayores, pero si hacemos una interpretación menos cándida, podemos entender que era un burdo intento de familiarizarlos con el tabaco.

Independientemente de que hubiera intencionalidad o no, lo cierto es que aquellos cilindros de chocolate chungo podían inducir al tabaquismo y por ese motivo se prohibió su venta y la de otros productos similares, aunque para eso hubo que esperar hasta el año 2006. Curiosamente, esto no se ha hecho aún con los productos destinados a menores que podrían inducir al consumo de alcohol, como el «champán infantil», que es como se conoce coloquialmente a un refresco con gas que se vende todavía hoy en botellas parecidas a las del champán.

De todos modos, el tabaco y el alcohol no estaban tan mal vistos ni tan regulados como ahora, entre otras cosas porque no había tanta información ni concienciación acerca de sus perjuicios para la salud. Eso explica que niños con doce o catorce años compraran cigarrillos sueltos por quince pesetas en algunos quioscos. Y todavía les sobraba dinero para comprarse un chicle con el que refrescar el aliento, de manera que sus padres no los pillaran.

Lo del alcohol era aún más exagerado. Muchos adultos lo bebían a diario y no era raro dárselo también a los niños. Mojar el chupete en anís para que los bebés durmieran mejor era una práctica relativamente habitual, igual que dar a los niños un trago de vino para «bautizarlos» en el consumo de alcohol o simplemente por hacer la gracia. A mí también me tocó, aunque solo algún domingo de verano, cuando nos íbamos al río a pasar el día.

Cómo sobrevivir al río

A primera hora de la mañana todo eran prisas. El barrio entero estaba revolucionado preparando el arsenal del buen dominguero: mesas de camping, sillas plegables, nevera con sus correspondientes bloques de hielo, placas de frío y su fiambrera de aluminio rojo y azul, garrafas de agua, botijo, cubiertos, vasos, platos, servilletas, mantel, toallas, cangrejeras, gorras, gafas de bucear, cubo, pala, rastrillo, balón de Nivea, bota de vino... Había quien llevaba hasta una tele para ver el Tour de Francia y tiendas de campaña y hamacas con amarres para echarse la obligada siesta después de comer. Luego había que meter todo aquello en el coche y rapidito, que había que pillar sitio y se nos iba el día. Qué estrés.

—¿Ya has metido el pan?
—Sí, lo llevan los niños encima de las piernas.
—¿Y la sandía?
—Está en el asiento de atrás, al lado de los niños.
—Pero si pones ahí la sandía, no va a caber mi madre.

—Sí, mujer, solo hay que apartar un poco la silla de camping. No te preocupes, que el coche es grande...

La verdad es que grande, lo que se dice grande, no era. Aquel Renault 6 tenía un tamaño más bien modesto. Y lo mismo ocurría con todos aquellos coches con los que invadíamos el río: Simca 1000, Seat 124, Seat 600..., que eran entre pequeños y diminutos, sobre todo si tenemos en cuenta que había que llevar todo aquel material y cargar a toda la familia: los abuelos, los padres, los niños, los primos... Había que jugar al Tetris para poder encajar todo aquello, cuando el Tetris ni siquiera se había inventado todavía. Y eso que las familias ya no eran tan grandes como unos años atrás, porque en la generación de mis abuelos lo normal era tener cuatrocientos hijos, mientras que en la de mis padres lo habitual era solo dos.

Cuando por fin acabábamos la tarea y poníamos rumbo al río, el barrio quedaba completamente desierto, a excepción de gorriones y golondrinas, que por fin podían campar a sus anchas. Solo nos quedaba recorrer los escasos 25 kilómetros que nos separaban de Puente del Congosto. Un viaje eterno a paso de tortuga, apretujados en el asiento de atrás y muertos de calor, a pesar de llevar las ventanillas completamente bajadas.

Una vez allí, lo primero era buscar una buena sombra, sin invadir el espacio de los demás. Más o menos ya sabíamos por dónde había que ponerse porque cada familia tenía un sitio habitual para todo el verano. Luego, a desplegar todo aquel campamento: las mantas para la siesta de los mayores, la mesa, los taburetes, las sillas... Así construíamos una pequeña comuna cada domingo.

La rutina era siempre la misma. Por la mañana, a darlo todo en el agua. Luego a la toalla a secarse y descansar. Ahí era cuando solía quedarme frito oyendo el rumor del agua y el murmullo de la gente. La mejor siesta, la del burro. Cuando despertaba, a comer. De primero, ensaladilla rusa; de segundo, filetes empanados, y de postre, sandía. Todo un clásico.

Menos mal que mi madre siempre fue muy prudente y dejaba la comida en una nevera con placas de frío y a la sombra. De lo contrario, igual nos habríamos llevado algún susto, entre otras cosas, porque la mayonesa era casera. Mala idea para ir a pasar el día cuando el termómetro marca 30 grados. ¿Quién necesitaba de montañas rusas y ruletas rusas, cuando podía llevar su vida al límite con una ensaladilla rusa?

«Pero si siempre lo he hecho así y nunca ha pasado nada», pensarán algunos. Claro. Nunca pasa nada, hasta que pasa. Y eso fue lo que ocurrió uno de aquellos años. Una de las familias más numerosas que siempre iba al río estuvo un mes sin aparecer por allí porque todos habían enfermado por salmonelosis.

Aquel caso no fue el único. Los brotes de salmonelosis eran relativamente frecuentes, tal y como se podía ver en el telediario, que cada verano informaba de algún caso multitudinario, originado sobre todo en bodas y banquetes. En consecuencia, las autoridades sanitarias se pusieron manos a la obra, primero con una campaña para informar a la población sobre los riesgos de la mayonesa casera, y luego para elaborar una legislación que prohibiera su uso en hostelería.

Mi madre tomó buena nota de todo aquello porque desde entonces comenzó a comprar mayonesa de bote. Aunque se pasó un poco de frenada porque la metía en el frigorífico incluso antes de abrirla por primera vez, cosa innecesaria, claro.

¿ES PELIGROSO COMER MAYONESA CASERA?

En muchos aspectos relacionados con la seguridad alimentaria no se puede ser tajante, sino que hay que hablar de probabilidades. Obviamente, la probabilidad de sufrir salmonelosis con mayonesa casera es mayor que con la elaborada. Por eso no es prudente consumirla y no es recomendable en ningún caso para personas vulnerables (embarazadas, niños pequeños, personas inmunodeprimidas o ancianos).

Si a pesar de ello nos empeñamos en hacerla, debemos saber que el riesgo es menor que en el pasado, porque el control sanitario en los animales y en los huevos es mucho mayor. Para reducir aún más el riesgo conviene tomar una serie de precauciones:

- Lavarse las manos antes de comenzar y cada vez que sea necesario (por ejemplo, después de tocar los huevos crudos).
- Utilizar utensilios limpios, tanto para elaborar la mayonesa como para servirla.
- Utilizar huevos en buen estado: desecharlos si tienen grietas, están muy sucios, ha vencido su fecha de consumo preferente, etc.
- No lavar los huevos. Hacerlo puede favorecer que la contaminación y las bacterias penetren a través de los poros de la cáscara.
- Cascar los huevos en un recipiente aparte para que no caiga suciedad sobre la mezcla de ingredientes.
- Para separar la yema de la clara conviene no utilizar la propia cáscara. Podemos emplear una cuchara o hacerlo con nuestra propia mano bien limpia (dejando caer la clara entre los dedos).
- Conviene añadir un poco de zumo de limón para bajar el pH. No elimina las bacterias patógenas que pudieran estar presentes, pero dificulta su desarrollo.

- Es fundamental conservar siempre la mayonesa en el frigorífico, a temperatura entre 0 °C y 4 °C. Esto significa que debemos refrigerarla en cuanto acabemos de prepararla o de servirla.
- También es muy importante consumirla lo antes posible y no conservarla más de 24 horas.
- Para reducir aún más los riesgos podemos sustituir el huevo crudo por huevo pasteurizado («huevina») o por otros ingredientes, como aquafaba (el líquido resultante de cocer legumbres).

Durante la comida entraba en escena el vino que me mandaba comprar mi abuelo en aquella bodega rancia. Lo llamaban «vino de Toledo», aunque no sé si era de allí. Se trataba, básicamente, de vino con azúcar, así que tenía un sabor dulzón que mejoraba aún más con el saborcillo que le daba la bota donde lo llevaba mi abuelo, recta y negra, que era lo que se estilaba en Salamanca, según me dijo años después un experto en botas.

A mí aquello de beber por la bota me llamaba mucho la atención y, como parecía que era gracioso dar alcohol a los niños, pues allá que me echaba yo algún trago con un estilo muy depurado. La verdad es que aquel vino estaba riquísimo, pero solo me dejaban «mojar los labios». No era plan que el niño se emborrachase. Además a mi madre le escandalizaba aquello y siempre intentaba que no me dieran de beber, algo que hoy parece lógico, pero que entonces no lo era tanto.

Después de comer se detenía el tiempo. Había que esperar unas horas antes de poder bañarse para que no nos diera un «corte de digestión», y aquello se hacía eterno. Mientras esperábamos, jugábamos a las chapas o buscábamos renacuajos, pero, aun así, el reloj no se movía. Con aquel calor lo único que queríamos era bañarnos cuanto antes, de modo que la espera siempre nos ponía de mal humor. Además, yo estaba convencido de que aquello era una pantomima para que los mayores pudieran echarse la siesta tranquilamente sin tener que vigilar si los niños nos ahogábamos en el río. No me cuadraba que en cada familia hubiera reglas diferentes. En la mía eran tres horas, pero en otras eran dos. Había incluso quien permitía el baño, siempre que se hiciera justo después de comer porque se suponía que de ese modo no pasaba nada. Pero ¿qué cachondeo era ese?

Cuando por fin nos podíamos bañar, había pasado media tarde y poco tiempo nos quedaba ya para disfrutar del agua, especialmente en agosto, porque enseguida empezaba a refrescar. Ya lo decía el refrán: «En agosto, frío el rostro».

Luego ya solo quedaba hacer merienda-cena y vuelta a casa. En cuanto subíamos al coche, mi hermano y yo caíamos a plomo, así que nos tumbábamos a lo largo en el asiento de atrás, con el cuerpo dolorido, después de un intenso día de río y con la piel abrasada de tanto sol. Teníamos por delante un par de días de resaca, no por aquellos pequeños tragos de vino, claro, sino por las quemaduras en la piel.

¿BAÑARSE DESPUÉS DE COMER PRODUCE UN «CORTE DE DIGESTIÓN»?

En realidad el «corte de digestión» no existe. Es un mito. La digestión no se detiene. Pero es cierto que bañarse después de comer puede implicar algunos riesgos. En ese momento la actividad en nuestro aparato digestivo es intensa, así que aumenta el flujo sanguíneo en esa zona, a costa de reducirlo en otras partes del cuerpo. Por eso después de comer nos entra sueño y sentimos un poco de frío. Si nos ponemos a hacer ejercicio intenso, como puede ocurrir cuando nos bañamos, ese flujo sanguíneo que está acumulado en el sistema digestivo tiene que redistribuirse para irrigar mejor los músculos, por lo que el proceso de la digestión podría verse afectado ligeramente y producirse náuseas o vómitos, con el riesgo de ahogo que ello podría suponer en caso de estar dentro del agua.

Pero el principal riesgo de bañarse después de comer no es ese, sino la hidrocución, un término acuñado en 1953 por G. Lartigue, médico del ejército francés. Lo nombró así por analogía con la electrocución porque en ambos casos se puede producir una muerte súbita. En este caso ocurre debido al choque térmico que podría tener lugar por el contraste entre la alta temperatura de nuestro cuerpo y la baja temperatura del agua, así que no está directamente relacionado con la digestión.

Lo que sucede es que ese cambio brusco de temperatura puede desencadenar un reflejo de inhibición de la respiración y la circulación que puede ocasionar una parada cardiorrespiratoria. Por eso no es conveniente entrar al agua de golpe, sobre todo si está muy fría, si acabamos de hacer ejercicio o si hace mucho calor.

Pociones para espantar el hambre

El sol era precisamente lo que preocupaba a una señora que llegó a la consulta de mi suegro, un día hacia finales de los años setenta. Ejercía de médico en La Línea de la Concepción mientras hacía la mili y cada día era una nueva aventura. Aquella mujer llevaba consigo a su hijo, muy mareado. El niño apenas se tenía en pie y casi no podía ni hablar, así que la madre temía que le hubiera dado una insolación, un golpe de calor o algo parecido.

El diagnóstico fue rápido y sencillo. El niño tenía una moña como un piano.

—Señora, lo que le pasa a su hijo es que está borracho. ¿Qué ha bebido?

—Uy, pues lo de siempre, el *candié*...

El *candié* o *candiel* era un combinado que en la zona de Cádiz se dio a los niños durante décadas como «reconstituyente», para tratar de «aportar vitalidad y abrir el apetito». Al parecer, su nombre podría tener influencia inglesa y provenir de las palabras *candy* ('caramelo') y *egg* ('huevo'), porque se trataba de una bebida elaborada con vino de Jerez o vino dulce, azúcar y yema de huevo. Se ve que aquel día se le fue la mano a la buena señora (o a su hijo) y el niño no acabó precisamente con mucha vitalidad, sino con un pedal del quince.

Esa práctica no era exclusiva del sur de España, ni mucho menos. Durante los años cincuenta y sesenta también fue costumbre en muchos otros lugares. Por ejemplo, a mi suegra, que pasó su infancia en Galicia, le daban cada noche un brebaje parecido antes de ir a la cama, de manera que se acostaba todos los días medio trompa.

La diferencia es que en su caso el vino de Jerez se sustituía por quina. Este vino dulce se daba a muchos niños porque se suponía que tenía propiedades medicinales, era tonificante y abría el apetito. Eso es al menos lo que decía su publicidad, como ocurría con la Quina Santa Catalina, con eslóganes como «es medicina y es golosina» o la de vino Sansón, que se vendía como «tónico reconstituyente», con la imagen de un niño sujetando una pesa. Aunque la palma se la llevaba Kina San Clemente. La marca creó un personaje infantil llamado Kinito, un niño con superpoderes adquiridos gracias a las supuestas bondades que le proporcionaba esa bebida. Se hizo tremendamente popular en los años sesenta porque aparecía en anuncios de televisión y hasta en tebeos, como la revista *Pulgarcito*, en la que protagonizaba una historieta dibujada por Ibáñez, el creador de Mortadelo y Filemón.

No era la única bebida alcohólica que se anunciaba para niños. Muchas marcas de cerveza también hacían lo propio, como Cruzcampo, «la bebida que mamá siempre lleva a casa», con la que la comida resultaba «más grata y digestiva» y que ayudaba a tener «un aspecto lozano», Xibeca-Damm y El Águila, que se promocionaban «para toda la familia», o San Miguel, que se recomendaba «por su poder depurativo y digestible».

Ni que decir tiene que no hay fundamento alguno para afirmar que la cerveza o el vino quinado tengan propiedades digestivas o cualquiera de las otras que se les atribuían. Y, en cualquier caso, de haberlas tenido, quedarían eclipsadas por el efecto perjudicial del alcohol.

En el mencionado vino dulce, esas supuestas bondades se adjudicaban a uno de los ingredientes que se emplean en su elaboración, la corteza de quina (*Cinchona officinalis*), que es un árbol originario de América del Sur. Se utiliza para aromatizar el vino porque aporta diferentes sustancias que le dan un toque amargo y a las que se les atribuyen diferentes propiedades medicinales. Entre ellas la más conocida es la quinina, que se popularizó por su uso en la elaboración de la tónica que se tomaba allá por el siglo XIX en las colonias inglesas de la India para tratar de combatir la malaria.

Ahora bien, no vayamos a pensar que beber tónica es beneficioso para la salud. Para empezar, en la que compramos hoy la cantidad de quinina es muy pequeña porque solo se utiliza para aromatizar, así que no tiene ningún efecto farmacológico. Además, se trata de una bebida con una cantidad considerable de azúcar, aunque su sabor amargo nos haga pensar lo contrario. Y si la mezclamos con ginebra, como hacían aquellos ingleses en la India, pues apaga y vámonos.

¿EL ALCOHOL SE EVAPORA AL COCINAR?

A la hora de cocinar algunas recetas solemos utilizar bebidas alcohólicas, como vino, coñac, cerveza o ron, porque aportan buen aroma y sabor. Muchas personas lo hacen alegremente, convencidas de que el calor de la cocción o del horneado evapora el alcohol por completo, pero no es así.

La cantidad de alcohol que queda en el alimento depende de muchos factores, pero sobre todo del tipo de bebida que utilicemos (no todas tienen la misma graduación), de su cantidad y del tiempo y la temperatura de cocinado. Por eso las cifras son muy variables y pueden oscilar entre el 4 y el 85 %.

Por ejemplo, si añadimos un vaso de vino a un guiso y hervimos durante cinco minutos, al final del proceso solo se habrá evaporado un 0,9 % del alcohol y en el guiso quedarán casi 8 gramos. No es una cantidad muy elevada, sobre todo si se va a repartir entre muchos comensales, pero es importante tenerlo en cuenta, especialmente en el caso de personas vulnerables que deben evitar de forma estricta su consumo: embarazadas, menores y otras personas, como las que tienen problemas de alcoholismo, las que manejan maquinaria pesada o las que toman medicación.

De los potingues a los medicamentos

Yo era un niño de los ochenta, así que ya no me tocó tomar aquel potingue de vino y huevo crudo. Tampoco otros de los que se daban décadas atrás para tratar de combatir la desnutrición causada por la escasez de alimentos, como el aceite de hígado de bacalao. Aunque aquello no quedaba tan lejos y eso se notaba.

Ya hemos visto que el alcohol seguía muy normalizado y a veces se ofrecía alegremente a los niños. También quedaba algún vestigio de aquellos remedios, como el jugo de carne de caballo, que todavía se daba a algunos niños para tratar la anemia.

Alguno de esos sí que probé. Mi tía Andrea, en realidad mi tía abuela, me habló un día de lo buenísimo que era comer hígado crudo mientras hacía lo propio. Así que me lo ofreció y, como la vi tan convencida, pues yo también acabé comiendo el dichoso hígado crudo. Sí, ya sé. No hace falta que pongas cara de asco, soy consciente de que da un poco de repelús. Pero los gustos se educan. Yo era muy pequeño y no tenía prejuicios, así que no tuve muchos reparos en probar aquello. Y además sobreviví, así que, ¿qué más puedo pedir?

De todos modos, aquello no era lo habitual. Los remedios tradicionales, a menudo ineficaces, estaban siendo sustituidos por los medicamentos, que parecieron entrar en tromba en muchas casas y a menudo se utilizaban sin orden ni concierto: si no tenías apetito, jarabe; si te dolía la barriga, jarabe; si tenías estreñimiento o te dolía una uña del pie, supositorio, y así hasta completar un botiquín que ni el de un transbordador espacial: aspirina infantil, suplementos de hierro, de vitamina C... y antibióticos a montones. Sin olvidar la mercromina y el Vicks Vaporub.

La verdad es que algunos de aquellos jarabes estaban buenísimos, aunque a saber lo que contenían. El mejor era uno amarillo que no sé para qué era y que sabía como a plátano. Y en segundo lugar estaba uno que sabía a regaliz y que era para que me entraran ganas de comer, porque esa seguía siendo una de las principales preocupaciones.

Se veía en la insistencia de los adultos para que los niños comiéramos mucho y a todas horas, como si el fantasma del hambre nos fuera a atrapar. O en las miradas que dedicaban a los niños: de preocupación si estaban delgados y de satisfacción si estaban rollizos.

El fantasma del hambre

Yo aquello del hambre lo veía ya muy lejos. De hecho, lo estaba. Habían pasado ya cuarenta años desde la hambruna que asoló la España de posguerra, así que solo tenía una ligera noción a través de los relatos de mi abuelo, que me contaba las cosas que mucha gente tuvo que comer para matar el hambre, como algarrobas, mondas de patatas y albedos de naranjas, que es como se llama la parte blanca de la piel.

En casa todavía quedaba algún retazo de aquellos tiempos, como la achicoria que a veces tomaba mi madre en el desayuno. Se trata de la raíz deshidratada, tostada y molida de la escarola (*Cichorium intybus*), y se utilizaba durante la posguerra para tratar de suplir la escasez de café. Así se obtenía una infusión de sabor amargo que se conocía como «el café de los pobres». Cómo hemos cambiado. Hoy en día la raíz de la achicoria está de moda porque a partir de ella se obtiene inulina, una fibra que se utiliza como endulzante en productos «dietéticos» y repostería «saludable». Y lo mismo ocurre con la algarroba, que se ha convertido en el oro del campo por sus múltiples usos en alimentación; por ejemplo, como endulzante y espesante. También el albedo de las naranjas se utiliza en la industria, en este caso para obtener pectina, una sustancia empleada como espesante y gelificante. Quién se lo iba a decir a mi abuelo...

La escasez de alimentos de épocas pasadas también me llegaba a través de los tebeos de Carpanta, un pobre hombre desesperado por encontrar algo de comer, que fue creado por Escobar en 1947. Aunque la verdad es que no me paraba mucho a pensar en el contexto de aquellas historietas. Prefería las de Mortadelo y Filemón y las de Superlópez. Me quedaba embobado leyéndolas y, a cuenta de eso, todas las noches tenía discusiones con mi hermano, que me pedía insistentemente que apagara la luz para poder dormir.

¿QUÉ DIFERENCIA HAY ENTRE EL CAFÉ TORREFACTO Y EL NORMAL?

Hace décadas era habitual el consumo de café torrefacto, debido sobre todo a dos de sus virtudes: se conserva mejor y es más barato que el convencional, dos ventajas en épocas de escasez. Pero las cosas han cambiado mucho y hoy en día el torrefacto se consume cada vez menos. El café normal ya se puede conservar sin problema y es más asequible que antes, así que lo consumimos más, sobre todo porque es más apreciado por su aroma y su sabor, además de ser más saludable.

La diferencia entre estos tipos de café se encuentra en la forma de elaboración. En ambos casos se tuestan los granos, pero en el café torrefacto se añade azúcar o jarabe de glucosa (un máximo del 15 %). Así, el calor provoca la caramelización de los azúcares, de manera que se desarrollan compuestos que aportan aromas y sabores característicos, intensos y «a quemado», además de un color oscuro.

Esos azúcares caramelizados se adhieren a la superficie del grano, formando una capa que lo protege. Así se conserva durante más tiempo sin ponerse rancio. Precisamente este era el motivo por el que se realizaba este proceso en el pasado. Así lo hacían los mineros cubanos. José Gómez Tejedor, fundador de Cafés La Estrella, conoció esta técnica en uno de sus viajes a aquel país, importó la idea a España y popularizó este tipo de café a principios del siglo XX.

A pesar de los tebeos de Carpanta y de los relatos de mi abuelo, no acababa de asimilar lo que era el hambre. Como realmente tomé conciencia de ello fue a través de la televisión. Entre 1984 y 1985 se hablaba a diario de la hambruna que asolaba Etiopía y se emitían imágenes terribles de niños con raquitismo y llenos de moscas. Me estremecieron casi tanto como las de aquella niña de Colombia, Omayra, que quedó atrapada, durante sesenta agónicas horas, entre las ruinas sumergidas de su casa tras la erupción de un volcán. Aquello traumatizó a toda una generación, y no era para menos.

La tele no era la única que nos informaba sobre la hambruna. Muchas madres también se encargaban de recordárselo a sus hijos a la hora de comer para que acabaran toda la comida del plato «porque los niños de Etiopía lo estaban pasando muy mal». ¡Pero yo qué culpa tenía! Solo llevaba seis años en el mundo. Y menudo panorama. No entendía gran cosa de aquella desgracia, pero dudaba mucho que la comida que no comía en mi casa pudiera ser aprovechada por esos pobres niños. Aunque sí comprendía el conflicto moral que planteaba. De todos modos, me convencía más el argumento de mi abuela, que me parecía más realista: «Cómetelo todo, que eso también ha costado dinero», me decía cuando iba a comer a su casa.

Al agobio de todos aquellos chantajes emocionales había que sumar la angustia del apremio. Yo siempre comía muy despacio, en parte porque es lo que aprendí de mi padre. Bueno, y también porque a veces me quedaba embobado con la tele, hasta que aparecía mi madre a meterme prisa. Pero no me quejo porque afortunadamente nunca me tocó sufrir las barbaridades que se cometían en algunas casas e incluso en algunos colegios, donde la comida se utilizaba como forma de maltrato físico y psicológico. Mejor omito los detalles porque algunos casos ponían los pelos de punta.

En definitiva, los mensajes estaban claros. Era necesario comer para crecer y la comida no se tiraba, dos mandamientos que se resumían en uno: había que comer todo lo que te pusieran en el plato. Esto me quedó grabado a fuego y todavía hoy lo tengo muy presente. Tiene su lado positivo, para reducir el desperdicio alimentario y sus inconvenientes, pero también su parte negativa, porque a veces soy incapaz de dejar comida en el plato, y eso es un problema, sobre todo en un sitio como Asturias, donde vivo actualmente, un lugar en el que los restaurantes sirven cantidades descomunales.

No me extraña que aquellas premisas me calaran tanto. Me las repetían casi todos los días a casi todas horas. Y no solo eso. También me llegaban a través de los comportamientos y los hábitos que veía continuamente a mi alrededor y que eran una consecuencia directa de la escasez que hubo en tiempos pasados.

Por ejemplo, siempre me servían más comida de la que pedía, supongo que para espantar el miedo a la desnutrición. Cuando mi madre me preguntaba cuántas albóndigas quería y yo le decía tres, ella me ponía cuatro. Cuando mi abuela preguntaba de qué tamaño quería el bocadillo para la merienda y yo señalaba con el dedo sobre la barra de pan, ella cortaba dos centímetros más allá.

¿QUÉ PODEMOS HACER PARA REDUCIR EL DESPERDICIO ALIMENTARIO?

Tirar comida es tirar dinero. Y no solo eso. También supone un desperdicio de todos los recursos empleados en su producción, de modo que también tiene un coste medioambiental, que generalmente es mayor cuanto más procesado esté el alimento. Además, plantea un problema ético.

Se estima que se tira el 30 % de los alimentos que se producen en todo el mundo. Según la Organización de las Naciones Unidas para la Alimentación y la Agricultura (FAO), en el año 2019 se desperdició alrededor de un 14 % de la producción alimentaria mundial después de ser recolectada y antes de llegar a las tiendas, mientras que un 17 % de los alimentos que se producen se desperdicia principalmente en los hogares, aunque también en la restauración y en la venta minorista. En España, durante el año 2021 cada persona tiró de media 28,2 kilos de alimentos en casa, un 4,2 % de lo que se compra en los hogares.

Diferentes organismos, como la Comisión Europea, proponen algunas medidas para reducir el desperdicio alimentario:

- Planificar un menú semanal.
- Hacer una lista de la compra con los alimentos que necesitamos.
- A la hora de hacer la compra, consultar las fechas de duración, evitar ir a comprar con hambre, comprar solo la cantidad que necesitamos, elegir frutas y verduras «feas».
- Almacenar adecuadamente los alimentos: consultar si deben estar en el frigorífico o no, rotarlos para colocar más a mano los que primero se pueden estropear y revisarlos para saber lo que tenemos y hasta cuándo lo podemos comer.
- Congelar los alimentos que no vamos a poder comer antes de que se estropeen.

- Moderar las cantidades que servimos en el plato.
- Utilizar las sobras, por ejemplo, con recetas versátiles, como arroz o huevo.
- Cuando comemos en restaurantes: moderar las cantidades que pedimos y pedir las sobras para llevar a casa.

Afortunadamente, estábamos bastante mejor que en épocas anteriores. Para hacernos una idea, la proporción de presupuesto que las familias dedicaban a la alimentación pasó del 50% en los años sesenta al 30% tan solo veinte años después. Pero la economía tampoco es que fuera muy boyante. De todos modos, lo que más pesaba era la mentalidad, que seguía fiel a la austeridad, así que no se tiraba absolutamente nada y menos aún los alimentos, que eran sagrados. El ejemplo más claro era el pan, en torno al cual giraba todo. Con el que sobraba de un día para otro se hacían mil cosas: sopas de ajo, migas, pan frito, tostadas, torrijas, pan migado en leche, pan rallado, gazpacho castellano... Todas esas recetas son muy sencillas y apenas necesitan ingredientes, así que eran muy socorridas y muy resultonas. Y lo siguen siendo, porque la mayoría sigue acompañándome hoy en día, como el gazpacho castellano que me hago algún día de verano para merendar. Lleva simplemente pan duro, cebolla, ajo, huevo cocido, agua, aceite, vinagre y sal, todo ello en trozos, sin triturar ni nada. Mis hijas y mi mujer me miran con cara de incredulidad cuando me ven comer eso, pero a mí me encanta. Es muy refrescante y además me recuerda a mi infancia.

Si a pesar de todo eso aún sobraba pan, tampoco se tiraba. Se lo dábamos a una vecina de mi abuela para alimentar a las gallinas. Así no acababa en la basura. Y lo mismo con el aceite. El que se usaba para freír, se iba guardando y se lo dábamos a mi otra abuela, que lo utilizaba para hacer jabón. Es muy fácil porque solo hay que mezclarlo con sosa cáustica, aunque resulta un poco peligroso y es preciso tomar las debidas precauciones.

La ropa era otro buen ejemplo de la austeridad y el aprovechamiento que reinaban entonces. Los pantalones duraban siglos. Los hermanos pequeños los heredábamos de los mayores y, a medida que iba pasando el tiempo, iban sufriendo remiendos y más remiendos: algunos para arreglar los bajos cuando eran demasiado largos o cuando se quedaban cortos, y otros para poner rodilleras y tapar agujeros. Cuando ya quedaban pequeños del todo, se regalaban a alguien que los necesitara, si es que aún estaban decentes, y, si no, se utilizaban para hacer trapos.

Un gran vaso de leche en cada tableta

El mensaje de comer para crecer lo impregnaba todo. Se veía en películas, como aquella en la que salía la famosa canción que decía precisamente «comeeeer, comeeeer para poder crecer», interpretada por el Piraña de *Verano azul*.

También en la publicidad, sobre todo en la de los productos insanos, como la bollería o los chocolates. Muchos de ellos eran relativamente nuevos, así que los mensajes se basaban sobre todo en dos premisas: dar a conocer el producto y transmitir la idea de que «alimentaba».

Para lograr el primer objetivo, se utilizaban mensajes sencillos, eslóganes simples, fáciles de entender y de recordar, que resultaran cercanos y familiares, de modo que a menudo se usaban melodías o canciones. Para el segundo propósito, se destacaban los ingredientes apreciados, como la leche o el cacao, y se usaban palabras como *energía*, *crecimiento*, *desayuno* o *merienda*.

La idea no era nueva. Lo había hecho la publicidad de Cola Cao durante décadas. Reunía todas esas premisas. Con su canción pegadiza era imposible olvidar que era el «desayuno y merienda ideal», que además respondía a aquella preocupación por el crecimiento y la alimentación de los niños. Por si esto fuera poco, durante muchos años el producto incluyó otro reclamo muy atractivo en época de escasez: se vendía en cajas reutilizables de latón, algunas altas y estrechas, para almacenar alimentos como el arroz, y otras anchas y bajas, para guardar los hilos y otros útiles de costura, como hacía mi abuela.

Nocilla también siguió una estrategia similar a la de Cola Cao. A finales de los años sesenta su eslogan era «qué merendilla» y en los ochenta se hizo tremendamente popular con su melodía «leche, cacao, avellanas y azúcar». Además, también incluía un reclamo atractivo en época de escasez, porque los envases eran tarros de vidrio que luego se reutilizaban como vaso. De hecho, ayudaron a completar las vajillas de medio país.

Todas aquellas frases y melodías se popularizaron tanto que acabaron incorporándose en las conversaciones del día a día y formando parte de la cultura popular. Si a alguien se le olvidaba algo, decía: «¡Anda, los Donuts!». Todo el mundo conocía la canción del Cola Cao y hasta hacíamos versiones de la melodía de Nocilla, con letras de esas que tanta gracia hacen cuando eres niño, del tipo caca, culo, pedo, pis. Aunque, ya puestos a cambiar la letra, hay que aclarar que la canción habría sido más fiel a la realidad diciendo «azúcar, grasa, y un poco de cacao, leche y avellanas», pero se ve que no pegaba con la música.

¿COLA CAO O NESQUIK?

En España hay varios dilemas eternos en torno a la comida. Además del recurrente debate sobre la tortilla con o sin cebolla, otro que se repite a menudo es el del cacao el polvo. Las marcas más populares, Cola Cao y Nesquik, dividen a muchas personas por su forma de mezclarse con la leche.

El cacao está compuesto por una notable proporción de grasa, así que lo normal es que no se mezcle bien con la leche, dado que esta contiene una proporción considerable de agua. Es lo que pasa en el Cola Cao. El polvo se agrupa entre sí y repele el agua, formando grumos, que son odiados por algunas personas y amados por otras.

En productos como Nesquik eso no ocurre porque, durante su elaboración, el cacao en polvo se somete a un proceso de aglomeración. Consiste en poner en contacto ese polvo con vapor de agua para que se condense sobre la superficie de las partículas y así favorecer la agregación. Por último, se aplica aire caliente para secar el producto, de modo que al final del proceso se obtienen aglomerados con una estructura porosa. Así, cuando añadimos el producto a la leche, esa estructura facilita la entrada del líquido y favorece la mezcla.

Uno de los ingredientes clave en todo el proceso es la lecitina, un compuesto naturalmente presente en alimentos como la soja o el huevo, que se utiliza como emulgente debido a una característica que lo hace muy especial: está formado por una parte afín al agua y otra con afinidad por la grasa. Por eso, durante la elaboración del producto, facilita la unión del agua con las partículas de cacao y su agregación. Además, cuando lo añadimos a la leche favorece la humectación.

En cualquiera de los casos, cuando añadimos cacao en polvo a la leche, lo que conseguimos no es una disolución, como ocurre cuando añadimos sal al agua y removemos, sino una suspensión.

Es decir, el polvo de cacao queda disperso en el seno del fluido durante un tiempo, pero si lo dejamos en reposo, acaba precipitando y acumulándose en el fondo.

Lo que sí se disuelve es el azúcar, que en este tipo de productos se encuentra en una cantidad más que considerable, que ronda el 70-75 %.

Con la familiaridad que transmitían los anuncios de aquellos productos y las insinuaciones o afirmaciones que hacían sobre sus supuestos beneficios para la salud, era fácil creer que no eran tan insanos o incluso que eran saludables, sobre todo porque los conocimientos sobre alimentación eran escasos, igual que la información. Baste decir que por aquel entonces la etiqueta no incluía la información nutricional y en la lista de ingredientes no se detallaba el tipo de grasa que se utilizaba en la formulación. Aunque, por otra parte, eso importaba poco. Casi nadie se paraba a leerlo porque a casi nadie le preocupaba.

¿Cómo íbamos a pensar que esos productos no eran recomendables, si eran como de la familia y además utilizaban eslóganes como «qué buenas son las galletas Fontaneda», «la merienda de una pieza» o «un gran vaso de leche en cada tableta»? ¡Si hasta aterrizaba un helicóptero en un colegio para contar «en directo» lo «buena» que era la margarina Tulipán, «enriquecida con vitaminas A, D y E»! A nadie se le pasaba por la cabeza que esos mensajes pudieran ser engañosos y tampoco se percibían esos productos como una posible amenaza para la salud, porque era algo que no se concebía. Como ya he mencionado, lo prioritario y lo que recibía toda la atención era comer para crecer, así que, como mucho, lo que algunas personas intuían sobre alguno de aquellos productos es que «no alimentaban».

Tardes de bocatas

Los alimentos insanos no se inventaron en los años ochenta. Algunos como el chocolate o las galletas ya se consumían desde mucho tiempo atrás, igual que otros que normalmente se perciben como más «industriales»; por ejemplo, el Cola Cao fue lanzado en 1945, los Donuts en 1962 y la Nocilla en 1967. Pero ese tipo de productos cada vez era más numeroso y estaba más presente en el día a día. Se notaba, por ejemplo, en las meriendas.

Yo casi siempre merendaba en casa de mi abuela, sobre todo cuando hacía buen tiempo, porque podía salir a la calle a jugar. A eso de media tarde, me llamaba desde la ventana y subía corriendo a por el bocadillo. Solía ser de chorizo, de queso o de salchichón, lo que siempre se había comido en aquella zona. Pero poco a poco se fueron incorporando algunos de esos productos nuevos, y en consecuencia algunos días el bocadillo era de Nocilla. Había incluso quien hacía mezclas chungas, como algunos amigos, que comían bocadillos de chorizo y margarina, de margarina con azúcar o de margarina con Cola Cao.

Yo tenía más o menos claro que la Nocilla y el Tulipán «no alimentaban» tanto como los embutidos o el queso, porque era lo que me habían dicho mi abuela y mi madre. Pero eso me preocupaba poco porque, salvo la margarina, me gustaba todo lo demás. A mí lo que me importaba de verdad era volver a la calle cuanto antes para comerme la merienda y seguir jugando, una tarea que no siempre era fácil.

Por un lado estaba el problema de los repartos. Siempre venía alguien a pedir un trozo de bocadillo y ahí había que andarse con ojo. Era de esos momentos en los que se conoce a las personas. Había gente a la que le podías pasar el bocata entero porque sabías que le iba a dar un mordisco pequeño y luego te lo iba a devolver. Pero con otros había que tener mucho cuidado porque a la mínima se llevaban medio bocadillo, así que había que agarrarlo con firmeza. A veces hasta había que colocar bien los dedos para que el mordisco no fuera muy grande, aunque yo eso prácticamente no lo hacía nunca porque me parecía un poco rastrero. Sin embargo, otros sí lo hacían cuando les tocaba ofrecer el suyo. Ninguna sorpresa. El que es egoísta para pedir, también lo es para dar. Con la bici, otro tanto de lo mismo. Aunque aquí entraba en juego el factor «abusón de barrio». Había veces que «te la pedían» y no te la devolvían hasta una hora después. Así que pasabas una hora frustrado y con cara de tonto.

Pero bueno, ya digo que no todo el mundo era así. A veces hasta poníamos dinero entre todos para poder comprar helados de los caros y luego los compartíamos. La verdad es que tampoco eran tan caros. Comprábamos un Frigopie, que costaba cuarenta pesetas, pero se escapaba de nuestro presupuesto, que muchos días no llegaba ni a veinticinco.

La otra dificultad con la que me encontraba a la hora de la merienda era conseguir comerme el bocadillo sin que se cayera al suelo mientras jugábamos a alguna de las mil cosas que solíamos jugar: las chapas, la comba, la goma, el escondite, el bote, la rayuela, el escondite inglés, guardias y ladrones...

Lo más exótico de todo era el béisbol. No tengo ni idea de cómo llegó aquello hasta un barrio obrero de una pequeña ciudad del sur de Castilla en plena década de los ochenta, pero lo pasábamos pipa. Solo necesitábamos una pelota de tenis y un bate, que solía ser la pata de una mesa.

Lo de los repartos también era todo un tema en casa. Mi madre nos compraba un pastelito los viernes, por ejemplo, un Tigretón, un Bucanero o una Pantera Rosa, y algunos dulces, como unas galletas o unas magdalenas, para que nos duraran toda la semana. En principio los pastelitos no suponían ningún problema porque había uno para cada uno. El conflicto comenzó con los dulces porque se suponía que eran para compartir, pero al final mi hermano acababa comiéndose la mayoría y yo me quedaba sin ellos. Para evitarlo decidimos repartirlos a partes iguales el día que llegaban a casa.

En principio eso acabaría con el conflicto, pero yo era el odioso hermano pequeño que racionaba los dulces para que me duraran toda la semana, mientras que mi hermano se comía su parte durante los primeros días. Así que las discusiones estaban servidas. Cuando llegaba el miércoles o el jueves la canción siempre era la misma: que si «dame unos pocos, que se te van a estropear», que si «no te doy, que tú ya te has comido los tuyos»... La cosa siempre acababa igual, acusándonos mutuamente de ser egoístas. Bueno, en realidad no decíamos «egoísta», que nos sonaba como muy finolis, sino otras palabras que nos resultaban más cercanas, como «rata» o «guto». Esta última no la he vuelto a oír y la verdad es que tenía todo el sentido del mundo, porque, según supe años después, es el nombre de una vasija de cuello estrecho que usaban los romanos para guardar perfumes y de la que solo podía salir el líquido gota a gota. Estábamos hechos unos poetas, y nosotros sin saberlo.

Reconozco que mi hermano tenía un pelín de razón porque a veces una parte de mis dulces acababa olvidada en el fondo del armario de la cocina. Pero debo decir que solía ceder a sus peticiones, a pesar de que me parecían injustas. Quizá él no piense lo mismo, pero la historia la estoy contando yo, así que no hay por qué decir que, cuando por fin se los daba, estaban duros como piedras.

¿POR QUÉ LAS GALLETAS SE ABLANDAN Y LAS MAGDALENAS SE PONEN DURAS?

Tanto las galletas como las magdalenas se elaboran prácticamente con los mismos ingredientes: harina, azúcar y alguna materia grasa, como mantequilla o aceite. Por tanto, llama la atención que, con el paso del tiempo, las primeras se ablanden y las segundas se pongan duras.

En realidad existen importantes diferencias entre ellas. Por ejemplo, la proporción de los ingredientes es distinta, de modo que las galletas tienen más cantidad de harina. Además, en la elaboración de magdalenas se añaden otros ingredientes, como leche, huevo y gasificantes. También son diferentes la forma, el tamaño y la estructura: las magdalenas son más grandes, no tienen forma plana y son esponjosas.

Todo ello determina la humedad de cada alimento, es decir, su contenido de agua: en las magdalenas está en torno al 20-35 %, mientras que en las galletas ronda el 1-6 %. También determina su actividad de agua, un parámetro mucho más importante y un poco más difícil de explicar y de comprender. De forma sencilla podemos decir que mide la cantidad de agua que no está muy unida al resto de los componentes del alimento y que está disponible para moverse libremente. Puede tener valores comprendidos entre 0 y 1.

La actividad de agua de un alimento tiende a equilibrarse con la del ambiente, así que, si es elevada, como ocurre en una magdalena (en torno a 0,9), se reducirá y el producto se endurecerá debido a que esa pérdida de agua altera su estructura. Sin embargo, en una galleta, donde la actividad de agua es mucho menor (en torno a 0,2), ocurrirá lo contrario: captará agua y se reblandecerá.

En el proceso influyen otros factores, como el contenido de sal o de azúcar en el alimento (ingredientes que retienen agua), su humedad, la temperatura y, sobre todo, la humedad relativa del ambiente.

En el lugar donde crecí la humedad relativa ronda el 40-50 % en los meses no lluviosos, así que era todo un acontecimiento encontrar una galleta blanda en un paquete que llevaba tiempo abierto. Además, había que cerrar bien la bolsa de las magdalenas para que no perdieran humedad y no se pusieran duras. Pero donde vivo ahora ocurre lo contrario. Como es un lugar de costa y lluvioso, la humedad relativa ronda el 80 % todo el año, así que hay que guardar las galletas bajo siete llaves para que no se ablanden y las magdalenas tardan mucho más en ponerse duras.

La actividad de agua también determina la vida útil de los alimentos, ya que cuanto mayor sea su valor, mayor será la cantidad de agua disponible para el crecimiento de microorganismos. Por eso las magdalenas duran menos que las galletas, especialmente en lugares donde la humedad relativa es elevada.

¡Ya está aquí el lechero!

Lo que nunca llegó a entrar en casa fue el Cola Cao. Mi madre, con buen criterio, consideraba que aquello «no alimentaba» y que la leche había que tomarla sola. Al igual que ocurría con el pan, la leche era casi sagrada. Un alimento muy completo, lleno de vitaminas, que te hacía crecer y fortalecía los huesos. Así que había que beber mucha leche todos los días. Y así lo hacía. Me tomaba un tazón de medio litro para desayunar y otro para cenar, y eso que no me gustaba. Más bien la odiaba, aunque lo llevaba con resignación. Bueno, con resignación y a veces con cierta angustia, sobre todo los días de colegio.

Costaba mucho levantarse de la cama, especialmente en

invierno porque hacía mucho frío. Tanto que muchas noches dejaba un vaso con agua en el balcón para ver por la mañana el bloque de hielo en que se había convertido. En casa de mis padres, como en muchas otras por aquella época, no había calefacción, así que la cama era uno de los pocos lugares donde uno podía estar calentito. Eso sí, sepultado por varias mantas, lo que ponía aún más difícil la tarea de levantarse y hasta la de moverse. Cuando por fin lo lograba, ya había pasado un buen rato. La siguiente meta era conseguir quitarme el pijama y vestirme sin morir en el intento, para lo cual había que ir corriendo al baño, que era de los pocos lugares de la casa donde había un radiador eléctrico.

Luego, ya con el tiempo justo para ir al cole, había que desayunar y no era nada fácil. No había microondas, así que la leche se calentaba al fuego, directamente en el tazón, que era de peltre, un material hecho de metal esmaltado. Aquello alcanzaba la temperatura del infierno y no se enfriaba ni a la de tres.

El tiempo seguía corriendo y la angustia iba a más. Sonaba el timbre. Era Natalia, mi mejor amiga, que pasaba a buscarme para ir al cole porque vivía en el piso de arriba. Más angustia. La leche seguía caliente. Ahora le había salido nata. Qué asco. La colaba. Seguía caliente. Ponía el tazón en el fregadero con agua fría, pero nada. Mi amiga resoplando. Mi madre apremiando. La leche caliente. La cambiaba de tazón. Ahora tenía espuma. Qué asco. No quedaba tiempo. Bebía el medio litro de un trago y a correr. Y así casi todos los días. Un desastre.

Pero ahí no quedaba la cosa, porque otro de los inconvenientes de aquella leche era el sabor. Muchos días sabía bien, a leche. Pero muchos otros era una lotería: unas veces sabía ácida, otras veces a hierba y otras a vete a saber qué. Así que eso también contribuyó a mi aversión hacia la leche, y al parecer no fui el único. Cuando hacía buen tiempo, uno de los vecinos de abajo, que tenía más o menos mi edad, salía al balcón a desayunar para volcar disimuladamente la taza, ¡desde un sexto piso!, y así no tener que beber aquel brebaje. Un plan sin fisuras.

La verdad es que no me extraña que la leche proporcionara aquel festival de sabores extraños, teniendo en cuenta los controles que había, que eran entre cero y muy pocos, y la tecnología de la época, que en este caso concreto consistía en un cubo para recoger la leche, un cántaro para almacenarla y un Renault 4 para repartirla por las casas.

Era lo que hacía Esteban, el lechero, que la traía cada mañana. Y como cada mañana, mi madre se ponía a hervirla. Utilizaba un cacharro específico para ese fin: una cazuela alta con un tubo hueco en el centro por el que se colaba la nata. Así se podía desnatar, aunque solo en teoría, porque en la práctica la leche seguía teniendo mucha nata.

Se suponía que había que hervir la leche tres veces para que alcanzara una temperatura alta sin que se derramara de la cazuela. Así se intentaba conseguir que fuera segura. Casi todo el mundo sabía que beber leche cruda era peligroso, porque te podía dar «fiebres». De hecho, casi todo el mundo conocía a alguien que había sufrido esas «fiebres» o algún otro trastorno por haber bebido leche cruda o mal hervida, o bien por haber comido queso fresco elaborado con ella, que también se vendía por las casas. A pesar de las advertencias de mi padre, mi abuela era una de las personas que siempre lo compraban, porque le daba apuro decirle que no a la señora que los vendía. La verdad es que alguna vez lo comí y estaba riquísimo, pero el riesgo no compensaba.

En la mayoría de los casos esas fiebres eran los síntomas de la brucelosis, una enfermedad causada por bacterias del género *Brucella*, llamada así porque la describió el microbiólogo David Bruce. Lo hizo en el año 1887, mientras desempeñaba el cargo de cirujano en la Armada británica, durante su estancia en la isla de Malta. Por eso la enfermedad también se conoce como «fiebre de Malta». Además, tiene otros nombres, como «fiebre ondulante», precisamente porque la fiebre sube y baja en oleadas, algo que puede llegar a prolongarse años e incluso cronificarse.

No era la única enfermedad que podía transmitir la leche cruda, ni mucho menos. La lista de microorganismos patógenos que pueden estar presentes en ella es muy larga: bacterias, como *Coxiella burnetii* o *Bacillus cereus*; virus, como el de la fiebre del valle del Rift, o parásitos, como *Cryptosporidium parvum*, entre muchos otros. Aunque, sin lugar a dudas, los patógenos asociados con más frecuencia a los brotes causados por leche cruda o por los productos elaborados con ella son las bacterias *Salmonella* spp., *Campylobacter* spp., *Escherichia coli*, *Yersinia enterocolitica*, *Listeria monocytogenes* y *Staphylococcus aureus*.

En caso de que la leche cruda esté contaminada con alguno de estos patógenos, lo más habitual y leve es sufrir una gastroenteritis, pero también pueden causar enfermedades graves, como meningitis o septicemia, y tener consecuencias fatales.

Duros a cuatro pesetas

Entre los problemas asociados a aquella leche que se vendía a domicilio también estaban los fraudes. Se decía, por ejemplo, que muchos lecheros añadían agua para ganar más dinero. Y no eran solo rumores. Algunos lecheros del barrio lo reconocieron abiertamente años después, y otros tuvieron que pagar multas en su momento, porque, aunque los controles no eran frecuentes ni exhaustivos, alguno había, y este tipo de fraude era muy fácil de detectar, incluso en aquella época. Hasta se podía hacer en casa. Por eso había gente que tenía un pesaleches, llamado también lactodensímetro, que es un tubo de vidrio que permite medir la densidad de la leche, que para una temperatura de 15 °C se encuentra entre 1,028 y 1,033 g/ml. Así se puede saber si ha sido adulterada con agua, porque en ese caso el valor de la densidad disminuye (la densidad del agua es de 1 g/ml).

Los rumores también decían que algunos lecheros trataban de sortear esos controles añadiendo orina a la leche, porque es más densa que el agua y así no se detectaba el fraude. En principio esto parece difícil de creer porque, además de aportar mal sabor y mal olor, la densidad de la orina sigue siendo menor que la de la leche (en torno a 1,015-1,025 g/ml), pero parece que realmente sí ocurría. Y no solo eso, también se utilizaban otras sustancias, como margarina, suero lácteo, leche desnatada... Por no hablar de las que se empleaban, también de forma fraudulenta, para conservar la leche: agua oxigenada, sulfitos, antibióticos, etc. O de las que pasaban a la leche a través de los medicamentos que se administraba a los animales para aumentar la producción cuando apenas había regulaciones ni conocimientos al respecto: hormonas, antibióticos... Todo un lujo, vaya. Supongo que todo ello explicaba en parte el festival de sabores.

De todos modos, tampoco hacía falta romperse mucho la cabeza para sacar más rendimiento a la leche. La mayoría de los lecheros que la vendían a granel por las casas utilizaba métodos tan rudimentarios para medir el volumen como unas simples tazas de aluminio con capacidad para un cuartillo, una antigua medida castellana que equivalía más o menos a medio litro. Así que, si querían escatimar, solo tenían que inclinarlas un poco para que pareciera que se llenaban del todo, cuando en realidad no era así.

La peor crisis alimentaria de la historia reciente

Cuando cuento todas estas cosas mis amigos me preguntan en qué año nací, porque parecen como de hace dos siglos. Pero seguimos en la década de 1980. Lo que ocurre es que antes había enormes diferencias entre las grandes ciudades y otros lugares más pequeños, como los pueblos o la pequeña ciudad en la que crecí, sobre todo si estaban alejados de grandes núcleos urbanos. Por ejemplo, algunas grandes ciudades españolas conocían la leche esterilizada y envasada en tetrabrik desde diez años antes, concretamente desde 1973.

Bueno, la verdad es que también había contrastes incluso dentro de la misma ciudad. Por ejemplo, en esa época en que venía el lechero por casa, también teníamos contacto con el mundo digital. Todo empezó gracias a don Darío, un maestro de mi hermano, que en 1983 nos invitó a su casa para que mis padres, mi hermano y yo conociéramos el ZX Spectrum y para hablarnos del futuro prometedor de los ordenadores. Razón no le faltaba.

En las grandes ciudades también había importantes contrastes. Para hacernos una idea, a principios de los ochenta todavía quedaba alguna vaquería en pleno centro de Barcelona, donde se criaban las vacas y se podía adquirir leche recién ordeñada. Se suponía que desarrollar este tipo de actividades en medio de una ciudad se había prohibido en 1961 por motivos higiénicos, pero muchos negocios resistieron durante varios años más, hasta 1984, cuando la policía clausuró la última.

Por aquella época había una gran preocupación por la seguridad de los alimentos debido a la crisis del síndrome tóxico que causó el consumo de aceite de colza desnaturalizado. Ese gravísimo suceso, que comenzó en la primavera de 1981, afectó a casi veintiuna mil personas y provocó la muerte de cerca de cuatrocientas durante los primeros dieciocho meses. Se estima que han fallecido por esa causa más de tres mil ochocientas personas desde entonces, lo que la ha convertido en la mayor intoxicación alimentaria de la historia reciente de nuestro país. Aquel hecho llevó a una reforma de la legislación alimentaria y a un endurecimiento de los controles, aunque todavía quedaban muy lejos de los que existen en la actualidad.

Afortunadamente, aquel grave episodio de emergencia sanitaria no nos pilló de cerca y, que yo sepa, no afectó a ningún familiar o conocido, a pesar de que esos productos no se vendieron lejos. Yo era un niño, así que no me paraba mucho a pensar en esas cosas. Pero recuerdo el revuelo que causó y la preocupación de mis padres por todo aquello.

No creo que la mayoría de la gente fuera consciente de la falta de control alimentario que existía y de los riesgos que ello suponía para la salud. En cierto modo era lógico, porque más allá de que las autoridades sanitarias fueran competentes o no, la tecnología y los conocimientos estaban a años luz de los actuales. Para hacernos una idea, algunos de los peligros que hoy se conocen y se controlan ni siquiera se habían descubierto entonces.

Por poner un ejemplo, podemos hablar de *Listeria monocytogenes*, que actualmente es una de las bacterias que más preocupan en la industria alimentaria. Este microorganismo se describió por primera vez en el año 1924, pero no se identificó como un patógeno alimentario hasta el año 1981. De hecho, en nuestro país todavía era una bacteria desconocida para el gran público, aunque eso cambió en el año 2019, cuando se hizo popular debido a un grave brote de listeriosis asociado al consumo de carne mechada contaminada, que causó cuatro muertos y seis abortos y afectó a más de doscientas personas.

Más de un mes después del comienzo de aquella gravísima crisis del síndrome tóxico en 1981, y tras dar muchos palos de ciego, se conoció por fin la causa. El origen se encontraba en el consumo de aceite de colza desnaturalizado que había sido comercializado en garrafas de cinco litros fuera de los cauces legales, sobre todo en la venta ambulante. Por eso se cebó especialmente con muchas familias humildes.

La identificación del origen puso fin a la incertidumbre y alivió a mucha gente, que ya podía respirar tranquila sabiendo que no había estado expuesta a aquel aceite tóxico. Supongo que ese alivio también lo sintieron mis padres, porque mi madre siempre compraba aceite de marcas conocidas, en botellas de un litro, y además solía hacer la compra en las tiendas del barrio.

A mí me encantaba ir con ella visitando cada una: la carnicería de Lorenzo, la frutería-pescadería de Vicente, la droguería de Maricarmen, el ultramarinos de Santiago... Cada una era una aventura.

2

SENSACIÓN DE VIVIR

En los primeros años noventa medio país se hacía la misma pregunta: ¿qué animal era Cobi? Se trataba de la mascota oficial de los Juegos Olímpicos que se iban a celebrar en Barcelona en 1992. Era poco convencional, de modo que descolocó a mucha gente, que renegaba de aquella especie de perro cubista diseñado por Javier Mariscal.

Curro parecía levantar menos ampollas, porque al lado de Cobi no rompía tantos esquemas, y eso que también se salía un poco de lo corriente. Era una especie de pájaro con patas de elefante, con una cresta y un pico multicolor, en referencia a los colores del arcoíris. Esta mascota, diseñada por Heinz Edelmann, director artístico de la película de los Beatles *Yellow Submarine*, era el estandarte del otro gran acontecimiento que se iba a celebrar en España durante 1992: la Exposición Universal de Sevilla.

Casi todo el mundo esperaba con ansia que llegara aquel año histórico, y yo también, claro. Se suponía que iba a marcar un antes y un después en la historia del país y desde luego así fue. Aquel año España se hizo mayor. O al menos eso me pareció, pero quizá fue solo cosa mía. En aquel 1992 cumplí catorce añazos, así que dejé atrás el colegio y la infancia.

Del ultramarinos al hipermercado

Una de las primeras grietas que empezaron a resquebrajar los cimientos de mi infancia se produjo allá por 1988. *Barrio Sésamo*, el programa infantil que me había acompañado durante años, había llegado a su fin. Pero lo peor no fue eso, sino el infumable sustituto que pusieron en su lugar: *Los mundos de Yupi*. ¡¿Pero qué era aquello?! Estaba claro que el futuro no pintaba bien. Por si fuera poco, también estaban retirando otras series y programas que me encantaban, como *La bola de cristal*.

Todo aquel mundo que me rodeaba y que yo creía eterno estaba transformándose. A mí me estaba ocurriendo lo mismo. Ya casi no escribía poesías para felicitar a mis padres o a mis abuelos en sus cumpleaños o en sus aniversarios porque cada vez me daba más vergüenza. Y ya casi no acompañaba a mi madre a hacer la compra porque nuestras rutinas habían cambiado. Como mi hermano y yo ya éramos más mayores, ella había pasado de trabajar media jornada fuera de casa a hacerlo a jornada completa. En consecuencia, ahora se levantaba aún más temprano, para dejar la comida hecha antes de irse, y ya no iba a comprar a diario, sino dos o tres veces por semana. Eso sí, seguía yendo a las mismas tiendas. Bueno, a las que quedaban abiertas, porque algunas, como el ultramarinos, habían cerrado. En su lugar, abrieron un supermercado enorme, de una gran empresa, lleno de luces y de pasillos con un montón de productos.

La oferta era abrumadora. Se notaba sobre todo en los alimentos ultraprocesados. Ya no se reducían solamente a un pequeño espacio, como ocurría en el viejo ultramarinos, donde había apenas dos o tres tipos de galletas, unos pastelitos, Nocilla, Cola Cao, Dalky y poco más. Ahora ocupaban pasillos enteros: uno para los chocolates, otro para los refrescos, otro para la bollería... Además, las instalaciones eran más modernas, con refrigeradores más silenciosos y que enfriaban más y mejor, algo que también estaba sucediendo en las tiendas pequeñas, que poco a poco se iban renovando. Y lo mismo en casa de mis padres, que por fin cambiaron aquel viejo frigorífico de apenas metro y medio de alto por otro mucho más grande, más silencioso y más eficiente. También mucho más cómodo, porque el anterior era una tortura. Cada tres o cuatro semanas había que sacar toda la comida y desenchufarlo para descongelarlo y retirar las tremendas capas de hielo que se habían formado. A mí me resultaba divertido, pero a mi madre no le hacía ninguna gracia tener que cumplir aquel ritual, largo y engorroso, con el que se ponía la cocina perdida y se te congelaban las manos.

Del cántaro al tetrabrik

El nuevo frigorífico trajo consigo otra gran ventaja. Como era más grande y funcionaba mejor, permitía almacenar más alimentos y durante más tiempo, así que ya no había que ir a comprar a diario. Además, gracias al desarrollo de la tecnología, muchos de esos alimentos eran más duraderos y algunos ni siquiera necesitaban frío para su conservación. Se notó sobre todo en la leche, que en poco tiempo experimentó una transformación tremenda.

Unos años antes, Esteban, el lechero, había dejado de venir por casa. Los controles y la legislación eran cada vez más estrictos, de modo que ya nadie vendía leche a domicilio. Ante semejante panorama, algunos de aquellos lecheros formaron una cooperativa y comenzaron a producir leche pasteurizada para venderla en tiendas de alimentación, envasada en bolsas herméticas de plástico.

Y se acabaron las sorpresas. La leche ya no sabía cada

día a una cosa. Habían conseguido estandarizar el proceso y ahora todos los días tenía mal sabor. Estupendo, porque yo debía seguir tomando cada día medio litro para desayunar y otro medio litro para cenar. No sé si es que no aclaraban bien la maquinaria después de desinfectarla o si es que aquellas bolsas de plástico le daban mal sabor o yo qué sé, pero seguía resultándome insufrible.

El envase era lo más engorroso del mundo. En cuanto te descuidabas se pinchaba y acababas con la compra bañada en leche y con el pan hecho papilla. Además, para poder manipularlo sin que se escurriera demasiado y sin que se derramara todo por el suelo, había que meter la bolsa en una jarra para poder servir la leche.

Lo bueno es que duraba más tiempo y mi madre ya no tenía que afanarse en hervirla. Había también otro aliciente y es que regalaban camisetas con el logo de Batman, que era lo que se llevaba por aquel entonces. Tim Burton acababa de estrenar la película y en el cole estábamos flipadísimos. Bueno, al menos yo, porque siempre había sido uno de mis personajes favoritos y ahora por fin hacían una peli decente, nada que ver con aquella de los años sesenta que había visto en el cine. Dudo mucho que los de la leche pidieran permiso a DC Comics, a Tim Burton o a quien fuera para poner allí aquel logotipo, pero eso a mí me traía sin cuidado.

TETRABRIK: UN ENVASE LLENO DE VENTAJAS, CON UN IMPORTANTE INCONVENIENTE

El tetrabrik actual con forma de ladrillo salió al mercado en 1963. Lo desarrolló la empresa sueca Tetra Pak, basándose en el que había inventado a comienzos de los años cincuenta, que tenía forma de tetraedro, de ahí su nombre.

Se convirtió en un éxito internacional porque reúne grandes

ventajas: es ligero, apilable, resistente, hermético y protege el alimento de los agentes externos que podrían deteriorarlo. El secreto reside en su composición: está formado por seis capas intercaladas de diferentes materiales.

Capa 1. Polietileno de baja densidad: impermeabiliza y protege de la humedad externa.

Capa 2. Cartón: da forma, estabilidad y rigidez al envase y permite la impresión del diseño.

Capa 3. Polietileno: permite la adhesión entre cartón y aluminio.

Capa 4. Aluminio: actúa como barrera contra la luz y el oxígeno.

Capa 5. Polietileno: optimiza la adhesión del aluminio.

Capa 6. Polietileno: evita el contacto del producto con las otras capas del material del envase.

En total está compuesto por un 5 % de aluminio, un 20 % de polietileno y un 75 % de cartón. Este último puede hacernos pensar que se trata de un envase sostenible, porque además algunas marcas lo promocionan así, pero actualmente en España es la única parte que se puede reciclar. El 25 % restante no se puede separar, así que acaba en el vertedero. En este aspecto gana la botella de plástico porque en principio el material (PET o tereftalato de polietileno) sí es 100 % reciclable.

La cosa duró poco porque aquella cooperativa cerró dos o tres años después. El sector estaba revuelto con tantos cambios y había mucha competencia entre pequeñas empresas, lo que hacía que solo sobrevivieran las más grandes. Fue ahí cuando por fin llegó a casa la leche en tetrabrik, casi veinte años después de que hiciera su aparición en las grandes ciudades. Casi nada.

También me costó un poco acostumbrarme a beberla, pero al menos ya no tenía aquellos sabores tan raros. Ahora sí que parecían todo ventajas. El envase era mucho más práctico: no pesaba, se podía apilar y no se rompía. Además, no había que guardarlo en frío y duraba meses: ya no había que comprar leche a diario.

El secreto estaba en el tratamiento térmico, tal y como se empeñaban en recordarnos los anuncios de leche Pascual que salían por la tele. En este tipo de leche UHT, el calentamiento se realiza a una temperatura de unos 138 °C durante solo unos pocos segundos. Esto asegura la eliminación de todos los microorganismos, así que no es necesario almacenarla en frío. En este sentido, la ventaja también era notable con respecto a la leche de bolsa, donde se aplicaba un tratamiento de pasteurización, más suave, de unos 55-75 °C durante unos 17 segundos. De este modo solo se eliminan los microorganismos que no se encuentran en formas resistentes, por eso había que mantenerla en frío. Lo bueno es que este tratamiento permite mantener mejor el sabor original de la leche, aunque ya digo que en aquel caso no funcionaba.

Con el fin de la venta de leche cruda a domicilio y el aumento de los controles a los alimentos y al ganado, aquellas famosas fiebres de malta cayeron en picado. Para hacernos una idea, en 1986 se registraron más de seis mil casos de brucelosis en todo el país, mientras que tan solo cuatro años después, el número se había reducido a menos de la mitad.

Pero no todo eran ventajas. La gente se quejaba de que la leche de brik estaba aguada porque no tenía el sabor de antes y además la nata brillaba por su ausencia, así que no se fiaba ni un pelo de aquello. Normal, teniendo en cuenta el historial de fraudes que tenía este alimento a sus espaldas.

Para mí lo de la nata no era un inconveniente, sino más bien lo contrario, porque siempre me había dado repelús encontrar aquella capa flotando. Y mucho más ver cómo mi madre se la comía gustosamente. De todos modos, la nata no había desaparecido de la leche. Bueno, un poco sí. Pero no mucho. En la época en que se vendía a domicilio, se servía tal cual, con la cantidad de nata que tuviera. Lo que pasaba es que esta cantidad podía ser muy variable, según factores como la estación del año o el estado de lactación del animal; por ejemplo, en invierno la leche podía llegar a contener hasta un 4,8 % de grasa, mientras que en verano podía ser de apenas un 2,8 %. Cuando se empezó a vender envasada, comenzó a estandarizarse: se retiraba toda la grasa y luego se añadía la cantidad deseada, según los límites legales, para que siempre fuera la misma. Por ejemplo, en la leche entera el mínimo de grasa debe ser del 3,5 %. Es decir, la cantidad era ligeramente menor que en aquella leche de invierno. Es uno de los motivos por los que tenía menos sabor. Por eso y por el tratamiento térmico, que elimina o cambia algunos de los compuestos que aportan aroma y sabor. Aunque eso no resta nutrientes ni hace que «alimente menos», como se decía a veces por ahí.

Pero si la nata se hizo invisible fue sobre todo porque esa leche comenzó a someterse a un proceso de homogeneización. Consiste simplemente en hacer que pase a gran velocidad a través de una ranura muy estrecha para romper los glóbulos de grasa y así evitar que se agreguen entre sí y asciendan a la superficie.

Los productos *light* y el culto al cuerpo

No era el único que tenía una cruzada contra la nata, aunque mi motivación era diferente a la de la mayoría de la gente, que comenzó a rechazarla debido a la mala imagen que había ido adquiriendo la grasa. La cosa comenzó unas décadas atrás, cuando el fisiólogo Ancel Keys publicó un famoso estudio en el que asociaba su consumo con el aumento de enfermedades cardiovasculares.

Yo no tenía ni idea de quién era ese señor, pero estaba claro que su trabajo había calado hondo. Solo había que ver los anuncios de la tele. Muchos seguían más o menos igual que antes, con eslóganes y melodías pegadizos, como «Natillas Danone, listas para gustar», o promocionando la energía y el crecimiento de los niños, como el anuncio del primo de Zumosol. Pero muchos otros se centraban en los productos *light* o «bajos en grasa». Aunque, a decir verdad, lo hacían sobre todo por motivos estéticos y por aquello de «mantener la línea», más que por motivos de salud. O, mejor dicho, lo hacían por ambas cosas porque se solían asociar la esbeltez y la belleza con la salud, un error garrafal que aún hoy nos trae de cabeza.

La cuestión es que el mantra en la alimentación «saludable» era «comer poca grasa y pocas calorías» porque eran «malas» y «engordaban». Por eso mucha gente abandonó el consumo de leche entera y se pasó a la semidesnatada (optar por la desnatada era demasiado porque no sabía a nada). Fue también lo que hicimos en casa.

Quién se lo iba a imaginar décadas atrás, cuando la prioridad era comer. Definitivamente, ahora no había problema alguno para disponer de alimentos; de hecho, cada vez eran más abundantes. Además, los trabajos se iban volviendo más sedentarios. Es decir, en muchos casos la preocupación era precisamente la contraria: no comer demasiado.

Esta situación ya se había reflejado en las guías dietéticas elaboradas por el Departamento de Agricultura de los Estados Unidos en 1980, donde por primera vez las recomendaciones ya no eran «comer suficiente» cantidad de ciertos alimentos, sino «restringir» el consumo de algunos nutrientes, como grasas, grasas saturadas, colesterol, azúcar y sodio. En aquella década la situación en España era todavía muy diferente, pero poco a poco acabamos yendo por el mismo camino y eso se notaba cada vez más en aquellos años noventa.

LAS «GRASAS *LIGHT*» EXISTEN, PERO TIENEN TRUCO

La preocupación por las grasas y su efecto sobre la salud y el peso alcanzó su punto álgido en los años noventa. Eso popularizó las «grasas *light*», un concepto que parece contradictorio, pero que tiene truco porque en realidad no se trata de grasas. Las grasas que conocemos están compuestas básicamente por triglicéridos: moléculas de glicerol unidas a tres ácidos grasos. Pero estos sustitutos poseen una composición diferente. La idea era que aportaran propiedades parecidas de textura y sabor, pero sin el alto aporte calórico de las grasas (9 kcal/g). Entre las opciones disponibles hoy en día, como salatrim o caprenín, quizá las más populares son las siguientes:

- Olestra: se descubrió en los años setenta y se aprobó en 1996 en Estados Unidos. En realidad no es una grasa, sino una molécula compuesta por sacarosa unida a ácidos grasos. Nuestro organismo no es capaz de romper esa unión, así que no se absorbe y no aporta calorías.
- Aceite de parafina: en España se comercializa desde 1968 un «aceite hipocalórico» que no se vende como alimento, sino como medicamento, en farmacias. Está compuesto por un 20 % de aceite de oliva virgen, que aporta sabor, y un 80 % de aceite de parafina. Este es un aceite mineral derivado del petróleo que nuestro organismo no es capaz de metabolizar, de modo que no se absorbe.

Estos productos no están exentos de inconvenientes:

- Pueden tener efectos adversos. Por ejemplo, como no se absorben pueden provocar diarrea e interferir en la absorción de vitaminas liposolubles.
- No están indicados para ciertos casos. Por ejemplo, el aceite de parafina solo se puede consumir en crudo porque el calentamiento altera su composición y puede formar sustancias potencialmente tóxicas. Además no está indicado para embarazadas.
- Pueden favorecer una mala dieta. Por ejemplo, olestra se utiliza en productos insanos, como patatas fritas, lo que puede hacernos pensar que son saludables y llevarnos a aumentar su consumo.

En definitiva, las «grasas *light*» no son necesarias e incluso pueden ser contraproducentes. Es importante tener en cuenta que las grasas, las convencionales, son necesarias para el buen funcionamiento de nuestro organismo. Lo importante no es restringir su consumo ni optar por sustitutos, sino priorizar las opciones saludables, como el aceite de oliva virgen.

Con aquella nueva situación, se empezó a poner de moda la actividad física enfocada al cuidado de la salud. De nuevo, la referencia era Estados Unidos. Durante los años ochenta las series y las películas se llenaron de personajes practicando squash bañados en sudor, y haciendo footing mientras escuchaban música en un flamante *walkman*. Todos ellos ejecutivos estresados, residentes en Nueva York, claro. También a España llegó aquella fiebre. Solo había que ver la popularidad que había alcanzado Eva Nasarre con su programa televisivo de aerobic.

Ahora, en los noventa, las referencias que llegaban de

aquel país eran otras, o al menos así lo percibía yo. Ya no me parecía que la preocupación por el cuerpo tuviera que ver tanto con la salud, sino más bien con la estética. Se notaba, por ejemplo, en series como *Los vigilantes de la playa*. David Hasselhoff había cambiado la cazadora de cuero por el bañador y ya no le acompañaba un coche fantástico, sino un montón de socorristas con cuerpos atléticos que iban a todas partes corriendo a cámara lenta.

Ese culto al cuerpo se apreciaba aún más en las revistas y los programas de televisión donde salían a todas horas aquellas supermodelos esbeltas y megaperfectas: Claudia Schiffer, Naomi Campbell, Cindy Crawford, Linda Evangelista, Elle Macpherson... Eran tan famosas como las estrellas de Hollywood y se convirtieron enseguida en el canon de belleza, tanto para muchas chicas, que aspiraban a ser como ellas, como para muchos chicos, que buscaban ese ideal en las chicas. Era una referencia poco realista, y empezó a preocupar a algunas personas por los trastornos que podía suponer. La cosa empeoró notablemente unos años más tarde cuando ese canon de belleza fue desplazándose hacia lo que se conoció como *heroin chic*, una tendencia de la cual Kate Moss era abanderada. Las modelos comenzaron a mostrar una imagen enfermiza, con cuerpos extremadamente delgados, caras escuálidas y ojerosas y piel pálida, como si sufrieran anorexia o fueran adictas a la heroína, de ahí su nombre.

Las consecuencias de ese modelo de belleza no tardaron en hacerse notar. Los casos de trastornos de la conducta alimentaria, especialmente de anorexia y de bulimia, se dispararon. Casi todos conocíamos algún caso cercano y casi todas las veces se trataba de una chica.

Uno de los casos más conocidos fue el de Tracey Gold, protagonista de *Los problemas crecen*, que fue la primera actriz de Hollywood en hablar en público sobre su anorexia.

Esta serie era una comedia políticamente correcta sobre los conflictos de una familia con tres hijos. Al parecer, la serie era tan blanca, entre otras cosas, porque su protagonista, Kirk Cameron, se había convertido al ultracatolicismo y ponía condiciones sobre los guiones: censuraba todo aquello que consideraba inmoral. Aunque, según la prensa, ni a él ni al resto del equipo les importó que esos mismos guiones bromearan con el peso de su hermana en la ficción, Tracey Gold, que ya sufría anorexia. A pesar de las quejas de Gold, nadie consideró que aquello fuera un problema serio. Tampoco pensaron en el peligroso mensaje que enviaba a la audiencia, en su mayoría adolescente, ni en las graves consecuencias que podía tener para la actriz, que finalmente tuvo que abandonar la serie para ingresar en una clínica. Afortunadamente superó aquel problema y hoy en día trabaja para ayudar a personas en esa situación.

Afinando la vista contra las estafas

Por lo pronto, a mí lo que me preocupaba en el verano de 1992 era mi propia imagen. Estaba en plena edad del pavo y me inquietaba el comienzo en el instituto. Ya había conseguido afeitarme aquella horrible pelusilla que me había salido entre el labio y la nariz, y hasta tenía un corte de pelo a la moda, como el de Jesús Vázquez en *Hablando se entiende la basca*, pero ahora mi problema era otro: tenían que ponerme gafas.

No sé en qué momento me di cuenta de que no veía bien porque supongo que fue pasando poco a poco. Pero la cuestión es que era miope y tenía que llevar unas gafas enormes de montura metálica. Aquello me preocupaba por cuestiones estéticas y también por cuestiones prácticas, porque, no nos engañemos: llevar gafas es un engorro.

Por suerte, la solución llamó a mi puerta. Un día llegó a casa un anuncio sobre una charla que se iba a celebrar en el hotel Colón, centrada precisamente en eso: «¿Quieres dejar de llevar gafas?». Así que allá que me fui con mi padre.

Según contaron, yo veía mal porque no tenía los músculos del ojo bien desarrollados, y la solución era sencilla: un atril con una regla en su base, que permitía acercarlo o alejarlo de los ojos. Solo había que leer diez minutos al día, alejando el atril un poco cada 24 horas para fortalecer los músculos, y así recuperar una vista perfecta. La idea parecía fácil y sencilla. Tanto que yo no veía la necesidad de comprar aquello:

> —Pero esto mismo lo puedo hacer en casa, con una regla y un atril normal... —El comercial ya esperaba aquel argumento, claro.
>
> —Sí, pero es que lo más importante es la luz. Este sistema que ofrecemos nosotros tiene una iluminación especial que favorece la recuperación de la visión.

Aquello encendió las alarmas de mi padre y confirmó sus sospechas. Y adiós, muy buenas.

Me quedé un poco chafado por aquel intento de timo, pero me enseñó algo muy importante. En un instante aprendí las malas artes de los vendehúmos, que años después volvería a encontrar incesantemente en el mundo de la alimentación. El esquema era sencillo:

- Punto número 1: persona con pocos conocimientos y preocupada o desesperada, como yo con mis nulos conocimientos de óptica y mi afán por evitar que me pusieran gafas. Si hacemos la analogía con los alimentos podemos pensar en una persona con sobrepeso u obesidad, preocupada por adelgazar, o incluso en una persona con una enfermedad grave, como el cáncer, angustiada por su salud.

- Punto número 2: patraña inventada, pero convenientemente adornada con palabrería técnica y pseudocientífica, como la milonga de que veía mal por la atrofia de los músculos encargados de mover los ojos. En el mundo de la alimentación hay ejemplos para aburrir. Por citar solo un par de ellos, podemos pensar en las pastillas a base de alcachofa «para adelgazar» o en las «terapias» a base de zumos «detoxificantes» y «anticancerígenos» que promocionan algunos charlatanes.
- Punto número 3: solución mágica para resolver el problema. Un sistema exclusivo que solo puedes comprarle a ese vendehúmos. Como las pastillas a base de alcachofa con una «fórmula exclusiva», que hacen pensar que son útiles y que no basta con comer alcachofas para adelgazar milagrosamente. O como esas «terapias detox anticáncer», compuestas por «métodos exclusivos» con instrucciones rebuscadas y batidos exóticos.

El punto número 4 solo se cumple a veces. Ocurre cuando el estafado, que en este caso habría sido yo, se cree más listo que los demás porque conoce esa solución mágica de la que todavía nadie se ha enterado, lo que le hace hundirse aún más en el engaño e incluso difundirlo de forma desinteresada y bienintencionada.

Las estafas no eran nuevas para mí porque desde pequeño había visto algunas cosas que no me cuadraban mucho, como los anuncios chungos que a veces venían en las revistas, del tipo «gana músculo en una semana». También se hablaba por ahí de las estafas piramidales, que al parecer estaban muy de moda, y de algunas dietas de adelgazamiento que no sonaban muy fiables. Una era la de la sopa de repollo. Se suponía que podías comer todo lo que quisieras, pero solo eso.

Era también en lo que se basaban aquellos batidos que inundaban los anuncios en las revistas y la televisión. ¿Adelgazar bebiendo batidos de chocolate? Eso no me encajaba. Y, efectivamente, mi intuición no me fallaba.

Claro que adelgazabas, pero no porque la sopa o el batido de chocolate fueran mágicos, sino por la importante restricción calórica.

Estas dietas las seguían algunas personas del barrio, principalmente mujeres adultas, que se ponían «a régimen» cada dos por tres e iban enlazando unas dietas con otras. La de la sopa llegó a seguirla incluso un amigo con tan solo dieciocho años. Se suponía que era infalible y se lo daban a los pacientes de no sé qué hospital americano para perder peso rápidamente antes de una cirugía. El resultado fue el esperable. Tras una semana alimentándose solo a base de la dichosa sopa, lo único que perdió fue la paciencia. Después de aquello se pegó un par de atracones, para ahogar la desesperación después de tanto tiempo de sufrimiento, y luego volvió a sus hábitos de siempre. En consecuencia, acabó ganando más peso del que tenía en un comienzo, también porque su cuerpo se había hecho «ahorrativo» debido a la restricción calórica. Por eso se dice que hacer dieta engorda.

En su lugar, lo deseable es no centrarse en el peso, sino en la salud: adquirir unos buenos hábitos para mantenerlos de por vida. Es decir, seguir una dieta compuesta por alimentos saludables y variados que satisfagan nuestros gustos y nuestras necesidades. Esto no suele ser sencillo, por eso en muchos casos conviene acudir a un profesional sanitario, concretamente a un dietista-nutricionista, que es el profesional de referencia para estos casos.

EL TIMO DE LOS TEST DE INTOLERANCIAS ALIMENTARIAS

¿Te duele la cabeza? ¿Tienes dolores musculares? ¿Malestar abdominal? ¿Te cuesta conciliar el sueño? ¿No te sienta bien lo que comes? Con un sencillo test de intolerancias alimentarias podrás conocer los alimentos que te están causando ese malestar, para así poder evitarlos y recuperar tu salud. Eso es lo que se promete en la publicidad de este tipo de pruebas, que podemos ver anunciadas en un montón de lugares, sobre todo medios de comunicación y establecimientos pretendidamente sanitarios. En teoría la cosa es rápida y sencilla: solo hay que extraer un poco de sangre, o bien someterse a una simple prueba no invasiva con una maquinita de «biorresonancia». A partir de los resultados obtenidos se supone que se pueden conocer de golpe y porrazo hasta trescientas intolerancias, aunque el número depende del método, porque ya se sabe, puestos a inventar... La cuestión es que, considerando los resultados, el «profesional» solo tiene que diseñarnos una dieta en la que excluyamos el consumo de todos esos alimentos que teóricamente nos causan el malestar. Y todo por un módico precio que puede estar comprendido entre 100 y 400 euros.

No sería caro, si fuera cierto. Pero en realidad el precio es demasiado alto teniendo en cuenta que lo que se está vendiendo es humo, dado que esas pruebas múltiples de intolerancias alimentarias no tienen fundamento ni respaldo científico.

Además de la pérdida económica, pueden poner en riesgo la salud, ya sea por acción o por omisión. Por una parte, si seguimos una dieta restrictiva sin control, y sin necesidad de hacerlo, podemos sufrir problemas derivados de la malnutrición. Por otra parte, si retrasamos la atención médica a un problema de salud pensando que la solución se encuentra en estos test, la situación podría agravarse.

Otra dieta muy famosa era la del doctor Atkins. Ya venía de lejos. Comenzó en 1970 con la publicación del libro *La revolución dietética del Dr. Atkins*. Pero volvió a lograr popularidad en los noventa porque el libro se reeditó en 1992 bajo el título *La nueva revolución dietética del Dr. Atkins*. En un principio sus numerosos detractores la calificaron de dieta milagro porque proponía justo lo contrario de lo que recomendaban las guías dietéticas de la época: adelgazar con una dieta alta en grasas y en proteínas y baja en hidratos de carbono. Por eso yo también la veía como una estafa. ¿Comer grasa para adelgazar? Pero ¿qué locura era esa y quién se iba a tragar semejante chorrada? Años más tarde me enteré de que aquella propuesta era en realidad una dieta cetogénica, así que tenía fundamento, pero aun así, era muy controvertida.

En pocas palabras, una dieta cetogénica se basa en consumir una cantidad muy escasa de hidratos de carbono, moderada de proteínas y alta en grasas. Lo que sucede cuando comemos de este modo es que, como ingerimos pocos hidratos de carbono, nuestro organismo agota el glucógeno que tiene de reserva para obtener energía. Cuando eso ocurre, utiliza en su lugar cuerpos cetónicos, que son compuestos que obtiene a partir de ácidos grasos, es decir, de las grasas.

Esta dieta no está exenta de inconvenientes. Su seguimiento puede resultar complejo para muchas personas y tiene riesgos asociados si no se realiza un control adecuado. Resulta útil para la pérdida de peso a corto plazo, pero a medio y largo plazo no parece ser mejor que otras propuestas, sobre todo por los problemas que suelen presentar todas ellas: son difíciles de mantener en el tiempo y a menudo siguen tomando como referencia el peso y el aspecto físico, en lugar de priorizar la adquisición de unos hábitos encaminados a lograr un buen estado de salud.

Grasas *trans* para desayunar

Al final no tuve más remedio que ponerme gafas. Aunque aprendí a aceptarlo y a acostumbrarme a ellas. Cero dramas. Ya estaba listo para ir al instituto. Bueno, casi.

Había una cosa que me preocupaba aún más: los amigos. La mayoría de la gente que conocía del colegio no iba a ir al instituto y me había tocado en una clase donde no conocía a nadie, así que todo eran nervios, incertidumbre y timidez, disfrazada de seriedad.

Afortunadamente, el disgusto pasó enseguida, más o menos. Era fácil relacionarse, así que en dos días ya hice algunos amigos con los que pasar el recreo y comer el tentempié de media mañana. La rutina era siempre la misma: íbamos hasta el quiosco de *la* Aurora y compraba algo de bollería: un pepito de chocolate, una caña de crema o una palmera de chocolate. Podríamos haber llevado un bocadillo de casa o una pieza de fruta, pero a casi nadie se le pasaba por la cabeza. Así no teníamos que preocuparnos de prepararlo ni de cargar con ello. Además, aquellos bollos eran fáciles de comprar, estaban ricos y eran muy baratos, de modo que ¿para qué íbamos a hacer otra cosa?

Yo era consciente de que aquello «no alimentaba», pero no lo consideraba preocupante porque solo comía un bollo de aquellos al día. Vale, lo hacía todos los días. Pero ¿qué problema había? Yo veía que no engordaba, así que no sería tan malo, ¿no? Lo cierto es que estaba cayendo en un error que sigue siendo muy habitual a día de hoy: valorar lo saludable o insano de una dieta o de un alimento exclusivamente por su efecto sobre el peso.

La verdad es que a mí, como a la mayoría, no me importaba la composición de aquellos productos. No me preocupaba por esos detalles. Y aunque lo hubiera hecho, tampoco tenía forma de conocerlos. Para empezar, comprábamos los bollos a granel, así que no teníamos información. Y aunque los hubiéramos comprado envasados, tampoco habría servido de mucho porque la información nutricional seguía sin ser obligatoria en la etiqueta. Además, tampoco se indicaban otros detalles, como la grasa utilizada. Solamente se mostraba si era animal o vegetal.

Los pastelitos que comía de pequeño contenían «grasas animales y vegetales», según indicaba su etiqueta. Cabe suponer que muchas de aquellas fueran aceites de girasol o de otras semillas y, sobre todo, grasa de cerdo, relativamente barata y que aportaba buena textura y buen sabor a los productos.

Pero con la mala fama que habían adquirido las grasas animales, se empezaron a sustituir por opciones vegetales. El problema es que los aceites son líquidos a temperatura ambiente y, por tanto, no otorgan a la bollería una textura tan consistente ni untuosa. Además, se enrancian más fácilmente, lo que reduce la vida útil del producto. Por eso se optó por utilizar grasas vegetales hidrogenadas, que en principio tenían buena imagen, por ser de origen vegetal. Además, aportaban buena textura debido a su mayor consistencia, lograda gracias a un proceso de hidrogenación. Este consiste básicamente en añadir átomos de hidrógeno para lograr que parte de las grasas insaturadas se conviertan en saturadas.

Tiempo después, el avance del conocimiento científico nos permitió saber que, en el proceso de hidrogenación parcial que se aplicaba para que esas grasas vegetales fueran más sólidas a temperatura ambiente, se formaban grasas *trans*, que son perjudiciales para la salud por sus efectos adversos sobre el sistema cardiovascular.

Eran, muy probablemente, las que me estaba comiendo en aquellos pepitos de chocolate, junto con una buena cantidad de azúcar y harinas refinadas, que aumentaban mi riesgo de sufrir también otros problemas de salud, como diabetes tipo 2. Pero yo no pensaba en ello ni de lejos, entre otras cosas porque ni siquiera lo sabía.

De hecho, mi única referencia de la *diabetis*, que era el nombre que había oído para esa enfermedad, se reducía a un caso que había conocido años atrás. El de un vecino de mi abuela, que era como de la familia, al que tuvieron que amputar una pierna. Yo debía de tener unos ocho o nueve años, y me impresionó un montón. No entendía qué era esa enfermedad ni por qué aparecía. Tampoco nadie de mi entorno tenía ni idea. Lo único que se sabía es que hacía que «tuvieras azúcar» en la sangre.

Ahora ya conozco los detalles. En realidad nuestra sangre siempre contiene azúcar, en concreto glucosa, que es el combustible que nuestras células utilizan como fuente principal de energía. Para que todo funcione correctamente su concentración debe mantenerse dentro de unos valores concretos, igual que sucede, por ejemplo, con nuestra temperatura corporal. Esa es la misión de la insulina, una hormona producida por el páncreas que se encarga de ingresar esa glucosa en las células, retirándola así de la sangre.

La enfermedad suele comenzar con resistencia a la insulina, una afección en la que el músculo, el hígado y las células grasas no usan adecuadamente esa hormona. En consecuencia, el páncreas produce más cantidad para cubrir el aumento de la demanda, pero con el tiempo deja de ser suficiente y aumentan los niveles de glucosa en la sangre. Esto es muy peligroso porque puede causar diferentes efectos adversos, como enfermedades cardiovasculares, daño ocular o enfermedad renal, entre otras. Por eso es importante tratar de reducir los factores de riesgo que favorecen su desarrollo, como el sedentarismo, el exceso de peso, el tabaquismo o la hipertensión, que se podrían señalar como algunas de las causas de la enfermedad. Aunque también hay otras, como los factores genéticos o la edad.

La verdad es que por aquel entonces no se pensaba mucho en las causas de las enfermedades ni de los dramas relacionados con la salud, que a menudo no se llegaban a conocer, como ocurría con «la pendi», que era el nombre con el que conocíamos a la apendicitis. La causa de muerte más frecuente era «el repente». Cuando fallecía un vecino de un día para otro y le preguntaba a mi madre por la causa, la respuesta siempre era la misma: «No sé, se ha muerto de repente».

¿TRAGARSE LOS HUESOS DE LAS CEREZAS PROVOCA APENDICITIS?

Existe la creencia de que tragarse los huesos de las cerezas u otras semillas, como las de sandía, causa apendicitis. Esta afección se produce cuando queda bloqueado el apéndice, que es como un pequeño saquito en forma de dedo situado en el colon, en el lado inferior derecho del abdomen. Como consecuencia se desarrollan bacterias y se produce una infección.

Se apunta a que una de las principales causas es el taponamiento del apéndice debido a un aumento de la producción de células linfoideas, del sistema inmunitario, o bien por un apendicolito, que es un acúmulo de materia fecal, bacterias, mucosidades y restos de células.

Según las pocas investigaciones que se han realizado al respecto, es muy poco probable que la apendicitis se produzca por la ingesta de semillas. Para hacernos una idea, un estudio analizó el apéndice de casi 2.000 personas operadas y solo encontró restos vegetales sin digerir en una de ellas, es decir, un 0,05 % de los casos. Además, esos restos no eran de cereza ni de sandía, sino de otros vegetales, como naranja, melón, higo, cebada, avena, cominos o nueces.

En caso de apendicitis existe riesgo de que el apéndice se rompa y la infección se extienda, lo que puede poner en riesgo la vida de la persona afectada. Por eso hay que tratarla con urgencia: se practica una cirugía para extirpar el apéndice. Mucha gente cree que a los astronautas se los opera de forma preventiva antes de viajar el espacio para evitar posibles problemas. Pero esto en realidad no se hace porque la probabilidad de que suceda es baja.

De alimentos a productos

Durante aquellos años de instituto hice buenos amigos, que todavía conservo hoy en día. Además había ido identificando y definiendo mejor mis gustos y mis aficiones, en parte gracias a ellos. Una de esas aficiones fue el baloncesto, que empecé a practicar en el colegio.

No sé de dónde surgió. Supongo que fue una mezcla de circunstancias: mi aversión al fútbol, la referencia de mi hermano y la fiebre que se había desatado por el baloncesto. Unos años antes, España había ganado la medalla de plata en los Juegos Olímpicos de Los Ángeles 84, con jugadores míticos como Epi, Corbalán, Romay, Juanma López Iturriaga... (Curiosamente, ahora a quien sigo es a su hermano Mikel, cabeza visible de *El Comidista*). Y sobre todo, también llegaron la NBA y sus estrellas: Magic Johnson, Larry Bird, Kareem Abdul-Jabbar y, por supuesto, Michael Jordan, que era lo más parecido a un superhéroe. Mi hermano y yo los teníamos presentes a diario porque sus pósteres, de la revista *Gigantes*, empapelaban una habitación entera de casa.

Con la NBA no llegó solo el baloncesto, sino también muchas otras influencias de la cultura estadounidense, como la ropa o las zapatillas. La cosa ya venía de lejos. En casi todas las películas que veíamos en el cine y en la tele se empeñaban en mostrar su modo de vida: alimentarte a base de pizzas, hamburguesas, perritos calientes y cereales azucarados, beber Coca-Cola, perderte el partido de béisbol de tu hijo y recibir un disparo el día en que te vas a jubilar como policía.

Todo ello se estaba extendiendo como una mancha de aceite desde hacía años y a mí también me estaba atrapando. Ya no me conformaba con la ropa sin marca que me compraba mi madre cuando era pequeño. Ahora quería pantalones Levi's, zapatillas Air Jordan y sudaderas Nike.

La cuestión es que ya no necesitaba la ropa simplemente para vestirme. Ahora además tenía que parecerme guay y ser de marca, para poder lucirla y para jugar tan bien y molar tanto como Michael Jordan. La ropa había pasado de ser un bien de primera necesidad a ser un producto de mercadotecnia.

Con la alimentación estaba pasando exactamente lo mismo. El fenómeno también había empezado décadas atrás, pero se notaba cada vez más. Los alimentos estaban dejando de ser exclusivamente bienes de primera necesidad que respondían a los requerimientos básicos de las personas y se estaban convirtiendo en productos cuyo fin era dar respuesta, principalmente, a estrategias empresariales, en las que se aplicaban técnicas de mercadotecnia del mismo modo que se hacía con la ropa o con las zapatillas.

Por eso en todas aquellas películas no dejaban de salir esos productos. Obviamente, no era algo casual, sino parte de esa mercadotecnia, igual que se hacía con el alcohol y el tabaco.

El fenómeno también se percibía en los anuncios publicitarios, donde cada vez se utilizaban recursos más complejos. Por ejemplo, empezó a ser más frecuente la publicidad emocional, es decir, ya no se trataba solo de mostrar el producto para darlo a conocer, hacer que fuera fácil de recordar y atribuirle características nutritivas, como en el Cola Cao, «desayuno y merienda ideal», sino que además se apelaba a las emociones. En realidad esto siempre había ocurrido. Recordemos que una de las señas de identidad en los anuncios de las décadas pasadas era la familiaridad. Pero ahora se hacía de forma más notoria y sofisticada, como ocurría en un anuncio de Danone en el que unos niños alimentaban con yogur a sus madres o en los anuncios de Coca-Cola, que siempre han sido los más representativos en este aspecto. En ellos ni siquiera se habla del producto como tal, sino que se muestran las emociones que se supone que sientes cuando lo tomas: felicidad, alegría, diversión..., siempre representadas por gente joven, guapa y esbelta. «Sensación de vivir», decía su eslogan en los noventa. ¿Quién no iba a querer un brebaje mágico para sentir todo eso? ¡Póngame cuatro!

Yo vivía empapado de todas esas influencias, así que también intentaba imitar comportamientos o consumir algunos de aquellos productos, en la medida de mis posibilidades. Quería beber Coca-Cola y comer hamburguesas en el Burger King, pero apenas lo lograba. Para empezar, en casa difícilmente entraban alimentos de ese tipo porque mi madre, que seguía con su buen criterio, se negaba a comprarlos. «No alimentaban.» Bien por mi madre.

Pero la oferta era cada vez mayor, al igual que su promoción, de modo que alguno acabó llegando, como las salchichas de Frankfurt o los cereales de desayuno: los de la rana, los del tigre, los del gallo y los de aquella especie de elfos chungos. También alguna lata de 7Up, un refresco de lima limón, que tomaba de cuando en cuando. Se había puesto muy de moda gracias al dibujo que lo promocionaba, un personaje llamado Fido Dido. No sé cómo me pudo conquistar aquel bicho porque menuda cosa más sosa. Fue la publicidad, claro. Por aquella época anunciaba un montón de productos novedosos que, con el paso del tiempo, acabaron tan olvidados como aquel dibujo.

Productos fracasados. Lo que no se compra no se vende

Se suele decir que no hay nada más complicado que desarrollar juguetes, porque los gustos de los niños y las modas son «caprichosos». Puedes aplicar la tecnología más innovadora y pasar tres años trabajando para concebir el juguete más moderno y rompedor del mercado, pero de repente, y sin saber muy bien por qué, lo que se pone de moda es la peonza.

En alimentación ocurre algo parecido. Miles de empresas invierten toneladas de dinero en desarrollar nuevos productos cada año para tratar de dar con la clave del éxito. Pero no es nada fácil porque en la aceptación de un producto intervienen muchos factores, como las características organolépticas (aspecto, sabor, aroma, textura), la conveniencia de uso, el diseño del envase, la promoción, etcétera.

El objetivo de las empresas es desarrollar un producto que guste y que acabemos incorporando a nuestra rutina. Pero eso es lo verdaderamente difícil, porque muchos no llegamos siquiera a comprarlos o, en el mejor de los casos, lo hacemos una vez para probarlos y nada más. Esto significa que la mayoría acaba en el baúl de los recuerdos, como pasó con muchos de los productos que salieron al mercado durante aquellos años noventa:

- Pepsi Crystal. Como ya hemos visto, a principios de los noventa triunfaba el 7Up, que era un refresco incoloro. Además, el miedo a los colorantes se había extendido entre muchos consumidores. En ese contexto, Pepsi decidió lanzar una versión incolora de su refresco de cola, sin el tradicional colorante de caramelo, a la que llamó Pepsi Crystal. Se hizo añicos en dos días.
- Nocilla de fresa. Era una crema de cacao acompañada de otra con sabor a fresa. Se hablaba de ella, pero mucha gente ni siquiera llegó a verla nunca, así que se convirtió en una especie de leyenda. Realmente existió, aunque pocos llegaron a probarla.
- Yogures con sabor a cola y con sabor a chicle. Si a los niños les gustan la Coca-Cola y los chicles, ¿por qué no hacemos yogures con esos sabores? Esto pensaron en Danone a medidos de los noventa, cuando lanzaron esos productos, decorados con dibujos de Casper. Lo que daba miedo no era el fantasma.
- Cherry Coke. Llegó a España a mediados de los noventa con una campaña publicitaria insistente y machacona que nos invitaba a hacer el indio. Era una bebida de la empresa Coca-Cola, concretamente una versión con sabor a cereza. Igual que vino, se fue... más o menos. Porque hoy se vende, pero con otro diseño y otro nombre: Coca-Cola Cherry.
- Spring Go. Otra bebida lanzada a mediados de los noventa con una intensa campaña publicitaria, en este caso por Cruzcampo, empresa de cervezas. Se trataba de un refresco parecido al 7Up, que se promocionaba como «el primer refresco con una pizca de alcohol». Para malotes. Duró dos telediarios.
- Donuts *light*. Un oxímoron con agujero. Nunca dos palabras resumieron tanto. De un lado, las estrategias publicitarias. Del otro, el «quiero y no puedo».

De fondo, una forma de concebir la alimentación que nos ha llevado hasta donde estamos.
- Top 2 de Maggi. Se vendía en un envase parecido al de la pasta de dientes, del que salía algo parecido a la pasta de dientes con rayas de colores. En realidad era mayonesa con franjas de kétchup. Dentífrico con patatas fritas, el concepto.

El índice Big Mac

La mayoría de aquellos productos no los vi más que en la tele, si acaso. No sé si era cosa mía o es que a Béjar no llegaban. Y lo mismo me pasaba con el Burger King. Quería ir, pero lo tenía casi imposible porque en Béjar no había. El más cercano estaba a setenta kilómetros, en Salamanca. En aquella época solo había uno. Yo entendía que eso era lo que le correspondía a una ciudad como aquella. Consideraba que el tamaño y la importancia de las ciudades se medía por el número de establecimientos de McDonald's, Burger King, Zara, El Corte Inglés y otros parecidos, como Simago, Pryca y Continente. Igual que el tamaño de los pueblos se medía por el número de bares. En 1989 Salamanca tenía 160.000 habitantes, así que me parecía «justo» que hubiera solamente una tienda de Zara, un Burger King, un Simago y un recién inaugurado Pryca. Pero también esperaba que abrieran algún negocio más de ese tipo para que la ciudad tuviera «más caché».

La idea de tomar como referencia una empresa o un alimento para estudiar o conocer diferentes aspectos de la alimentación o de la vida en general no es nueva. A la revista inglesa *The Economist* se le ocurrió hacer eso con el Big Mac, la hamburguesa estrella de McDonald's, aprovechando que se trata de un producto con una composición estandarizada que se vende en infinidad de lugares a lo largo y ancho del mundo: en el año 2021 la empresa contaba con 40.031 restaurantes repartidos por 119 países.

El índice Big Mac se obtiene al tomar como referencia el precio de esa hamburguesa en diferentes países para tener una idea del poder adquisitivo de cada uno y comparar la equivalencia entre las distintas divisas. El índice se sustenta en la teoría de la paridad del poder adquisitivo, que establece que los tipos de cambio deben ajustarse de modo que una unidad de moneda (un dólar, que es la que se toma como referencia) debe comprar la misma cantidad de bienes o servicios en diferentes países. Es decir, el índice permite conocer si una moneda está devaluada o revaluada con respecto a otra.

Por ejemplo, en enero de 2023 un Big Mac costaba 3,79 libras en Inglaterra y 5,36 dólares en Estados Unidos, lo que implicaría un tipo de cambio de 0,71 (resultado de dividir el primer precio entre el segundo). Pero la diferencia entre ese tipo de cambio y el que había realmente (0,81) sugiere que la libra estaba devaluada en un 12,9 %. Es decir, se supone que esa divisa tenía menos valor del que debería tener, así que a un estadounidense le saldría rentable comer en Londres, pero a un inglés le ocurriría lo contrario en Nueva York.

Según este criterio, las divisas más revaluadas en esa fecha eran el franco suizo (35,4 %), el peso uruguayo (27,8 %) y la corona noruega (22,9 %); mientras que las más devaluadas eran la libra egipcia (65,6 %), la rupia indonesia (56,1 %) y el dólar taiwanés (53,9 %). El euro también se encontraba en este último grupo, aunque su diferencia con respecto al dólar estadounidense era mucho menor (1,4 %).

Como el índice se lleva recopilando desde el año 1986 hasta la actualidad, permite conocer también otros datos, como la evolución de la inflación. En este sentido podemos ver que el precio de la hamburguesa ha aumentado un 40% en los últimos 10 años.

Evidentemente, este índice económico es informal y debe ser interpretado como tal. Por ejemplo, no considera algunos aspectos importantes como la influencia de las condiciones particulares de cada país sobre el precio. Así que puede servir como orientación y como ejercicio de reflexión, pero no es riguroso.

El sectarismo es siempre lo mismo

Durante el primer año de instituto conocí a un compañero que tenía gustos similares a los míos y le encantaba la música tanto como a mí. Me empezó a pasar cintas, primero una de Metallica, y luego muchas más: Nirvana, Pearl Jam, Rage Against the Machine... Mi amigo Pepe me descubrió también la existencia de Radio 3, una emisora de Radio Nacional de España donde ponían todo aquello.

Poco a poco fui dejando el baloncesto para pasarme a la música. Me dedicaba a escucharla y a tocar la guitarra. Con ello también fui cambiando mis referencias. La principal ya no era Michael Jordan, el líder de los Chicago Bulls, sino Kurt Cobain, el líder de Nirvana. Así, pasé de tener como ídolo a un deportista de élite a admirar a un artista depresivo y adicto a la heroína que acabó suicidándose un par de años después. Estupendo.

Pero eso no era todo. Poco a poco había pasado de elegir sudaderas Nike y zapatillas de baloncesto a querer vaqueros rotos y zapatillas sucias de lona. Estaba de moda el *grunge*, qué le vamos a hacer. Mis padres, horrorizados, claro. Toda la infancia llevando pantalones con remiendos por aquello del aprovechamiento y ahora que podía llevarlos nuevecitos me empeñaba en llevarlos rotos.

NO ME CHILLES, QUE NO TE SABOREO

En los aviones de la empresa Lufthansa los pasajeros consumen cada año 1,7 millones de litros de zumo de tomate. No es la única compañía en la que ocurre. Este hábito está muy extendido y ha despertado la curiosidad de los científicos. Al parecer podría deberse a cuestiones culturales, pero también a las condiciones de la cabina. Concretamente, a la baja presión y la escasa humedad, que dificultan la percepción de los sabores dulce y salado, lo que haría que el zumo de tomate tuviera un sabor más agradable que en tierra firme.

También el ruido de la cabina parece tener mucho que ver, ya que atenuaría la percepción del sabor dulce, mientras que aumentaría la del sabor umami, que es el sabor característico de alimentos como el queso curado y el zumo de tomate. La explicación podría hallarse en la estimulación mecánica que ejerce el ruido sobre la cuerda timpánica, un nervio que va desde la lengua hasta el cerebro, pasando por el tímpano, y que se encarga de transmitir los estímulos de sabor percibidos por las papilas gustativas.

Los distintos tipos de sonidos también pueden influir sobre la forma en que percibimos los sabores. Científicos de la Universidad de Oxford llevaron a cabo un estudio en el que se ofreció a un grupo de voluntarios un postre a base de chocolate con sabores amargos y dulces, que degustaron mientras escuchaban sonidos agudos y graves. Observaron que las notas agudas potenciaron el sabor dulce, mientras que las graves hicieron lo mismo, pero con el sabor amargo.

Por supuesto, el oído también nos influye a la hora de percibir otros atributos de los alimentos, como la textura de un chocolate o de unas patatas fritas, por el sonido que hacen cuando los mordemos, o como el cuerpo de una cerveza, por el sonido que hace la espuma cuando la servimos. Los publicistas lo saben bien.

La música influyó en mi forma de pensar y eso también se notaba en la alimentación. Aquel anhelo transitorio que había tenido por hamburguesas, perritos calientes y demás comida estadounidense se me pasó. Ya no me llamaban tanto la atención.

La verdad es que en mi entorno era relativamente fácil evitar aquello porque esos productos se encontraban solo en los supermercados. Por aquel entonces apenas había restaurantes de ese tipo.

Además, tenía unos hábitos muy arraigados que no se cambiaban de un día para otro. En casa, salvando los dulces y alguna que otra cosa, como las salchichas de Frankfurt, lo demás era comida de toda la vida. Y lo mismo cuando salía con los amigos. Cuando quedábamos para comer, no lo hacíamos para ir a una pizzería o a una hamburguesería, sino para ir a un merendero a hacer una parrillada de carne o a merendar tortillas y empanadas, como los señores mayores.

Hasta cambié los pepitos de chocolate y las cañas de crema del quiosco de *la* Aurora por bocadillos de carne del Pavón, uno de los bares que teníamos cerca del instituto. Sin tener mucha idea de alimentación, era consciente de que esos bocatas «alimentaban» más. Además, costaban lo mismo y estaban mucho más ricos. Así que no había duda. Con lo que sabemos hoy, no se puede decir que comer un bocadillo de carne a diario sea saludable, pero, desde luego, era una mejor opción frente a la bollería.

La música me había llevado de nuevo a huir de convencionalismos, como cuando era pequeño, que me gustaban las cosas poco comunes. Y en esas estaba, escuchando todos aquellos grupos como si los hubiéramos descubierto mi amigo Pepe y yo: Rancid, Green Day, Faith No More, Weezer, Soundgarden, Sepultura...

Tenía discusiones con mi hermano sobre eso de vez en

cuando. Para mí su música no valía, porque, a mi modo de ver, escuchaba todo lo que le ponían en Los 40 Principales, sin criterio alguno, desde Queen hasta Los Pitufos Makineros. Mientras que yo era «muy guay» y «muy especial» porque elegía «conscientemente» la música que quería escuchar, que además era también muy especial porque era «independiente» y estaba «reservada para los elegidos».

Por una parte, mi pensamiento tenía algo de lucidez, al intentar elegir la música de forma consciente en lugar de tragarme lo primero que me echaran, sin criterio alguno. Es precisamente lo que deberíamos hacer también a la hora de alimentarnos y de hacer la compra.

Pero lo cierto era que mis elecciones estaban muy condicionadas por mi entorno. Por ejemplo, me influía mucho Radio 3, que era como mi oráculo. Si los grupos no salían ahí, no me parecían dignos de ser escuchados.

En algunos sentidos me comportaba de forma sectaria e intransigente; por ejemplo, solo quería ir a los bares donde ponían esa música y huir del resto. Afortunadamente, al ser tantos amigos en el grupo, al final acababa cediendo y visitábamos también otros bares, lo que me permitía ir abriendo un poco más la mente. Al final, había tiempo para hacer el cafre en diferentes versiones: por una parte, dando saltos con el *Smells Like Teen Spirit* de Nirvana y por otra, con la coreografía de la canción aquella del *diri-laralá*.

Hoy en día la historia se repite. Padres escandalizados porque sus hijos escuchan música que les resulta incomprensible, como el trap o el reguetón. Y grupos sectarios que se creen especiales y miran al resto con actitud condescendiente. Se nota también, cada vez más, en el mundo de la alimentación, potenciado por las redes sociales: los que defienden la dieta paleo, los que se apuntan al *realfooding*, los veganos, los que defienden el chuletón, los de la dieta keto, los que siguen a tal o cual nutricionista... No es nada nuevo. Ya ocurría, por ejemplo, con la dieta Dukan, cuando las redes sociales aún estaban en pañales, y sucedía también bastante antes, con las dietas de turno. Ojo, no disparen todavía. Esto no significa que esos hábitos o tendencias sean equiparables desde el punto de vista nutricional, ni que todas las personas que las siguen tengan un comportamiento sectario. Pero sí sucede en algunos casos y es cada vez más habitual, lo cual puede llegar a suponer un problema para la convivencia y, en ocasiones, también para la salud.

Un puñado de recetas y un libro de cocina

El instituto ya casi llegaba a su fin. El último año fue duro, entre otras cosas por una infección de garganta que me dejó en cama durante unas semanas y que me permitió conocer una nueva forma de dolor: el de las inyecciones de penicilina. Maravilloso.

Pero bueno, aquello se resolvió sin problema y, después de algunas dificultades y muchas dudas, por fin vi clarísimo lo que quería estudiar. Había encontrado una carrera que se centraba en la ciencia y los alimentos. Allá que iba.

¿EL QUESO AZUL TIENE PROPIEDADES ANTIBIÓTICAS?

Cuando los mohos crecen en alimentos donde no deberían estar, por ejemplo, en unas nueces, debemos evitar su consumo porque algunos son capaces de producir micotoxinas, muy peligrosas para la salud por ser cancerígenas. Pero no todos los mohos son iguales. Algunos nos resultan provechosos porque participan en la elaboración de alimentos, como ocurre en el salchichón, el fuet, el rulo de cabra o el queso cabrales, por poner unos ejemplos.

En estos casos se trata sobre todo de mohos del género *Penicillium* y eso genera dudas en muchas personas, que se preguntan si producen penicilina y si, en caso de ser así, ese antibiótico podría tener efectos terapéuticos o provocar reacciones adversas en personas alérgicas.

Dentro del género *Penicillium* se han descrito más de 250 especies y solamente algunas son capaces de producir penicilina. No es el caso de las que se utilizan como cultivos iniciadores: *P. roqueforti*, que se usa en la elaboración de queso azul, como cabrales o roquefort, ni tampoco *P. camemberti*, que se utiliza en los quesos de corteza blanca, como camembert o brie.

Pero hay otras especies que sí pueden encontrarse en quesos azules madurados de forma tradicional (*P. chrysogenum*) o en embutidos curados (*P. griseofulvum*, *P. chrysogenum*, *P. nalgiovense*) que sí tienen la capacidad de producir penicilina. Eso no significa que lo vayan a hacer, porque es necesario que se den las condiciones para ello. Pero puede ocurrir. De hecho, hay estudios que han descrito su presencia en el fuet, aunque solo durante la fase de elaboración.

En definitiva, la posible presencia de penicilina es muy poco probable y, en caso de estar, no tiene efectos terapéuticos porque la cantidad es muy pequeña, pero sí podría causar reacciones adversas a personas alérgicas, por lo que en esos casos conviene consultar a un médico.

En unas pocas semanas ya lo tenía todo listo: la matrícula hecha, el piso alquilado, los compañeros con los que iba a vivir... Solo me faltaba una cosa: el tema de la comida.

La mayoría de mis amigos se fue a estudiar a Salamanca, así que algunos regresaban a casa los fines de semana, cargaban la maleta con comida hecha por sus madres y así no tenían que hacer la compra ni cocinar. Yo ni me lo planteaba. No solo porque me iba más lejos, sino sobre todo porque quería tener independencia y saber valerme por mí mismo.

Por eso y porque siempre me había gustado cocinar y hacer la compra. Como ya he contado, en las tiendas ya tenía experiencia. Poca, pero al menos estaba familiarizado con ellas. Y lo mismo me ocurría con la cocina. Mi idea era justo eso: hacer la compra y cocinar. Así que le pedí a mi madre que me dictara siete u ocho recetas de algunos de los platos más socorridos que comíamos en casa, como lentejas o alubias, me dio algunos consejos y me prestó un libro de aquellos míticos de los años setenta u ochenta que nunca llegué a utilizar: *Cocina práctica*, de Rosario Cifuentes. Este libro y otros, como el archifamoso *1080 recetas de cocina* de Simone Ortega o el *Manual de cocina* de Ana María Herrera, eran, junto con las recetas de las revistas, las únicas fuentes escritas de consulta en la mayoría de las casas.

Ahora sí que sí. Ya lo tenía todo. Todo, menos las cosas que dejaba atrás: mi familia, mi casa, mis amigos, mi ciudad y mi primera novia. Por delante me quedaban unos años llenos de experiencias que iban a cambiar mi vida por completo.

La ilusión y la alegría se mezclaban con la tristeza y la incertidumbre. Supongo que mis padres también tenían sentimientos encontrados. Al menos eso es lo que vi en la cara de mi madre mientras el autobús se alejaba de la estación. Y no me extraña. Ahora que soy padre, lo entiendo mucho mejor.

3

LOS PROBLEMAS CRECEN

Zamora estaba mucho más lejos de Béjar que ahora. Un viaje que actualmente dura apenas hora y cuarto, en coche y por autovía, entonces suponía toda una tarde de sufrimiento.

Primero había que coger un autobús hasta Salamanca, lleno hasta los topes de gente con la que antes compartía instituto. Con suerte, si era directo y no paraba por los pueblos, se tardaba una hora larga. Eterna. El fútbol sonando a todo trapo en la radio. El humo del tabaco inundándolo todo. Su olor nauseabundo mezclado con el del plástico y la tapicería. Curvas. Frenazos. Asientos diminutos. Rodillas machacadas. Espalda hecha un ocho. Qué bonito era viajar.

Para tratar de aliviar aquel suplicio llevaba auriculares con los que escuchaba mi propia música, enlatada en un *walkman*, y elegía un asiento de no fumadores. Pero no funcionaba, claro. ¿En qué momento se le ocurrió a alguien la idea de poner zonas de fumadores y de no fumadores en un espacio sin separaciones físicas? Y, sobre todo, ¿por qué nos parecía normal que se pudiera fumar alegremente en un cubículo de treinta metros cuadrados cerrado a cal y canto?

Cuando por fin llegábamos a Salamanca había que esperar hasta que saliera otro autobús hacia Zamora. Otra vez la misma canción. Otra hora larga de tortura.

Por fin en mi destino. Con los oídos aturdidos y la ropa y el pelo oliendo a cenicero. No se sabía si venía de viaje o de un concierto de Iron Maiden. Luego ya solo quedaba ir hasta mi nueva casa cargando con un bolsón de deporte repleto de ropa. Las maletas con ruedas todavía eran un artículo de ciencia ficción.

Con ese panorama estaba claro que iba a pasar largas temporadas sin volver a casa. ¿O debería empezar a llamarla «casa de mis padres»? No me preocupaba. Me acompañaban dos amigos con los que iba a compartir piso y estaba concienciado acerca de mi nueva vida. ¿Qué digo concienciado? Estaba eufórico. ¡Teníamos apenas dieciocho años y libertad total para hacer lo que nos viniera en gana! ¿Qué más se podía pedir? Pues una pizza. Eso fue lo primero que hicimos cuando pusimos un pie en Zamora.

Teníamos hambre y no conocíamos la ciudad, así que nada de complicarse la vida. Fuimos en busca del Telepizza. No aparecía en el plano con el que nos orientábamos, pero a fuerza de preguntar, conseguimos llegar.

Había que aprovechar. En Béjar no había sitios de ese tipo, así que era toda una experiencia. Me hacía sentir como los protagonistas de aquellas películas y series americanas que había visto toda la vida. Una mezcla de «mira qué sofisticado soy, que no como con cuchara» y de «soy tan guay como en las pelis». No era casualidad, claro, sino una consecuencia de toda aquella maquinaria de mercadotecnia, sumada a mi edad del pavo.

Después de comer nos fuimos corriendo a disfrutar de nuestra nueva casa, un ático al lado del río. Puede sonar glamuroso, pero en realidad era un piso destartalado, antiguo y precario. Como se supone que debe ser un piso «para estudiantes». Qué rostro le echan algunos propietarios.

Al menos aquel ático era habitable y tenía un montón de luz. Lo demás, para echarse a llorar. Los muebles, escasos, se caían a cachos, igual que los electrodomésticos. El televisor era en blanco y negro y había que esperar un buen rato para que se viera la pantalla completa. ¿Quién tenía una tele así a esas alturas de la vida? Lo primero que vimos en aquel trasto fue el estreno de *Al salir de clase*, una serie que sirvió de trampolín a un montón de actores que hoy son muy famosos. Pero nunca llegamos a seguirla. Lo nuestro siempre fue *Saber y ganar*, el concurso de preguntas presentado por el inmortal Jordi Hurtado, que aún sigue en antena.

Fue fácil instalarse porque solo teníamos un puñado de cosas: sábanas, toallas, cazuelas y poco más. También una olla exprés nuevecita que me dieron mis padres y que todavía utilizo. Una joya que me ha permitido cocinar de forma rápida durante todos estos años.

LAS VENTAJAS DE COCINAR CON OLLA A PRESIÓN

Tenemos asumido que el agua hierve a 100 °C, pero no siempre ocurre así porque esa temperatura depende de la presión. En una ciudad como Gijón, que se encuentra a nivel del mar, la presión atmosférica es de una atmósfera, así que el agua sí hierve a 100 °C. Pero en la cima del Everest, que se encuentra a 8.849 metros sobre el nivel del mar, la presión atmosférica es mucho menor, así que el agua hierve tan solo a 70 °C. Esto es importante porque determina el tiempo de cocinado y las características de los alimentos. Si los alpinistas no utilizaran una olla a presión portátil, los alimentos quedarían medio crudos e insípidos.

Lo que ocurre cuando cocinamos en una olla a presión es que, al aumentar la temperatura, parte del agua se transforma en vapor. Además, el aire que hay entre la superficie del agua y la tapadera se calienta y aumenta de volumen. Como la olla está cerrada herméticamente, la presión en el interior aumenta hasta alcanzar una atmósfera y media o dos, dependiendo del modelo de olla y de la intensidad del fuego. Esto hace que el agua alcance unos 110-120 °C, es decir, una temperatura significativamente más alta que en una cazuela normal, lo que nos permite acortar el tiempo de cocinado. Además de tiempo, también ahorramos energía y dinero. Sin olvidar otras ventajas: en muchas recetas se consigue que las características organolépticas sean mejores que cuando cocinamos en un recipiente tradicional. Por una parte, esto ocurre porque, al estar cerrada herméticamente, no se escapan los compuestos volátiles, responsables del aroma y el sabor. Por otra parte, también mejora la textura en algunos casos, debido a la presión y la temperatura que se alcanzan durante el cocinado.

Hay personas que no se atreven a utilizarla por miedo, pero es un utensilio seguro, siempre y cuando sigamos las instrucciones del fabricante y hagamos un mantenimiento adecuado.

Ya solo quedaba lo más importante: el inicio en la universidad. Otra vez a empezar de cero en un nuevo lugar y con nueva gente, pero en este caso el cambio era mucho más drástico que en el instituto.

Lo de la gente me costó un poco porque el carácter de la mayoría era más frío que en mi tierra. Aunque con el paso del tiempo fui haciendo muy buenos amigos que aún conservo.

Lo del lugar no fue problema. Me maravilló al instante. Era un antiguo cuartel militar rehabilitado, precioso, de estilo neomudéjar, con unas instalaciones estupendas: pasillos anchos, techos altos, muchísima luz, suelos de mármol y todo reluciente porque lo acababan de inaugurar.

Era lo bueno y también lo malo, porque más de medio campus estaba en obras y algunas cosas eran aún un poco precarias o incómodas. Por ejemplo, el comedor aún no estaba construido, así que la Universidad de Salamanca tenía un acuerdo con algunos restaurantes para dar de comer a los estudiantes. De todos modos, a mí este detalle no me preocupaba porque estaba decidido a cocinar. Sin duda, en ese aspecto sobrevaloraba mi currículum, que era entre mediocre y penoso.

Esa buena opinión de mí mismo se debía a que estaba muy familiarizado con la cocina. De pequeño había pasado mucho tiempo con mi madre mientras ella cocinaba y, aunque no solía participar muy activamente, por aquello de «ten cuidado que te quemas», «deja eso que te cortas», sí que observaba con atención todo lo que hacía. Me sentía un poco como Elena Santonja, presentadora del mítico programa de cocina *Con las manos en la masa*, y me veía capaz de cocinar cualquier cosa. Pero la verdad es que experiencia real tenía poca y no iba más allá de la pasta y el arroz cocido con huevo frito que había hecho durante algunas acampadas. Aun así, yo seguía viéndome tan capaz como un gran cocinero, en aquel entonces como Karlos Arguiñano, que ya era el de referencia en la tele de la época.

Cuando al fin me puse a cocinar de verdad, fracaso tras fracaso. La comida sabía a decepción. No tenía muy claro dónde estaba el problema. Seguramente, lo habría tenido un poco más fácil si hubiera podido buscar todo aquello en algún vídeo de YouTube. Pero todavía faltaban ocho años para que se creara esa plataforma. Ni siquiera existía Google y, como la gran mayoría, no tenía teléfono móvil, que era un producto de lujo. Tampoco acceso a internet. Solo podía navegar por la red en la universidad. Aunque lo de «navegar» es mucho decir: era más bien como ir en un patín a pedales, porque había que pasar media tarde para visitar una triste web. Así que mi única ayuda externa en la cocina era la de mi madre, que me resolvía por teléfono alguna de esas dudas puntuales que no salen en los libros.

Tampoco era fácil porque para eso tenía que bajar a la calle y hacer cola para llamar desde una cabina, que era un antiguo artilugio compuesto por un cubículo con un teléfono de uso público. Cosas del siglo xx. Cuando por fin lo conseguía, la cosa no quedaba muy clara.

—Pero entonces, ¿cuánta sal le echo?
—Pues con una pizca es suficiente.
—¿Y de aceite?
—Basta con un chorrín.
—¿Y cuánta harina lleva?
—Pues la que admita.

Clarísimo. Con aquellas unidades de medida, ¿qué podía fallar?

Reconozco que ahora yo también utilizo el mismo sistema, pero por aquel entonces me sonaba a chino. Menos mal que, a fuerza de practicar, fui encontrando las claves: proporciones, tiempos, trucos, etcétera. También me di cuenta de que los ingredientes influían mucho. Se notaba un montón con las patatas.

Siempre había oído decir a mi madre que las que compraba a tal señora eran muy buenas o que las de no sé qué señor eran peores. Pero no le había dado mucha importancia hasta que me puse a hacer guisos con patatas mediocres, de las que vendían en muchos supermercados. Con razón me salían aguados, insípidos y sin sustancia.

Entonces comencé a prestar más atención para elegirlas mejor. Como podemos imaginar, para hacer guisos son más adecuadas las variedades para cocer, como la «red Pontiac», que es quizá la más conocida y la más distinguible por su piel de color entre morado y rojizo. En el interior de sus células almacenan mucha cantidad de almidón y poca agua, así que cuando las cocinamos, esas células tienden a hincharse y se separan, adquiriendo esa textura harinosa. Además, parte del almidón pasa hacia el caldo, haciéndolo más espeso. Sin embargo, en las patatas indicadas para freír, como la de variedad agria, o en aquellas que compraba yo cuando no tenía ni idea, ocurre lo contrario: almacenan poca cantidad de almidón en las células y más agua, así que al cocer no se hinchan tanto ni se separan, sino que permanecen unidas, haciendo que la textura de las patatas sea más consistente. Como consecuencia, quedan firmes y no espesan el caldo. Aquí es donde yo me afanaba en añadir harina, pero no servía de mucho porque de donde no hay no se puede sacar... De todos modos, siempre nos queda la opción de tirar por la calle del medio y optar por la variedad monalisa, que es apta para ambos usos. Por eso es también la que se suele vender en la mayoría de las tiendas.

Esto que hoy me parece tan obvio me costó verlo en su día porque estaba convencido de que el problema residía, única y exclusivamente, en mi forma de cocinar y no prestaba atención a las características de los ingredientes, y mucho menos a sus etiquetas.

Hacer la compra, nivel pardillo

Controlar la cocina no me llevó mucho tiempo, aunque todavía se me resistía alguna receta. Pero hacer la compra ya era un poco más difícil. No por mí, que ya había acumulado un poco de experiencia en años anteriores, sino más bien por mis circunstancias. En muchas tiendas, la clientela habitual seguía formada por mujeres de edad avanzada, así que nosotros, unos chavales de diecinueve años, éramos el último mono. A veces las señoras se te intentaban colar y otras veces era la frutera quien te la intentaba colar. Si pedías manzanas, siempre te metía alguna medio pocha. La situación me recordaba al *13, Rue del Percebe*, un mítico tebeo de Ibáñez que leía de pequeño y, más concretamente, a uno de sus personajes: un frutero que siempre estafaba a su clientela. Ahora ya sabía por qué cada vez que mi madre me mandaba a comprar me recordaba aquello de «dile que te lo den bueno».

En la carnicería más de lo mismo. Un día mi amigo Pedro compró un trozo de carne para guisar y lo dejamos dos o tres días en el frigorífico. Cuando fue a echar mano de él para cocinarlo, casi sale corriendo por el pasillo. Y mi amigo también. Qué asco y qué olor más nauseabundo. Otra vez nos la habían colado.

No en todos los sitios nos trataban así, claro. Además, con el tiempo aprendimos a evitarlo y a comprar mejor. Salvo en la pescadería. Ahí se requería todo un máster para superar la prueba con éxito. No se trataba solo de saber elegir el pescado y ser capaz de averiguar si era fresco o no. También era el duelo que se mantenía con la pescadera, propio de una película del Oeste. Primero te lanzaba una mirada desafiante para ver si estabas a la altura. Después, cuando preguntaba: «¿Qué va a ser?», el tiempo se detenía y la tensión aumentaba todavía más. Si pedías unas rodajas de salmón, estabas muerto. La pescadera te fulminaba con una mirada condescendiente y te despachaba con actitud indolente. Pero si en lugar de eso elegías un pescado de esos que solo conocen los aficionados a la pesca y además le pedías que te lo cortara de forma especial, tenías el cielo ganado.

Han pasado casi treinta años, pero cada vez que voy a la pescadería sigue ocurriendo algo parecido. ¡Qué tensión!

LA ETIQUETA DEL PESCADO

Todavía quedan muchas pescaderías donde solo se indica el nombre y el precio del pescado a granel, lo cual incumple la legislación. En realidad debe mostrarse una etiqueta con información más detallada:

- Nombre común: por ejemplo, *bacalao* o *jurel.*
- Nombre científico: así no queda duda de la especie que se trata. Por ejemplo, bajo el mismo nombre común *pez mantequilla*, se puede vender *Ruvettus pretiosus* (escolar) o *Lepidocybium flavobrunneum* (escolar negro).
- Método de producción: pescado o pesca extractiva, pescado en aguas dulces, criado o acuicultura, marisqueo.
- Zona de captura: indica la zona geográfica del océano o mar donde ha sido capturado (por ejemplo, Atlántico Noreste, FAO 27), el país de origen, en caso de pescado de agua dulce o la zona de cría en pescado de acuicultura.
- Forma de presentación: eviscerado, con cabeza (c/c), sin cabeza (s/c), fileteado (Fl), cocido, descongelado, otros.
- Fecha de caducidad: en caso de productos elaborados.

Cómo sobrevivir a un piso de estudiantes

Así como quien no quiere la cosa, el primer año de universidad iba llegando a su fin. Ya conocíamos bien la ciudad, especialmente la calle de los Herreros, donde estaban los bares, y teníamos controlado el tema de la logística doméstica: limpieza, cocina, compras y demás. Pero en el plano académico la cosa era preocupante. Yo lo intentaba, pero las materias me resultaban muy difíciles y poco motivadoras: física, matemáticas, dibujo técnico... ¿Dónde estaban los alimentos? Entre eso y todos los cambios que habían sacudido mi vida en los últimos meses, los resultados no se hicieron esperar. El tortazo fue importante.

Pero bueno, a partir de ahí todo fue hacia arriba. Nos cambiamos a un piso igual de cutre, pero más cercano al campus y me puse las pilas con los estudios, cosa que no me costó porque al fin entraron en escena los alimentos y la alimentación.

La seguridad alimentaria fue una de las primeras materias que empecé a estudiar: bacterias, virus, parásitos, mohos, metales pesados... Me encantaba aprender todo aquello, pero a la vez me daba bastante respeto. De repente empecé a ver riesgos por todas partes. Así que, entre la emoción por compartir aquello que tanto me gustaba y el aprecio por la vida, comencé a dar la vara a compañeros de piso y amigos con todas aquellas cosas. Ten cuidado con los huevos, que la salmonela no sé qué, lava bien la lechuga, que las enterobacterias blablablá... Como cuando te acabas de sacar el carnet de conducir y le vas dando la brasa a todo el mundo con señales y normas de tráfico.

Afortunadamente, en casa no teníamos problema a la hora de manipular los alimentos de forma segura. ¡Faltaría más! Pero en aquellos años vi barbaridades a montones. Ya se sabe que la seguridad alimentaria y los pisos de estudiantes son, a menudo, conceptos antagónicos. En mi entorno ocurría menos, porque en general la vida de estudiante en Zamora era más tranquila y ordenada. Pero en Salamanca la cosa era muy diferente.

Muchas veces paraba por allí, de camino a Béjar, para visitar a los amigos y salir de fiesta. Aquello era el caos. En algunos pisos había que entrar a la cocina con lanzallamas: comida con moho, sobras fuera del frigorífico durante días, sartenes con aceite reutilizado ocho mil veces...

En la mayoría de los casos era una mezcla de desidia, desconocimiento, inconsciencia y audacia. Éramos muy jóvenes y nos sentíamos inmortales. Nada podía salir mal... ¿O sí?

La verdad es que poco pasó para lo que podría haber pasado.

¿Cuántas veces podemos reutilizar el aceite?

Debo aclarar que mis amigos no eran tan cafres. Estas barbaridades las veía sobre todo en algunos de sus compañeros o en pisos de gente conocida. Recuerdo especialmente una sartén que casi brillaba en la oscuridad de lo radiactivo que parecía el aceite. Espeso, verdoso y lleno de roña. ¿A quién se le ocurría reutilizar aquello? ¿No eran conscientes del asco que daba? ¿Y no se daban cuenta de que los alimentos quedaban aceitosos, reblandecidos, con mal sabor y olor a fritanga? Supongo que los riesgos para la salud ni se les pasaban por la cabeza.

Cuando freímos alimentos, el calor provoca un deterioro del aceite, de tal modo que a partir de sus componentes se forman otras sustancias, como polímeros de triglicéridos y compuestos polares (ácidos grasos libres, diglicéridos, aldehídos, etcétera), que se van acumulando con cada uso. Cuando se encuentran en exceso acaban alterando las características organolépticas y además pueden llegar a ser perjudiciales.

También se forman sustancias indeseables a partir de reacciones en las que intervienen los alimentos que cocinamos. Por ejemplo, cuando freímos en exceso las patatas o los alimentos empanados, se producen cantidades significativas de acrilamida, una sustancia potencialmente cancerígena. Por eso se recomienda no consumir alimentos quemados o muy tostados: mejor freír hasta que queden dorados, pero no de color pardo.

Todas esas reacciones, así como la cantidad y el tipo de sustancias que se forman, dependen de muchos factores, como el tipo de aceite, la temperatura, el tiempo, el tipo de alimento, el número de usos que le hayamos dado, etcétera. Por eso no se puede dar una respuesta concreta para decir cuántas veces se puede reutilizar el aceite.

Por ejemplo, no es lo mismo freír un huevo que unas croquetas y no es lo mismo utilizar aceite de girasol que de oliva. Tampoco es igual freír a 140 °C que hacerlo a 200 °C ni hacer un buen uso del aceite que maltratarlo. Cuando lo dejamos en la sartén sobre el fuego durante mucho tiempo, la temperatura aumenta en exceso y acaba humeando, se deteriora rápidamente y se forman compuestos como acroleína, una sustancia que irrita las mucosas. Por eso a veces nos pican los ojos y la garganta cuando freímos con aceite muy caliente.

¿QUÉ ACEITE ES MEJOR PARA FREÍR?

Siempre se habla de las bondades del aceite de oliva virgen extra, así que muchas personas piensan que es el mejor para freír. Pero en realidad dedicarlo a ese fin es un desperdicio porque tiene un precio elevado y parte de los atributos por los que destaca se ven arruinados por las altas temperaturas del proceso.

El aceite de girasol es uno de los que más se utilizan debido a su precio asequible, pero no es el mejor para freír por su contenido en ácidos grasos poliinsaturados, que son poco estables frente a las altas temperaturas. En este caso es preferible el aceite de girasol alto oleico, con un contenido más elevado de ácidos grasos monoinsaturados, más resistentes al calor.

Por ese mismo motivo es recomendable el aceite de oliva (sin apellidos), formado por aceite de oliva refinado y aceite de oliva virgen, que tiene una notable estabilidad oxidativa debido a su contenido en ácido oleico y su bajo contenido en ácidos grasos poliinsaturados, respecto al de girasol. Además es más asequible que el virgen extra. También podemos hablar del aceite de orujo de oliva, cada vez más popular, porque reúne las buenas características del aceite de oliva para la fritura y es más barato.

Estos son los tipos de aceites que se manejan habitualmente en nuestro entorno. Quizá podríamos sumar también el aceite de maíz, poco adecuado para la fritura debido a su contenido en ácido linoleico, un ácido graso poliinsaturado, lo que hace que sea menos resistente a la fritura.

Por último, el aceite de coco, de moda en los últimos años, tiene una cantidad elevada de ácidos grasos saturados, de modo que es resistente a las altas temperaturas de la fritura, pero parte de ellos —los de cadena larga— son poco recomendables desde el punto de vista nutricional.

Ahora que ya sabemos todo esto, ¿qué hacemos? Lo ideal es no reutilizar el aceite. Es lo que recomiendan organismos como la Agencia Española de Seguridad Alimentaria, que en un informe científico sobre la acrilamida dice textualmente: «Limitar la reutilización del aceite de fritura», «Es preferible utilizar aceite nuevo».

Pero el aceite es caro y, además, a veces lo utilizamos en gran cantidad, como ocurre en una freidora, donde sería muy costoso reponerlo en cada uso. Así que, ¿qué podemos hacer en estos casos en los que queremos o necesitamos reutilizarlo?

Algunos estudios han investigado la degradación de diferentes aceites con la fritura, e indican que el número aproximado de veces que podríamos reutilizarlos es diferente según el tipo: en torno a nueve para el aceite de girasol, unas quince para el aceite de girasol alto oleico y unas veinte para el aceite de oliva y para el aceite de orujo de oliva. Pero como señala Javier Sánchez Perona, investigador del Instituto de la Grasa, perteneciente al Consejo Superior de Investigaciones Científicas (CSIC), se trata de estudios realizados en laboratorio, con condiciones controladas y más favorables que las domésticas. Por eso en casa deberíamos reducir el número.

Es decir, estas cifras serían el máximo a no superar, siempre que todo vaya bien. De ahí hacia abajo deberíamos decidir a partir del sentido común. Un poco como hacía mi abuela, que filtraba el aceite usado y lo guardaba en una aceitera para poder aprovecharlo más veces. Recordemos que años atrás la austeridad era la norma, así que había un recipiente de aquellos en cada casa. No hacía falta tener un doctorado para saber que, si el aceite tenía mala pinta, olía mal y parecía radiactivo, no era buena idea usarlo. Pero, como norma general, cuanto menos, mejor.

¿Podemos comer un alimento con moho?

En los alimentos de algunos pisos de estudiantes había más mohos que en un museo de ciencias naturales: de «pelos» largos y blancos, de puntitos negros, de círculos grises... ¿Qué podemos hacer cuando nos encontramos algo así? Lo ideal hubiera sido prender fuego al frigorífico. Menudo panorama.

Recordemos que no todos los mohos son iguales. Los que se utilizan en la elaboración de alimentos como ciertos quesos o embutidos no suponen un problema. Los que preocupan son los que crecen de manera fortuita e indeseable, tanto en esos alimentos como en muchos otros; por ejemplo, en las fresas con «pelo», las cebollas con polvillo negro, el pan con motas grises, etcétera.

Hay especies, como algunas pertenecientes a los géneros *Aspergillus*, *Fusarium* o *Penicillium*, que son capaces de producir micotoxinas, como aflatoxinas, ocratoxina A o patulina, entre otras. Estas sustancias ejercen diversos efectos sobre la salud; por ejemplo, algunas son neurotóxicas, inmunodepresoras, nefrotóxicas, cancerígenas, etc. Es decir, pueden ser muy peligrosas, así que conviene evitarlas.

Por eso, en general se recomienda desechar los alimentos contaminados con moho. Además, conviene hacerlo con cuidado para no contaminar otros alimentos y para no inhalar las esporas. Así que no debemos olerlos y se recomienda meterlos con cuidado en una bolsa antes de tirarlos para que no contaminen el ambiente.

Solo podemos hacer excepciones en casos contados, tal y como indica el Departamento de Agricultura de Estados Unidos. En quesos maduros de pasta dura y embutidos donde se desarrollan mohos superficiales, podemos cortar un trozo generoso para retirarlos de forma segura y poder consumirlos. También podemos hacer eso cuando se trata de vegetales firmes y el moho está muy localizado en una pequeña parte del alimento; por ejemplo, si en un calabacín ha crecido un poco de moho en uno de los extremos, mientras el resto no está contaminado.

UN HONGO ALUCINANTE

Los mohos pertenecen al reino *Fungi*, es decir, son hongos, igual que las setas (que son los cuerpos fructíferos de determinados hongos) e igual que muchos otros organismos, como el cornezuelo del centeno (*Claviceps purpurea*). Como su nombre indica, este hongo puede crecer sobre el centeno, pero también sobre otros cereales, como el trigo, la cebada, el maíz o el arroz.

Forma estructuras de color oscuro con forma alargada, de unos 20 milímetros de longitud o más, y que parecen pequeños cuernos. De ahí su nombre común.

Su importancia radica en que esas estructuras, llamadas *esclerocios*, albergan micotoxinas, que se conocen como alcaloides del ergot. Si en la producción de harina se muelen los granos contaminados con esas sustancias, pueden acabar llegando al producto final, por ejemplo, al pan, y poner en riesgo la salud, dado que provocan ergotismo.

Esta enfermedad puede producir graves daños, como abortos, alucinaciones, dolores musculares, convulsiones, vasoconstricción y gangrena, y puede resultar letal. Estaba muy extendida en Europa durante la Edad Media, cuando era común el consumo de pan de centeno contaminado. El único remedio conocido por aquel entonces consistía en peregrinar a Santiago de Compostela. Durante el viaje los enfermos «se curaban» porque, a su paso por Castilla, circunstancialmente dejaban de comer pan de centeno contaminado y lo sustituían por pan de trigo libre de este hongo.

Algunos investigadores apuntan a que este hongo podría estar detrás de la famosa caza de brujas de Salem, ocurrida a finales del siglo XVII en Massachusetts, Estados Unidos, donde las mujeres acusadas de brujería podrían haber sufrido ergotismo, con las convulsiones y las alucinaciones características.

El efecto alucinógeno de la ergotamina, uno de los alcaloides del ergot, fue estudiado por Albert Hofmann, lo que condujo en 1938 al desarrollo de la dietilamida del ácido lisérgico (LSD), una sustancia que se hizo muy popular por sus usos como droga recreativa (también tóxica y peligrosa).

Hoy en día la presencia de alcaloides del ergot en alimentos es muy poco común y las intoxicaciones, prácticamente nulas, gracias sobre todo a las prácticas agrícolas, como el uso de fitosanitarios, que evita su crecimiento, y a los controles que se realizan. Pero el peligro no ha desaparecido. Sin ir más lejos, en marzo de 2023 la AESAN notificó una alerta alimentaria por presencia de alcaloides de este hongo en harina de centeno de producción ecológica.

¿QUÉ PASA SI DEJAMOS LOS ALIMENTOS PERECEDEROS A TEMPERATURA AMBIENTE?

Otro clásico de muchos pisos de estudiantes era dejar las sobras a temperatura ambiente durante siglos, algo que puede llegar a darnos disgustos muy serios.

Podemos encontrar un ejemplo drástico si vamos hasta el año 2008. En esa fecha, un estudiante de veinte años falleció en Bélgica después de haber comido unos espaguetis que habían permanecido a temperatura ambiente en su cocina durante cinco días. Supongo que el chico debió de pensar lo mismo que mucha gente en estos casos: que calentándolos podía eliminar los riesgos, por aquello de que «el calor lo mata todo». Pero la cosa no funciona así.

Lo primero es que para eliminar la mayoría de las bacterias habría que calentar el alimento hasta alcanzar al menos 70 °C en el centro durante 15 segundos. El microondas no es un buen método para lograrlo porque la temperatura y el tiempo no suelen ser suficientes. Eso no significa que recalentar la comida en este aparato sea peligroso. Pero si tenemos unos espaguetis plagados de bacterias patógenas, el microondas solo les hará cosquillas.

De todos modos, lo más importante es algo que mucha gente no suele tener en cuenta, sobre todo por desconocimiento: algunos microorganismos son capaces de resistir altas temperaturas o pueden producir toxinas termorresistentes. Es el caso de bacterias como *Bacillus cereus*, implicada en ese suceso. Lo que ocurrió fue que, durante los cinco días en que los espaguetis estuvieron a temperatura ambiente, la bacteria se desarrolló en gran número y produjo toxinas que resistieron el calentamiento posterior, y que finalmente acabaron con la vida del estudiante.

Sucede lo mismo con otras bacterias, como *Clostridium botulinum*, y con otras toxinas, como las producidas por mohos o por *Staphylococcus aureus*. Así que olvidemos eso de que «el calor lo mata todo». Es cierto que el calentamiento elimina la mayoría de las bacterias patógenas, pero esa medida no es suficiente. Debe ir acompañada de otras.

CINCO SENCILLOS PASOS PARA MANIPULAR LOS ALIMENTOS DE FORMA SEGURA EN CASA

1. Lavar: las manos y los utensilios, antes de manipular alimentos y también mientras lo estamos haciendo, siempre que sea necesario; por ejemplo, después de tocar carne cruda o huevos.

2. Separar: los alimentos crudos o sucios de los que ya están limpios y listos para consumir. Lo mismo para los utensilios: lavarlos después de haberlos utilizado para manipular alimentos sucios o crudos y antes de utilizarlos para manipular alimentos limpios o listos para consumir. Por ejemplo, no utilizar el mismo cuchillo o la misma tabla para cortar pollo crudo y tomates para ensalada sin lavar bien entre un uso y otro.

3. Calentar: cocinar hasta que el alimento alcance al menos 74 °C en el centro durante 15 segundos. Esto significa, por ejemplo, cocinar los huevos o las hamburguesas hasta que están bien hechos por dentro. A la hora de recalentar las sobras, la recomendación de tiempo y temperatura es la misma.

4. Refrigerar: mantener en el frigorífico los alimentos pere-

cederos; por ejemplo, la carne cruda o las sobras de comida. La temperatura en el interior de este electrodoméstico debe estar comprendida entre 0 °C y 4 °C. Las sobras deberíamos refrigerarlas lo antes posible, especialmente si la temperatura ambiental es alta (podemos guardarlas en el frigorífico en cuanto el recipiente no queme al tacto).

5. Respetar las fechas de duración: consultar la etiqueta para conocer las fechas de vida útil y organizar los alimentos para poder consumirlos antes de que esas fechas lleguen a su fin. Es importante respetar de forma estricta la fecha de caducidad, que se pone a los alimentos que pueden suponer un riesgo inminente para la salud una vez superada, como una ensalada de bolsa. Con las fechas de consumo preferente podemos ser un poco más flexibles porque el deterioro atañe sobre todo a las características organolépticas, pero lo ideal es respetarla.

Un festival para las bacterias

El caso que acabamos de ver podría haber protagonizado la serie aquella del doctor House porque, afortunadamente, no es habitual. Sobre todo porque poca gente come unos espaguetis después de haber pasado cinco días sobre la encimera de su cocina. O al menos eso quiero creer. Pero las imprudencias con la comida son frecuentes y no es raro que puedan acabar acarreando graves consecuencias.

Precisamente, durante mi siguiente curso en la universidad, cuando seguía estudiando la seguridad de los alimentos, me llamó un amigo a mi primer y recién estrenado teléfono móvil, un miniladrillo con antena. Nuestro amigo David estaba ingresado en cuidados intensivos y los médicos no sabían qué le pasaba. Creían que era algo que había comido, pero le estaban haciendo pruebas porque no daban con ello. Estaba muy fatigado, casi no podía moverse y apenas podía respirar. Menuda angustia.

Yo empecé a repasar mentalmente lo que había aprendido y me puse a consultar los apuntes, a ver si con los tristes conocimientos que tenía en la época averiguaba lo que todo un equipo de médicos experimentados no había logrado. En fin, la osadía. Mi diagnóstico de pandereta se debatía entre dos enfermedades: una era el botulismo y la otra no la recuerdo, pero tampoco importa.

Los resultados de los análisis fueron claros: salmonelosis. Al parecer, mi amigo había ido al Womad, un festival de música, con dos amigas y se había llevado una mochila con bocadillos de tortilla que pasó todo el día bajo el sol abrasador de Cáceres, donde él estudiaba. Lo más irónico de todo es que solo le dio un mordisco a uno de los bocadillos, así que la cantidad de bacterias que ingirió no fue tan alta como para afectarle de forma súbita (algo que sí les ocurrió a sus amigas), pero sí suficiente como para acabar haciéndolo al cabo de unos días. Como había pasado tanto tiempo y los síntomas eran tan particulares, no los asociaron con aquella enfermedad. La cosa se complicó tanto que casi acaba con su vida, y eso que era una persona joven y muy deportista. Una vez superado el susto inicial, el miedo era que pudieran quedarle secuelas de por vida, por artritis reactiva, que se caracteriza, entre otros síntomas, por dolor en las articulaciones. Después de cuatro semanas en el hospital y unas pocas más de rehabilitación, finalmente se recuperó por completo. Pero menudo susto.

De esta historia con final feliz podemos aprender varias cosas. La primera es que no basta con cocinar los huevos. También hay que tomar otras medidas, como refrigerarlos una vez que están hechos. Una tortilla mínimamente contaminada con *Salmonella*, que incluso podría ser segura justo después del cocinado por el bajo número de bacterias, puede resultar muy peligrosa después de pasar unas horas a temperatura ambiente. Esta bacteria es capaz de duplicar su número cada veinte minutos, y ese tiempo se acorta si la temperatura es más alta. Por eso con aquel calor se multiplicaron de forma vertiginosa hasta alcanzar cifras astronómicas, y es el motivo de que mi amigo enfermase con tan solo comer un pequeño trozo de aquella tortilla.

Quizá en ese caso el problema se podría haber evitado manteniendo los bocadillos en frío, por ejemplo, utilizando placas como las que llevaba mi madre en la nevera cuando íbamos al río. O puede que no, porque las bajas temperaturas ralentizan el crecimiento de las bacterias, pero no acaban con ellas.

EL CONGELADOR NO HACE QUE LOS ALIMENTOS SEAN INOCUOS

La temperatura de un congelador doméstico depende del número de estrellas que tenga. En general, cada estrella supone -6 °C, así que, en la mayoría de los congeladores, que suelen ser de tres estrellas, se alcanzan unos -18 °C, o -24 °C si son de cuatro estrellas.

Estas temperaturas permiten conservar los alimentos durante meses sin que aumenten los riesgos relacionados con la presencia de microorganismos. Pero eso no significa que aseguren su inocuidad. Es decir, si congelamos un alimento que contiene bacterias patógenas, cuando lo descongelemos seguirá teniéndolas, porque la congelación no las elimina. Solo detiene su crecimiento. Un poco como si se detuviera el tiempo. (El deterioro en estos casos se produce por reacciones bioquímicas, como el enranciamiento de las grasas, pero no por el crecimiento de microorganismos.)

Muchas personas creen que la congelación sí elimina las

bacterias, pero esto es un error que puede poner en peligro la salud. Por ejemplo, muchas embarazadas creen que congelar el embutido o el jamón es efectivo para asegurar su inocuidad porque se supone que eso acaba con el toxoplasma, un parásito peligroso durante el embarazo. Pero la congelación no asegura la destrucción de este protozoo. Además, el principal riesgo durante esa etapa de la vida es *Listeria*, una bacteria que sobrevive sin problema a la congelación. La solución pasa por evitar el consumo de esos productos durante el embarazo o por cocinarlos bien, porque el calor sí acaba con estos organismos.

La congelación, en cambio, sí resulta útil para acabar con el anisakis, un parásito que puede encontrarse en el pescado, porque se trata de un organismo pluricelular. Por eso se recomienda congelar este alimento durante al menos cinco días, siempre y cuando lo vayamos a comer crudo o poco cocinado, como ocurre con los boquerones en vinagre. Pero en este caso también debemos tener en cuenta la posible presencia de microorganismos que no mueren con la congelación.

Otra conclusión que podemos extraer de este suceso es que, al contrario de lo que mucha gente piensa, las toxiinfecciones alimentarias no siempre se limitan a un simple dolor de barriga y un poco de diarrea. En algunos casos pueden llegar a ser muy serias e incluso letales.

No es para que nos asustemos, aunque la verdad es que yo por esa época estaba bastante impresionado con todo aquello. Por suerte, en nuestro entorno no es frecuente, y además lo es cada vez menos. Pero conviene saberlo y tenerlo presente, sobre todo si hablamos de personas pertenecientes a un grupo de riesgo, en cuyo caso se deben extremar las precauciones. Hablo por ejemplo de embarazadas, personas inmunodeprimidas, personas mayores y niños pequeños.

Este caso nos sirve también para evitar un error habitual que nos puede salir muy caro. Mi amigo comió aquel trozo de bocadillo porque pensaba que era seguro. Después de haber pasado todo el día al sol, hizo la comprobación que mucha gente suele hacer: observarlo para ver si tenía buen aspecto y olerlo para comprobar si presentaba algún olor extraño. Incluso le supo bien cuando lo probó. Y es que hay muchos microorganismos patógenos que no provocan alteraciones en los alimentos. De hecho, es lo que ocurre con los más frecuentes, como *Campylobacter*, *Escherichia coli*, *Listeria* o *Salmonella*. Es decir, nuestros sentidos no son un método fiable para saber si los podemos comer o no. ¿Qué podemos hacer entonces? Seguir las recomendaciones para manipular los alimentos de forma segura y utilizar el sentido común. Si un bocadillo de tortilla ha pasado ocho horas al sol, no es buena idea comerlo, por muy buena pinta que tenga. Mi amigo David lo aprendió de la peor manera. Yo te lo pongo más fácil.

Tortilla poco cuajada, ¿sí o no?

Este caso nos puede servir también para hablar de una de las preguntas más frecuentes en torno a la seguridad de los alimentos: ¿es peligroso comer tortilla poco cuajada?

Pues ni sí, ni no, ni todo lo contrario. Cuando se trata de seguridad alimentaria no suele ser adecuado pensar en términos absolutos, en plan todo o nada. Es decir, no podemos afirmar que comer tortilla poco cuajada nos vaya a enfermar inexorablemente ni, mucho menos, decir que sea seguro. La cosa no funciona así. A menudo la gente dice aquello de «siempre lo he hecho así y nunca me ha pasado nada», pero también hay quien afirma lo contrario: «Yo comía así la tortilla hasta que pillé salmonelosis». Desafortunadamente, algunas personas ya no pueden contarlo.

Es más adecuado pensar en términos de riesgos y probabilidades. Comer huevo crudo o poco cocinado implica un mayor riesgo que comerlo bien cuajado, así que la probabilidad de enfermar es mayor. ¿Cuánto más? Pues depende de muchas cosas: del control sanitario de los animales, de la limpieza del huevo, de su frescura, de las medidas de higiene que adoptemos, de la temperatura y el tiempo de cocinado, de la temperatura de refrigeración, del tiempo que pasa desde que lo cocinamos hasta que lo comemos...

Y lo mismo podemos decir de otras preparaciones que entrañan especial riesgo, como las elaboradas a partir de carne cruda (steak tartar, carpaccio, etcétera) o de pescado crudo (ceviche, sushi...). Eso no significa que comer un filete poco hecho sea peligroso, ya que en la carne cruda las bacterias, en caso de estar presentes, se encuentran solamente en la superficie de la pieza, así que las eliminamos durante el cocinado. Pero la cosa cambia si hablamos por ejemplo de una hamburguesa, porque durante el picado de la carne repartimos esas bacterias por toda la pieza, también por el interior. Por eso se recomienda cocinar este tipo de preparaciones (hamburguesas, salchichas...) hasta que estén bien hechas por dentro.

En definitiva, se trata de tomar medidas encaminadas a reducir los riesgos. El calentamiento del cocinado es una de las más importantes, pero no es la única y tampoco tiene por qué ser determinante. De hecho, la tortilla que enfermó a mi amigo estaba bien cuajada. Quizá se contaminó después del cocinado. Quién sabe. La cuestión es que todo cuenta. No debemos supeditar la inocuidad de los alimentos a una sola medida, como el cocinado, sino hacer todo lo posible para reducir los riesgos, como cuidar la higiene o refrigerar.

Por eso no es buena idea cocer los huevos junto con la

pasta, como hacía alguno de mis compañeros de piso para ahorrar tiempo y energía. Es verdad que, en principio, el calor destruye los microorganismos que pudieran estar presentes en la cáscara del huevo. Pero recordemos que se trata de reducir riesgos. Cuando cocinamos de ese modo los estamos incrementando porque la contaminación del exterior del huevo puede pasar al resto de los alimentos que no estaban contaminados previamente, en este caso la pasta.

Y lo mismo se puede decir de una absurda moda que surgió hace unos años «para ahorrar tiempo y energía»: la de cocinar en el lavavajillas. La cosa consistía en meter los ingredientes en un tarro hermético e introducirlo en el electrodoméstico junto con la vajilla sucia para que la comida se cocinara con el calor del programa de lavado. Un plan sin fisuras...

La gran crisis que le dio la vuelta a todo

La salmonelosis de mi amigo David me sirvió para tomar aún más conciencia de la importancia que tenía lo que estaba estudiando. Pero por si aún no me había quedado claro, llegó de nuevo la realidad para darme en los morros. No fue en plan «mira a ver, que puede que a lo mejor la seguridad alimentaria quizá sea importante», no. Fue más bien: «Ahora os vais a enterar». Era la gran crisis alimentaria que le dio la vuelta a todo: la de las vacas locas.

No recuerdo en qué momento me di cuenta de aquello porque no empezó de repente. El problema venía de años atrás, pero hasta ese momento, año 2000, se había localizado casi exclusivamente en el Reino Unido, así que no le había prestado mucha atención.

Al parecer, el primer caso de una vaca enferma se había

confirmado en ese país en 1987. Fue desconcertante porque se trataba de una enfermedad nueva, así que no se sabía si afectaba a los seres humanos, ni qué medidas había que tomar para evitar su transmisión. En un principio se prohibió la venta de vísceras y poco más porque se pensaba que la carne era segura para el consumo, como ocurría con la tembladera, una enfermedad parecida que afectaba a las ovejas.

Pero los casos en el ganado vacuno fueron aumentando. Me acuerdo de verlo en la tele allá por el año 1993 porque se habló mucho de ello en las noticias. El número de animales afectados era de unos cien mil, así que para tratar de frenar la propagación de la enfermedad se sacrificaron más de cuatro millones de reses.

Dado que ocurría en Reino Unido y se suponía que no afectaba a los humanos, aquellas noticias seguían siendo para mí como un ruido de fondo. De esos que oyes, pero no escuchas. Además, con el nombre que le habían puesto a la enfermedad, como para tomárselo en serio. ¿Vacas locas? ¿Era broma?

Pero no, no era broma. El asunto se volvió aún más serio en 1996, cuando las autoridades británicas confirmaron que la enfermedad, que en realidad se llama encefalopatía espongiforme bovina, podía transmitirse a los seres humanos, en quienes también causa una encefalopatía, es decir, una enfermedad que afecta al cerebro, concretamente una variante de la enfermedad de Creutzfeldt-Jakob, como se supo más tarde. El anuncio se hizo con mucho retraso: un año después de que falleciera la primera persona por ese motivo y casi diez años después del primer caso registrado en una vaca, por lo que la gente no se lo tomó muy bien. A la indignación se sumaba el miedo, que también se extendió por el resto de Europa. Como medida de precaución, la Unión Europea prohibió la importación de carne vacuna británica, un veto que duró diez años.

La crisis del pollo

La desconfianza hacia la carne ya estaba bastante extendida antes de aquello. Recuerdo que mi madre a veces se quejaba de que los filetes encogían mucho en la sartén y perdían mucha agua. Casi todo el mundo lo achacaba a las hormonas con las que engordaban al ganado, y más concretamente al clembuterol, que es en realidad un fármaco broncodilatador indicado para enfermedades respiratorias. Durante los años noventa se hablaba de él a todas horas porque había protagonizado varios escándalos, dado que se utilizaba de forma ilegal para aumentar el rendimiento de la carne por su efecto anabólico. Por ejemplo, en 1992 doscientas personas se intoxicaron en diferentes puntos de España tras consumir carne contaminada con esta sustancia.

En medio de todo ese clima de desconfianza, llegó otra crisis, o más bien otro episodio de lo que en realidad fue una gran crisis. En junio de 1999 todos los medios de comunicación hablaban de ello: «El escándalo de los pollos belgas». Yo no me lo podía creer. No habíamos salido de lo de las vacas locas y ahora llegaban los pollos.

La Comisión Europea había prohibido la comercialización de pollo y huevos procedentes de Bélgica por el riesgo de que estuvieran contaminados con dioxinas, que son contaminantes ambientales, perjudiciales para la salud, derivados principalmente de la actividad industrial y de procesos de combustión. Yo por aquel entonces casi ni había oído hablar de ellas, pero todo esto me estaba sirviendo para aprender a pasos acelerados.

Al parecer, una empresa había almacenado grasas en un depósito contaminado con esas sustancias porque previamente había albergado aceites industriales. Esas grasas contaminadas se destinaron a la elaboración de piensos, que se distribuyeron a más de dos mil quinientas granjas de pollos y cerdos. Como consecuencia, comenzaron a morir un montón de aves, así que los veterinarios informaron a las autoridades belgas. El origen del problema se conoció dieciséis días después. Pero no se informó a la opinión pública de ese país hasta casi tres meses más tarde y, cuando lo hicieron, no actuaron muy bien que digamos. Por un lado, comunicaron que aquello no tenía implicaciones para la salud, pero a la vez ordenaron retirar del mercado todo el pollo y todos los huevos, una contradicción que desató la desconfianza y el miedo en la opinión pública.

Al final se sacrificaron más de siete millones de pollos y sesenta mil cerdos. No se comunicó ningún caso de intoxicación por dioxinas en personas y no falleció nadie por esa causa, pero el golpe para el sector fue tremendo. En Europa nadie quería comer pollo. Recuerdo que aquí las carnicerías comenzaron a poner carteles para destacar que el pollo no era belga, sino que había sido criado en España, pero aun así poca gente lo compraba.

La cosa no acabó ahí. Como decía Super Ratón, no se vayan todavía, que aún hay más.

NO LAVES EL POLLO

Muchas personas lavan el pollo crudo, sobre todo para retirar restos de plumas, de sangre y de otras impurezas o porque así les parece que el alimento es más seguro. Se supone que lavar siempre es «bueno», ¿no? Pues no siempre, y este es uno de los ejemplos más clásicos.

No es raro que la superficie del pollo crudo esté contaminada con una bacteria patógena llamada *Campylobacter*, que es la causante de la campilobacteriosis, la enfermedad de transmisión alimentaria con mayor incidencia en Europa.

Se recomienda no lavar el pollo crudo porque, si lo hacemos, las salpicaduras pueden acabar dispersando esa bacteria por toda la cocina, contaminando así los utensilios y otros alimentos.

Para acabar con ella y conseguir que el pollo sea inocuo no es necesario lavarlo. Basta con cocinarlo suficientemente, hasta que esté bien hecho por dentro.

Podemos hacer la misma recomendación para el resto de los alimentos crudos de origen animal. El huevo es otro ejemplo clásico. Cuando lo lavamos dañamos la membrana externa que lo protege, así que favorecemos la entrada de microorganismos a través de los poros de la cáscara. Si está muy sucio podemos limpiarlo con un papel de cocina. Y si nos empeñamos en lavarlo, debemos hacerlo solo justo antes de cocinarlo, nunca antes de almacenarlo. En cualquier caso, lo más importante es cocinarlo bien, hasta que esté cuajado, además de respetar el resto de las medidas básicas de manipulación.

La crisis de la Coca-Cola

Por si fuera poco, durante esos días se tuvo conocimiento de un brote «de síntomas inespecíficos» que afectó a veintiséis niños belgas: dolor de cabeza, fatiga, náuseas, vómitos... Todos tenían una cosa en común: habían consumido Coca-Cola.

Con la psicosis que había desatado la crisis del pollo, la situación llegó casi a rozar el pánico colectivo. Parecía que ya nada era seguro. No se podía comer carne de vacuno, no se podía comer pollo y hasta la Coca-Cola estaba en el punto de mira. Si ya no se podía fiar uno ni de una empresa como aquella, que nunca antes había visto su imagen empañada en materia de inocuidad, ¿en qué alimentos podíamos confiar?

Finalmente, el «brote de la Coca-Cola» quedó en nada. Después de investigarlo no se encontró ninguna causa que pudiera explicarlo y el episodio se atribuyó precisamente a un caso de «neurosis de pánico colectiva». Pero ese episodio contribuyó a agrandar aún más la desconfianza.

Las vacas locas en España

No nos olvidemos de las vacas locas, porque la crisis no había acabado. De hecho, en España lo peor estaba aún por llegar. Las alarmas saltaron en el año 2000, cuando se registró el primer caso de una vaca afectada. Aquello cayó como una bomba. Los casos se siguieron sucediendo. Otro más durante ese mismo año y unos pocos más durante los años siguientes: 83 en 2001 y 134 en 2002.

Las consecuencias no se hicieron esperar. El miedo se extendió y las ventas de carne se desplomaron. Para hacernos una idea, las ventas para consumo disminuyeron un 50 % y las exportaciones un 80 %.

Mi madre al teléfono: «Ten cuidado con la carne, mira a ver lo que compras». La carnicería de debajo de casa, que hasta entonces solo vendía carne de vacuno, tuvo que cerrar. En los supermercados, la sección de carnicería, vacía.

En cierto modo podía ser un buen momento para comprar carne porque los precios habían caído en picado y en principio el problema con la seguridad parecía más o menos controlado. El gobierno había creado una Comisión Interministerial de Seguridad Alimentaria y se tomaron diferentes medidas; por ejemplo, se adquirieron test para la detección de la enfermedad en animales, se estableció la obligación de destruir los materiales especificados de riesgo (MER), como la médula espinal, y se prohibió la venta de ciertas partes del animal, como los chuletones con hueso o el espinazo.

Pero en aquel contexto, con aquellos sucesos y con el historial que teníamos, cualquiera se fiaba. Todo el mundo tenía en la memoria la gravísima crisis del síndrome tóxico causada por aceite de colza desnaturalizado, y un lío tremendo con lo que se podía comer y lo que no. Por si fuera poco, la ministra de Sanidad, Celia Villalobos, recomendó desacertadamente no utilizar huesos de vaca para cocinar, que según ella ya no se vendían. En realidad no había problema con ellos, y los que sí suponían un riesgo ya se habían prohibido para la venta.

Sus declaraciones reforzaron aún más las comparaciones con la crisis del síndrome tóxico, porque en aquella ocasión también se hicieron famosas unas declaraciones poco afortunadas. Por aquel entonces, el ministro de Trabajo, Sanidad y Seguridad Social, Jesús Sancho Rof, soltó una frase que ha pasado a la historia de la (mala) comunicación: «El mal lo causa un bichito tan pequeño que, si se cae de la mesa, se mata».

Las causas y las consecuencias de las vacas locas

Las consecuencias de aquella gran crisis alimentaria fueron espantosas. Se instaló en la población una enorme crisis de confianza que no se había conocido desde hacía veinte años, con la diferencia de que esta vez afectaba a toda Europa.

A eso había que sumar la pérdida de vidas humanas (en todo el mundo fallecieron 232 personas, 5 en España, por consumo de carne de vacuno contaminada), el sacrificio de millones de animales, las pérdidas multimillonarias en el sector, el cierre definitivo de cientos de empresas, el daño a la imagen de muchas otras, las consecuencias políticas (por ejemplo, en Bélgica la crisis le costó el puesto a los ministros de Agricultura y Sanidad y supuso un cambio de gobierno)...

En definitiva, esta grave crisis puso de manifiesto la importancia de la seguridad alimentaria y dejó en evidencia varios problemas serios que existían por aquel entonces en este aspecto. Por una parte, los tremendos fallos de comunicación, tanto con la opinión pública como entre las autoridades. Por ejemplo, la Comisión Europea no fue informada por las autoridades belgas de la situación en la crisis del pollo, así que la gestionó a partir de la información que llegaba a través de la prensa. Por otra parte, los enormes agujeros y fallos que existían en el control alimentario, donde la inspección se hacía de forma fragmentada; por ejemplo, se controlaba la seguridad de la carne, pero no se relacionaba con la de los piensos, donde la supervisión era menor.

Precisamente, los piensos fueron la raíz del problema en ambas crisis: en la del pollo, la grasa contaminada con dioxinas que mencionamos antes, y en la de las vacas locas, los piensos elaborados con harinas de animales contaminados.

La hipótesis más aceptada defiende que los causantes del mal de las vacas locas y del resto de las encefalopatías son los priones. Yo por aquel entonces no tenía ni idea de lo que eran. Había estudiado las bacterias, los virus, los protozoos, pero ¿qué era un prion? Hasta ese momento apenas se conocía. Se trata de proteínas con una estructura alterada, que han perdido su función normal y que tienen la capacidad de alterar otras proteínas. Es decir, los priones convierten proteínas normales en partículas infecciosas mediante la modificación de su forma. Estas se acumulan en el tejido cerebral y causan su degeneración.

Este agente era el que provocaba la tembladera en las ovejas. Cuando se utilizaban la carne y los huesos de estos animales para elaborar piensos con los que alimentar a las vacas, se transmitían esos priones, que eran los causantes del mal de las vacas locas. Y también se transmitían a los humanos a través de las partes contaminadas de esos animales, causando una variante de la enfermedad de Creutzfeldt-Jakob, que también afecta al cerebro y es mortal.

La transmisión de esos priones a través de los piensos se vio favorecida por la crisis del petróleo en los años ochenta, que produjo cambios en los métodos de producción. Para ahorrar energía y costes, se redujeron las temperaturas de secado y se abandonó el uso de disolventes orgánicos, lo que facilitó la transmisión de los priones, muy resistentes al calor y a otros agentes.

CATARATAS Y HUEVOS FRITOS

Con la edad se van acumulando en el cristalino de nuestros ojos proteínas cuya estructura ha sido alterada. Como consecuencia, este pierde transparencia y se vuelve opaco, lo que dificulta el paso normal de la luz. Es así como se forman las cataratas que nos impiden ver bien.

Este ejemplo muestra la importancia de la estructura de las proteínas. Cuando esta se ve alterada por algún motivo, pierden su función. Se dice entonces que se desnaturalizan. Puede ocurrir por la acción de diferentes agentes, como el calor, la congelación, el pH, la concentración de iones, la acción de diferentes sustancias químicas, la radiación ultravioleta, etcétera.

En los alimentos también tienen una importancia crucial. Por ejemplo, si congelamos un huevo con la yema líquida, al descongelarlo veremos que tiene grumos, debido a que las bajas temperaturas desnaturalizan las proteínas.

Pero no siempre es algo indeseable. De hecho, podemos sacarle mucho partido.

Si queremos congelar vegetales, es recomendable escaldarlos previamente, es decir, sumergirlos en agua hirviendo durante unos segundos. Así, el calor inactiva las enzimas y evita que participen en procesos de oxidación, lo que mejora la conservación. Esto ocurre porque las enzimas son proteínas y el calor las desnaturaliza.

Cuando freímos un huevo, el calor también desnaturaliza las proteínas y altera su estructura: los ovillos que formaban se despliegan, formando hebras estiradas que se unen y crean una red. Eso impide el paso de la luz, lo que explica por qué la clara del huevo crudo es transparente y la del huevo frito, opaca. Es algo parecido a lo que ocurre en la formación de las cataratas de nuestros ojos.

También ocurre algo parecido cuando batimos un huevo para hacer merengue: el efecto mecánico también provoca una alteración de la estructura de las proteínas, o cuando echamos zumo de limón en la leche para hacer postres o quesos: el bajo pH provoca la desnaturalización y posterior coagulación de las proteínas, con lo que se forma la cuajada que aporta la textura característica de estos productos.

Un cambio de paradigma

Lo bueno de todo aquello es que provocó un profundo cambio en el control de la seguridad de los alimentos. En el año 2001 se constituyó la Agencia Española de Seguridad Alimentaria y Nutrición (AESAN), que es el organismo que coordina la seguridad alimentaria en España, y un año más tarde nació la Autoridad Europea de Seguridad Alimentaria (EFSA), organismo que evalúa riesgos alimentarios y proporciona asesoramiento científico a la Comisión Europea.

Lo más importante es que se produjo un cambio de paradigma en la forma en que se controla la seguridad de los alimentos en toda Europa. Dejó de hacerse de manera fragmentada y comenzó a realizarse a lo largo de toda la cadena alimentaria, en todos y cada uno de los eslabones, desde la producción primaria (animales, piensos, plantas, fitosanitarios, etcétera) hasta el producto terminado. Todo ello se resumió en una frase muy gráfica que me repitieron hasta la saciedad en la universidad: la seguridad alimentaria «de la granja a la mesa». También comenzó a utilizarse mucho una palabra de la que nunca había oído hablar: *trazabilidad*. A partir de aquel momento se realizaría un seguimiento de los alimentos, de manera que, en caso de producirse un fallo de seguridad, se podría localizar con mucha más facilidad el origen.

Para lograrlo empezó a ser obligatorio aplicar sistemas de autocontrol, de modo que los operadores alimentarios, es decir, las empresas, comenzaron a ser los principales responsables de lograr la inocuidad de los alimentos.

Además, se mejoraron la coordinación y la comunicación entre los diferentes organismos encargados de la seguridad alimentaria, incluidos los operadores alimentarios. Así, con mejores sistemas de alerta rápida se evitarían las barbaridades que habían ocurrido, por ejemplo, en la crisis del pollo, con retrasos en la comunicación y falta de información.

También se amplió la prohibición de piensos elaborados con harinas animales para la alimentación del ganado, una medida que ya se había tomado en 1994 pero que se hizo más estricta en 2001. Aquello seguro que evitó muchos problemas, pero a un amigo de clase le causó muchos quebraderos de cabeza, porque su proyecto de fin de carrera estaba centrado precisamente en el desarrollo de harinas animales para la elaboración de piensos.

¿CÓMO CONSIGUEN LAS EMPRESAS QUE LOS ALIMENTOS SEAN SEGUROS?

Las empresas alimentarias deben contar con un sistema de gestión de la seguridad alimentaria que se basa en dos puntos:

1. Sistema de prerrequisitos

Como su nombre indica, consiste en conseguir una serie de condiciones para facilitar que los alimentos sean inocuos. Se hace a través de diferentes planes, que se centran en aspectos esenciales; por ejemplo: la limpieza y la desinfección de las instalaciones y los equipos, la gestión de los residuos, la prevención y el control de las plagas o el suministro y el uso del agua de abastecimiento.

2. Sistema de análisis de peligros

El sistema de análisis de peligros y puntos críticos de control (APPCC) consiste en identificar partes del proceso productivo que son especialmente sensibles y que deben ser controladas para asegurar la inocuidad del producto (puntos críticos de control). Para ello se tienen en cuenta la gravedad del peligro a controlar y su riesgo (la probabilidad de que ocurra). El ejemplo más clásico es el tiempo y la temperatura que se aplican en el tratamiento de esterilización de la leche, ya que de ello depende la eliminación de los microorganismos patógenos que podrían estar presentes en este alimento.

Es decir, la seguridad de los alimentos se basa sobre todo en la prevención. Además, se actúa para comprobar si esas medidas han sido efectivas (por ejemplo, se realizan análisis microbiológicos de los alimentos una vez elaborados) y se corrige lo que sea necesario para evitar que se repitan los fallos en el proceso.

La invasión de los alimentos funcionales

Con todos estos sucesos, estudiar una carrera centrada en los alimentos era cada día una aventura. No daba tiempo a aburrirse. No se trataba solo de seguridad alimentaria. También se estaban produciendo importantes cambios en otros ámbitos. Solo había que ver un poco la televisión para darse cuenta.

En los anuncios publicitarios los mensajes ya no eran tan ingenuos y tan simples como en el pasado, sino cada vez más sofisticados. Ya no bastaba con dar a conocer los productos. De hecho, la mayoría de ellos ya los conocíamos de sobra porque llevaban tiempo en el mercado. De repente no se apelaba tanto a la familiaridad, sino que se hacía hincapié en la salud. Nuestras preocupaciones como consumidores iban en ese sentido, centradas sobre todo en los problemas asociados a unos malos hábitos de vida cada vez más extendidos: dieta insana, sedentarismo, estrés, falta de tiempo... Aquella vida ajetreada que a comienzos de los noventa se mostraba como algo exótico y admirable, representado en la figura de los *yuppies* con traje que iban al trabajo en moto, ya no era algo tan exótico ni tan admirable, sino un problema creciente.

Además, nuestros conocimientos eran mayores que en épocas pasadas, así que comenzó a utilizarse un lenguaje mucho más técnico y detallado: *omega 3*, *Lactobacillus*, *sistema inmunitario*, etcétera.

También nuestro poder adquisitivo era mucho mayor

que en anteriores décadas, al menos con relación al precio de los alimentos; en consecuencia, los productos básicos se nos quedaban cortos. Buscábamos algo más. El desarrollo de la ciencia y la tecnología, junto con la mercadotecnia, hicieron el resto. Los alimentos funcionales, popularizados en Japón durante la década anterior, estaban cada vez más presentes en Europa.

En clase hablábamos de ello a menudo, sobre todo cuando tocaba estudiar la leche y los productos lácteos, porque los primeros alimentos funcionales que se popularizaron en España pertenecían a este grupo.

La turra del omega 3

Uno de los que aparecía a todas horas en los anuncios de televisión era la «leche con omega 3», que se promocionaba con mensajes del tipo «ayuda a tu corazón» o «reduce el colesterol». Hay que aclarar que lo de «leche con omega 3» es un nombre coloquial que no se utilizaba en la etiqueta ni en los anuncios porque legalmente solo se puede llamar «leche» a la secreción de la glándula mamaria de animales de abasto, como la vaca o la oveja, es decir, a la leche sin «cosas». Así que en realidad se trataba de un producto lácteo compuesto por leche y otros ingredientes, entre los que se encontraban diferentes tipos de aceite.

No sé si fue solo una impresión mía, pero diría que el producto causó una enorme sorpresa cuando salió al mercado en 1998. Primero, por la novedad. Que yo supiera, nunca antes se había vendido leche con un ingrediente añadido de estas características, enfocado hacia la salud. El otro motivo de sorpresa fue la naturaleza de ese ingrediente. La gente asociaba los ácidos grasos omega 3 con el aceite de pescado, y, efectivamente, ese era uno de los ingredientes, lo cual resultaba chocante. ¿Leche con pescado? ¿Qué clase de combinación era esa?

También era relativamente novedoso que se mencionaran de forma tan explícita los presuntos efectos beneficiosos para la salud y que estos fueran tan concretos. Recordemos que, en las décadas anteriores, las referencias a la salud eran más vagas y más genéricas, como todos aquellos productos que «nos hacían crecer fuertes y sanos» en los ochenta.

El bombazo del Actimel

De todos modos, este no fue el primer producto que lo hizo ni tampoco el más famoso. Unos años antes, en 1995, Danone había lanzado al mercado el Actimel, un lácteo fermentado, parecido a un «yogur líquido», que «ayudaba a tus defensas».

Esta frase era la que se destacaba insistentemente en sus campañas publicitarias, una presunta virtud que asociaban a la bacteria *L. casei inmunitas*.

El esquema que se repetía en los anuncios era siempre el mismo: primero nos mostraban los problemas que supuestamente estaban «desgastando nuestras defensas», como el estrés, la falta de tiempo o dormir pocas horas, y luego nos daban «la solución»: beber Actimel «cada mañana» porque sus «más de 10.000 millones de *L. casei inmunitas*» «ayudaban a nuestras defensas».

El mensaje caló hondo y muchas personas comenzaron a comprar el producto, entre ellas mi madre. Supongo que quería proteger mi sistema inmunitario frente al invierno, que, según los anuncios, podía «poner a prueba» mis defensas. Así que, cada vez que iba a casa de mis padres, regresaba a Zamora con dos paquetes de Actimel.

A mí me extrañaba mucho que pudieran hacer alegremente aquellas declaraciones tan explícitas y al principio estaba convencido de que era un engaño. Pero los anuncios comenzaron a incluir una coletilla al final: «Los beneficios han sido probados científicamente». Yo estaba contrariado. No me creía el mensaje de las defensas, pero me sorprendía que incluyeran el aval científico. Después, el tiempo acabó por poner las cosas en su sitio, más o menos.

El doble filo de la legislación

Con la llegada al mercado de los alimentos funcionales, se estaban multiplicando los mensajes relativos a la salud, así que se hizo necesario regularlos de algún modo para que en los anuncios no se dijeran barbaridades sin fundamento, como aquella de «es medicina y es golosina» con la que se promocionaba la Quina Santa Catalina décadas atrás.

Pero para ello hubo que esperar hasta el año 2006, cuando se desarrolló una legislación europea que recoge las declaraciones concretas que se pueden mostrar en la promoción de los alimentos y las condiciones en las que se puede hacer. Por ejemplo, se establecen las cantidades y condiciones necesarias para poder decir que un yogur «es fuente de calcio», lo que sería una declaración nutricional, o para afirmar que su consumo «contribuye al normal mantenimiento de los huesos», que sería una declaración de salud.

A partir de ese momento, las declaraciones de salud solo se podían incluir en la etiqueta o la publicidad de los alimentos en caso de contar con evidencias científicas sólidas y suficientes que las respaldaran. Y ¿qué ocurrió? Pues que todas las propuestas que envió Danone a la EFSA para solicitar la inclusión de esos mensajes fueron rechazadas por el organismo europeo por no tener suficiente respaldo científico.

Mientras tanto, la empresa no dejaba de recibir palos por su publicidad, como el de Foodwatch, una asociación alemana sin ánimo de lucro que defiende los derechos de los consumidores, o el de la Advertising Standards Authority, una organización encargada de la autorregulación de la industria de la publicidad en Reino Unido, que obligó a retirar la publicidad en aquel país por no contar con suficiente respaldo científico.

También se torció la cosa en Estados Unidos. Dannon Co., filial estadounidense de la francesa Danone, aceptó pagar 21 millones de dólares como sanción por exagerar las propiedades saludables de su yogur Activia de la bebida láctea DanActive, versión estadounidense de Actimel.

Como consecuencia de todo ello, los mensajes se fueron diluyendo con el tiempo. Aquello de «los beneficios han sido probados científicamente» se transformó en otra frase —«demostrado en numerosos estudios científicos»— y ya no se hablaba de *L. casei inmunitas*, sino de *L. casei* a secas. Después desaparecieron todas aquellas referencias y comenzaron a utilizarse simplemente frases más genéricas, del tipo «ayuda a tus defensas», que es el mensaje que se difunde en la actualidad.

Con aquellos antecedentes, hoy en día la mayoría de la gente sigue convencida de que esos supuestos beneficios se deben a las exclusivas bacterias de este producto. Pero en realidad no es así. Lo que ocurre es que la empresa encontró una solución para seguir incluyendo el mensaje «ayuda a tus defensas» sin incumplir la legislación. ¿Cómo lo hizo? Pues muy fácil. La legislación, que en un principio supuso un obstáculo para utilizar ese mensaje, también ofreció la solución, dado que permite atribuir determinadas declaraciones de salud a nutrientes concretos, de forma aislada, para los que sí existen evidencias científicas. Así, la empresa solo tuvo que añadir a su producto vitamina D y vitamina B9 para seguir diciendo «ayuda a tus defensas», ahora sí, con respaldo científico porque esas vitaminas «contribuyen al normal funcionamiento del sistema inmunitario».

Muchas otras compañías siguieron la misma estrategia de añadir nutrientes a sus productos para utilizar declaraciones de salud en su promoción, lo que explica que podamos encontrar galletas que «ayudan a tus defensas» o agua envasada que «ayuda al funcionamiento de tu sistema inmunitario». Y lo mismo con muchos otros productos y sus correspondientes mensajes.

No obstante, eso no significa que necesitemos tomar ninguno de ellos para reforzar nuestro sistema inmunitario. Esas vitaminas están presentes de forma natural en alimentos que consumimos habitualmente en la dieta, como la leche o el pescado, que por lo general son proporcionalmente mucho más baratos que los productos enriquecidos con vitaminas y, con frecuencia, también más saludables.

UN MONTÓN DE BACTERIAS Y UNA SOLA DECLARACIÓN DE SALUD

Actimel en realidad no es un yogur, sino un producto lácteo fermentado. Ocurre lo mismo con muchos otros productos que encontramos hoy en día en las tiendas. Por eso no se utiliza esa palabra en su etiqueta ni en su publicidad.

Legalmente, un yogur es un producto de leche coagulada obtenido por fermentación láctica mediante la acción de dos variedades concretas de bacterias: *Lactobacillus delbrueckii* subsp. *bulgaricus* y *Streptococcus thermophilus*. En cambio, en los casos anteriores se utilizan otras bacterias diferentes, como la famosa *L. casei*.

Otro requisito para que un yogur se pueda vender con ese nombre es que en el producto terminado esas bacterias deben estar vivas, ser capaces de reproducirse y encontrarse en una cantidad mínima de 10 millones de unidades formadoras de colonias por gramo o mililitro. Eso significa que en un solo yogur hay al menos 1.250 millones de bacterias. Si cada una de ellas fuera tan grande como una pelota de tenis, el volumen que ocuparían todas juntas sería de más de doscientos mil metros cúbicos, lo que equivale a noventa piscinas olímpicas. No habría frigorífico para guardar eso...

A pesar de todos los mensajes que se suelen transmitir en torno a los presuntos efectos beneficiosos de los yogures, los lácteos fermentados y las bacterias que participan en su elaboración, la única declaración de salud que está permitida actualmente por la legislación europea es la siguiente: «Las bacterias vivas del yogur ayudan a digerir la lactosa que contiene a personas con dificultad para hacerlo». Es posible que estas bacterias puedan ejercer otros efectos positivos sobre nuestra salud; por ejemplo, sobre nuestra microbiota intestinal, pero las evidencias científicas actuales no son concluyentes. Por eso no se permiten declaraciones de salud en este sentido.

4

PERDIDOS

En las películas, las catástrofes gordas transcurren a cámara lenta mientras suena una música épica de fondo y el protagonista, desolado, grita un larguísimo «¡nooooooo!».

A mí me pilló cociendo espaguetis.

—¡Ostras! ¿Qué ha *pasao*?

Una de las famosísimas torres gemelas de Nueva York echaba humo. La tele lo estaba poniendo en directo, pero nadie sabía lo que pasaba. Tampoco la presentadora, Àngels Barceló, que trataba de contarlo como buenamente podía. Según se dijo en un primer momento, «un avión de pequeñas dimensiones» se había estrellado contra el rascacielos. Lo primero que pensé fue que había sido un accidente de algún piloto novato con una avioneta. Pero aquel agujero era demasiado grande para un avión tan pequeño.

Al poco rato, ocurrió lo mismo en la otra torre y el mundo entero se quedó sin respiración. Estaba claro que no era un accidente.

Los espaguetis se habían quedado helados, pero ¿qué importaba? Nunca antes había tenido esa sensación de vivir un acontecimiento histórico en directo. Al menos no de forma tan intensa. Y eso que no era del todo consciente de la magnitud que iba a adquirir aquello. Pero de repente colapsó una torre. Y poco después la otra. Las noticias hablaban de otro ataque en el Pentágono y de un avión que se dirigía al Capitolio. Pero ¡¿qué estaba pasando?!

La respuesta llamó a nuestra puerta. Era el dueño del piso, un pastor de un pueblo de Zamora, que venía a cobrar el alquiler.

—Esto ha sido cosa de Osama Bin Laden.

—¡¿De quién?!

—Sí, hombre, el del atentado de la Embajada americana en Nairobi.

Recordaba aquello de lejos, pero ni se me había pasado por la cabeza hacer esa asociación. Solo lo pensaron la CIA y aquel pastor de Zamora.

Pasamos toda la tarde pegados a la tele viendo el fin del mundo en directo. Mientras tanto, algunos de mis amigos no se habían enterado de casi nada porque cuando comenzó todo estaban comiendo en el comedor de la universidad y luego pasaron tres o cuatro horas haciendo un examen. Cuando salieron no se lo podían creer.

A mí lo que me costaba creer era que ellos siguieran yendo al comedor después de cuatro años de carrera. Eso sí que me parecía una catástrofe. En todo ese tiempo viviendo solos no habían aprendido ni a freír un huevo. Y no es solo una forma de hablar. Ni siquiera sabían cocer la pasta, que es el plato de supervivencia de cualquier estudiante que se precie.

Iluso de mí, un día le pedí a uno de estos amigos que fuera al supermercado a comprar y pasó lo que tenía que pasar. Regresó con un par de bolsas llenas de cosas inútiles. Todo eran productos superfluos, conservas y cosas sin sentido con las que no se podía elaborar ni un solo plato completo: patatas fritas, cervezas, fiambres, aceitunas... Ni hortalizas, ni verduras, ni huevos ni nada de nada. Lógico y normal, claro. No sabía cocinar y tampoco tenía experiencia en la compra porque nadie le había enseñado ninguna de las dos cosas, así que la visita al supermercado resultó inútil y cara.

Tampoco se había planteado aprender a hacerlo. Ni él ni el resto de los amigos de ese grupo, porque se iban apañando con el comedor universitario. Era barato, rápido y fácil, así que ¿para qué? No sé si se daban cuenta de lo limitados que estaban y de lo mucho que dependían de aquello. Sin embargo, yo tenía la libertad de poder elegir si quería comer en el comedor, como algún día que iba con ellos, o si quería cocinar para comer en casa, como hacía habitualmente.

A vueltas con el nutricionismo

Los exámenes que estábamos haciendo por esas fechas eran ya casi los últimos de la carrera. Al final, las matemáticas y la física se me atragantaron hasta última hora. Qué mal sueño. Literalmente, porque ahí se estaba forjando el material para muchas pesadillas recurrentes que tuve durante años, en las que ya me encontraba trabajando, pero de repente me daba cuenta de que no había aprobado aquellas asignaturas y tenía que abandonarlo todo para regresar a la universidad y examinarme de nuevo. Ríete tú de Freddy Krueger y las pesadillas en Elm Street.

Pero calma. Las aprobé todas, creo. Después lo que tocaba era hacer un proyecto de fin de carrera, que podía ser de ingeniería o de laboratorio. Como me encantaba la investigación, no tuve duda alguna. Me dediqué a desarrollar salchichas cocidas, tipo Frankfurt, para mejorar su formulación, reduciendo su cantidad de grasa o sustituyéndola por aceite de oliva. Aunque realmente el propósito era probar la efectividad de dos gelificantes: goma garrofín, que se extrae de la algarroba, y goma xantana, producida por una bacteria.

Para elaborar este tipo de salchichas, se pican muy finamente la carne y la grasa, y se añade agua para obtener una masa homogénea. Así se forma una emulsión, de manera parecida a lo que ocurre cuando hacemos mayonesa. Por eso, eliminar o reducir la grasa no es tan sencillo como quitarla sin más, porque las características se ven afectadas, sobre todo, la textura. Ahí es donde entran en juego los gelificantes, que en este caso fueron eficaces para conseguir unas buenas características. Tampoco es tan sencillo como añadirlos y ya está. Hay que probar dosis, tiempos, estudiar las pérdidas de agua, hacer análisis de textura, sensoriales, etc.

Aquel proyecto me dio una gran alegría porque me permitió publicar mi primer artículo en una revista científica importante, todo un logro dada mi nula experiencia. Además, el estudio fue un éxito porque había conseguido probar las funciones de aquellos gelificantes y desarrollar unas salchichas «más saludables». Al menos así lo veía yo con los conocimientos que tenía por aquel entonces sobre dietética y nutrición.

Seguía la lógica de desglosar los alimentos en ingredientes y nutrientes a la hora de valorarlos desde un punto de vista nutricional. Como se había hecho toda la vida y como se hacía en los años noventa con la grasa, que a estas alturas todavía se seguía viendo como la mala de la película. Así que se suponía que sustituirla o eliminarla haría que las salchichas fueran saludables, ¿no? ¿O acaso tenían algo de malo? ¿Y las hamburguesas? ¿Y las pizzas?

¿QUÉ TIENE DE MALO UNA HAMBURGUESA?

Las hamburguesas se suelen poner como ejemplo de comida insana, y muchas personas se preguntan por qué. A primera vista se trata simplemente de una pieza de carne entre dos pedazos de pan a los que se añaden ingredientes como cebolla, lechuga, tomate o pepino, así que ¿qué tienen de malo?

En general comemos demasiado pan blanco y demasiada carne roja, algo que no es recomendable porque el primero favorece la diabetes tipo 2 y la obesidad, y la segunda podría aumentar el riesgo de cáncer colorrectal. Además, muchas hamburguesas suelen incorporar otros elementos poco deseables, como beicon, queso fundido y un montón de salsas, entre ellas, mayonesa, kétchup y mostaza.

Todo ello hace que, en conjunto, las hamburguesas tengan un elevado aporte de energía, pero limitado en nutrientes interesantes, una cantidad de sal muy considerable y algunos ingredientes poco recomendables, como harinas refinadas o grasas de mala calidad nutricional.

Pero lo más importante de todo tiene que ver con el efecto global de las hamburguesas sobre nuestra salud, que guarda relación directa con los hábitos y los patrones de consumo. Por ejemplo, cuando comemos hamburguesas solemos hacerlo junto con otros productos que no son saludables, como patatas fritas o refrescos. Además, su consumo puede desplazar el de otros alimentos que sí son saludables y alejarnos de una buena dieta.

Obviamente, no todas las hamburguesas son iguales y no todo el mundo las come del mismo modo ni con la misma frecuencia. No es igual comer una hamburguesa de forma puntual en el contexto de unos hábitos saludables que hacerlo a menudo en el contexto de una dieta y unos hábitos insanos.

Estaba cayendo en el error de concebir la alimentación bajo el prisma del nutricionismo, un enfoque que valora la alimentación y los alimentos centrándose en los nutrientes de forma aislada, en lugar de considerarlos en su conjunto y valorar la dieta de forma global. Lo hacía así porque era básicamente lo que había estudiado en materia de nutrición: la composición nutricional de los alimentos, las características y las funciones de los nutrientes, etcétera.

Era también el enfoque que siempre se había adoptado en casi todas partes; por ejemplo, en las noticias, que hablaban de las bondades de las naranjas por su vitamina C, o en la publicidad, donde alababan las propiedades de muchos cereales de desayuno por estar enriquecidos con vitaminas y minerales. Y, cómo no, era también la visión que tenía la mayoría de la gente sobre los alimentos y la alimentación, como cuando mi madre me decía que había que beber leche «porque tiene mucho calcio, que es bueno para los huesos».

Esa visión tan reduccionista de la alimentación nos complica la vida a la hora de comer porque pensamos que para poder hacerlo adecuadamente tenemos que ir contando vitaminas, minerales, calorías, grasas, etcétera, cuando en realidad la cosa es más sencilla. Se trata de elegir alimentos saludables y variados, y evitar en la medida de lo posible los alimentos insanos.

Pero discernir entre unos y otros no es fácil cuando los evaluamos bajo el enfoque del nutricionismo. Por ejemplo, a mí me explotaba la cabeza cuando veía algunos cereales de desayuno. Eran de chocolate, y a la vez estaban enriquecidos con vitaminas y minerales y mostraban en la caja imágenes de gente esbelta haciendo deporte. Es decir, por una parte, parecían saludables, pero, por otra, tenían chocolate, que se suponía que no lo era. ¿Qué pasaba ahí?

Mi intuición me decía una cosa, pero los mensajes publicitarios decían la contraria, así que no sabía qué pensar.

Con las zanahorias lo tenía más claro. Las comía a montones cuando era niño, sobre todo en verano. Después de pasar la tarde en la piscina, me iba a casa de mi abuela, lavaba tres o cuatro y me bajaba a la calle para comerlas sentado en un muro.

Las vecinas siempre decían lo mismo: «¡Qué bien, con lo buenas que son para la vista!». Y sí, pero no. Las zanahorias tienen carotenoides, que son precursores de vitamina A. Esta es esencial para el buen funcionamiento de la vista, lo que significa que si nuestro organismo no dispone de una cantidad suficiente, podemos sufrir trastornos como pérdida de visión nocturna, xeroftalmia (sequedad ocular) o incluso ceguera. Pero ingerir mucha vitamina A no va a hacer que veamos mejor. A mis gafas me remito. De hecho, si la cantidad es demasiado elevada, puede causarnos efectos adversos, como visión borrosa, dolor de cabeza o daño hepático, como puede ocurrir si tomamos suplementos vitamínicos sin control médico. Con los alimentos es muy difícil que suceda, incluso aunque nos pongamos morados a zanahorias, o mejor dicho, naranjas, que es el tono que adquiere nuestra piel cuando comemos mucha cantidad de este alimento (lo de comer zanahorias para broncear nuestra piel también es un mito). Yo no hacía mucho caso a aquellos comentarios de las vecinas, porque no comía zanahorias por sus «beneficios para la vista», sino porque me encantaban (y me encantan). Pero esas ideas pueden despistarnos a la hora de comer. Recordemos por ejemplo el caso del Actimel que comentamos en el capítulo anterior. El mensaje «ayuda a tus defensas» no significa lo que mucha gente cree. Se puede atribuir a las vitaminas D y B9 porque es cierto que nuestro sistema inmunitario las necesita para funcionar correctamente. Pero no significa que por tener más cantidad de esas vitaminas vaya a funcionar mejor. Y recordemos que están presentes en alimentos corrientes, como huevos o pescado.

Además, si sufrimos un déficit importante de algún nutriente, no vamos a poder solucionarlo consumiendo esos productos. Es decir, si tenemos anemia no lo vamos a arreglar comiendo Bollycaos enriquecidos con hierro. Lo que debemos hacer es acudir a un profesional sanitario, ya sea un médico o un dietista-nutricionista, y seguir sus indicaciones, que en casos como este suelen requerir, entre otras cosas, el tratamiento con suplementos de hierro o de vitamina B12.

El país del ladrillo

Con el proyecto de fin de carrera puse punto y seguido a mis estudios. Estaba decidido a seguir por el camino de la investigación, de modo que me fui a León para continuar estudiando. Otra vez sitio nuevo, gente nueva y vida nueva. Pero aquí ya fue todo mucho más fácil. Ya era más mayor y tenía experiencia. Además, la carrera se centraba de lleno en los alimentos. Y por si fuera poco, conocí un grupo estupendo de compañeros, entre ellos, la que hoy es mi pareja. Así que logré algo mucho más importante que un título universitario.

Mis compañeros estaban emocionadísimos con aquello de que en los bares pusieran pinchos gratis con la bebida. Era algo nuevo para ellos, así que había que salir por allí a menudo. Para mí no era una novedad porque los pinchos eran habituales en Béjar y en Salamanca, pero había que sacrificarse por el grupo, qué se le iba a hacer. Éramos víctimas de nuestro entorno, que condicionaba nuestros hábitos, a pesar de nuestra feroz resistencia. Así que nos pasamos dos años sufriendo, entre croquetas y morcilla matachana.

También pude probar la cecina de León y acabar de una vez por todas con la creencia que tenía de niño, cuando pensaba que se obtenía del león, igual que me imaginaba que el vino de Toro se hacía con sangre de este animal o algo así. Yo qué sé. Era pequeño.

De todos modos, eso también nos puede pasar de mayores. Por eso es importante consultar la etiqueta de los alimentos para conocer su origen, porque «Valencia» es una variedad de naranja, que no tiene por qué proceder de esa ciudad, igual que ocurre con «Padrón», que es una variedad de pimiento, o con muchos otros alimentos que tienen nombres geográficos, como el pimiento italiano, el pepino holandés, las manzanas Fuji o el melón Cantalupo.

Entre clases y pinchos, la carrera llegó a su fin.

Por el momento no me quedó otro remedio que volver a casa de mis padres, cosa que no me hacía mucha gracia después de haber estado tantos años viviendo solo. Todo era incertidumbre y angustia. ¿Encontraría trabajo? ¿Tardaría mucho en hacerlo? ¿Dónde acabaría? ¿Podría volver a reunirme pronto con mi pareja? Lo llevábamos con resignación, hablando por teléfono y por el chat de Messenger, que era lo que había en esa época. Pero nos separaban cuatrocientos kilómetros. Había que encontrar trabajo cuanto antes, así que imprimimos ochocientos mil currículums y los enviamos por tierra, mar y aire. Cuando se podía, a través de internet o incluso en mano. Y cuando no se podía, a través del correo postal.

Se suponía que era un buen momento. La economía crecía como la espuma. Estábamos en plena fiebre del ladrillo. Se notaba especialmente en las ciudades, donde se construían barrios enteros de un día para otro. También en las calles: coches caros, muchos conducidos por chavales de apenas veinte años que trabajaban en la construcción; gente de fuera, que venía a ganarse el pan atraída por la prosperidad del país, y muchos negocios nuevos, sobre todo franquicias de grandes multinacionales, muchas de ropa, pero también de alimentos: hamburgueserías, pizzerías, cervecerías... Eso que llamaban *globalización* era cada vez más patente, también por la mejora en las comunicaciones y los medios de transporte. El mundo parecía cada vez más pequeño.

Al calor de aquel crecimiento de la economía se fundaron también un montón de nuevas empresas alimentarias. El sector iba bien, así que hubo suerte y no me costó demasiado encontrar trabajo. Fue en una empresa enorme de jamones que olía a gloria. Pero antes de eso había solicitado una beca de investigación para hacer el doctorado y finalmente me la concedieron. Había que tomar una decisión de esas que te cambian la vida: ¿continuaba trabajando allí o me metía de lleno en el mundo del laboratorio? Este segundo camino no era fácil porque el futuro de la investigación en España era de color negro oscuro. Pero era lo que llevaba tiempo persiguiendo y había que intentarlo.

Al fin mi pareja y yo pudimos irnos a vivir juntos. Primero a Salamanca y luego a Valladolid. La logística doméstica la teníamos dominadísima porque ya habíamos vivido fuera de casa y porque ya habíamos convivido juntos mientras estudiábamos. Ambos teníamos claro que las cosas de dos se hacen entre dos, además de otras cuestiones fundamentales, como el respeto, la confianza o la generosidad.

También la paciencia, porque mi vida de doctorando fue dura para ambos, sobre todo porque yo hacía más horas que un reloj, entre matraces de laboratorio y viajes en coche hasta Zamora, donde iba cada día. Ahora era yo el que me veía obligado a comer en el comedor de la universidad, como hacían mis antiguos compañeros. De poco servían mis conocimientos y mis habilidades culinarias porque no me quedaban tiempo ni energía para hacer la comida, y mi pareja andaba más o menos igual.

Qué agobio. Tenía que acabar la tesis antes de que se me terminara el contrato porque de lo contrario me tocaría trabajar sin cobrar. Mientras tanto, el futuro era borroso. Muchos investigadores se estaban yendo a otros países porque no les quedaba más remedio. Aquí la economía se centraba en el ladrillo y apenas había sitio para ellos.

La vivienda, como los alimentos, había dejado de ser un bien de primera necesidad y se había convertido en otro producto más con el que comerciar y ganar dinero. Porque además se suponía que era un valor seguro. El precio siempre subía. Nunca bajaba. Eso decían. Hasta que pasó lo que tenía que pasar. En 2008 la burbuja estalló y con ello llegó una importante crisis económica.

Los barrios de las ciudades dejaron de expandirse, los coches caros conducidos por chavales dejaron de pisar las calles, mucha de la gente de fuera regresó a sus países y muchas franquicias echaron el cierre. Los efectos también se notaron en la alimentación. La crisis obligó a muchas personas a pasarse a las marcas blancas, notablemente más baratas que las convencionales.

La revolución de las marcas blancas

Personalmente, las marcas blancas o marcas de distribuidor, que es como realmente se llaman, nunca me habían llamado la atención. Siempre había comprado primeras marcas (llamadas *marcas de fabricante*), las que conocía de toda la vida, porque eran también las que siempre había comprado mi madre.

No éramos los únicos. Las marcas blancas siempre habían pasado sin pena ni gloria para la mayoría de los consumidores. Para muchos, por recelo o desconfianza, dado que las asociaban con productos de «peor calidad». Para otros, por una cuestión clasista: estos productos eran muy básicos y más baratos que el resto, así que los adquirían sobre todo personas que no podían comprar otros de marcas más caras. Por eso había gente que los percibía como productos «para pobres». No olvidemos que las marcas y los precios son también una cuestión de estatus. No tenemos el mismo concepto de unos bombones Ferrero Rocher que de otros de marca blanca.

El diseño de los productos de marca blanca no era casual. Precisamente, era sencillo para que pudiéramos distinguirlos con facilidad del resto y para que los asociáramos con precios bajos. Así podríamos abaratar la cesta de la compra. Fue la intención con la que Eroski los introdujo en España, en 1977, con envases característicos de color blanco, que dieron origen a su nombre.

Poco a poco otras empresas distribuidoras fueron lanzando sus propias marcas. Pero seguían pasando casi desapercibidas para la mayoría de los consumidores. Hasta que entraron en escena dos actores: Mercadona y aquella crisis económica de 2008.

Yo no tenía ni idea de la existencia de esa cadena de supermercados, hasta el año 2000. Me habló de ella por primera vez mi amigo Guillermo, un compañero de la carrera. Siempre le gustaron la cocina y la gastronomía tanto como a mí, y como vivíamos muy cerca, compartíamos muchas horas de cocinillas con buena música de fondo. Un día me dijo que habían abierto un Mercadona, que era un supermercado «que no hacía publicidad» donde había algún producto «muy curioso», como el té de jazmín que compraba él. Hasta entonces ese tipo de productos «curiosos» solo los podíamos encontrar en un hipermercado al que íbamos de vez en cuando. Pero esto parecía algo diferente, así que fuimos de safari.

Efectivamente, parecía diferente. Hasta entonces los supermercados de otras empresas se distinguían en los precios y poco más. Pero este otro supermercado tenía algunas diferencias; por ejemplo, sus pasillos eran más anchos y tenía muchos productos que servían de reclamo, como aquel té de jazmín, una oferta considerable de pan recién horneado y muchas otras cosas «exóticas», como trufas en conserva. Además, corría el rumor de que sus productos de marca blanca eran «de calidad», así que mucha gente comenzó a comprarlos.

¿POR QUÉ EL PAN YA NO DURA TANTO COMO ANTES?

A comienzos de los años 2000 se empezó a extender la venta de pan recién horneado. Todo parecían ventajas: su precio, mucho más barato; su comodidad, porque podemos comprarlo a cualquier hora, casi en cualquier tienda, desde supermercados hasta gasolineras; su aroma embriagador; la textura crujiente... Uno de los problemas es que esas características organolépticas son un espejismo. Estos panes suelen tener sabores planos y esas características que tanto nos atraen cuando los compramos se esfuman en unas pocas horas: la corteza se descascarilla fácilmente y la textura de la pieza se vuelve correosa.

Esto se debe a la forma en la que se elaboran. A diferencia de lo que ocurre con los panes tradicionales, estos se someten a una fermentación corta, se hornean durante unos minutos y luego se congelan. Así se pueden almacenar durante largo tiempo hasta su venta. Luego solo hay que acabar de hornearlos durante unos pocos minutos para tener pan recién hecho.

El problema es que esa forma de elaboración afecta a sus características y a su vida útil, debido sobre todo a la pérdida de agua que ocurre en el proceso y a las transformaciones que se producen en el almidón de la harina durante la congelación. Concretamente, sufre retrogradación, lo que significa que su estructura cambia. Es algo parecido a lo que ocurre cuando congelamos el pan en casa. Al momento de descongelarlo está crujiente y apetecible, pero poco después se endurece y se desmorona.

Por su parte, el pan tradicional se deja fermentar más tiempo y se hornea una sola vez. Por eso tiene matices de aroma y sabor más complejos, su textura es mejor y su vida útil, más larga.

La explosión de las marcas blancas llegó en aquella crisis de 2008. Las ventas de este tipo de productos aumentaron notablemente, empujadas por las dificultades económicas. Se notaba en especial en esta cadena de supermercados por la buena fama de su marca, lo que fue un toque de atención para otras empresas distribuidoras, que dedicaron más atención a sus respectivas marcas. Además, Mercadona tomó una decisión sorprendente: sustituir en su catálogo numerosos productos de primeras marcas por sus equivalentes de marca blanca. Aquello causó todo un terremoto en el sector de la alimentación.

La producción y venta de productos de marca blanca plantea una situación compleja para los productores. En comparación con su primera marca, el rendimiento económico de una marca blanca es menor y además supone una competencia directa, así que no parece buena idea. Si lo hacen es sobre todo porque representa una fuente de ingresos más o menos estable y porque muchos distribuidores lo ponen como condición para colocar las primeras marcas en sus tiendas. Pero con esa acción de Mercadona, muchos productores tenían poco que ganar.

La cuestión es que aquellos acontecimientos contribuyeron a normalizar el consumo de marcas blancas y a mejorar su imagen. Tanto es así que a finales de 2022 la venta de productos de marca blanca representaba el 49,5 % de la cesta de la compra, acercándose así a los de primeras marcas (50,5 %).

¿Los productos de marca blanca son «de calidad»?

En general, las características de estos productos han mejorado mucho en los últimos años, su catálogo ha aumentado muchísimo y sus diseños se han hecho un poco más sofisticados. Podemos fijarnos, sin ir más lejos, en la oferta de Eroski, que tiene al menos tres líneas de productos de marca blanca: una básica, otra «normal» y otra *gourmet*.

De todos modos, en la mayoría de los casos estos productos siguen siendo más sencillos que los de «primeras marcas» o marcas de fabricante, precisamente para que sigamos identificándolos y asociándolos con un precio más bajo.

Pero el cambio más drástico es, sin duda, la gran aceptación que han experimentado en las últimas dos décadas. Durante este tiempo se han superado muchos de los prejuicios que había hacia las marcas blancas y se han popularizado enormemente. También yo compro algunas de manera habitual. Aunque todavía hay quien se resiste porque sigue pensando que son de peor calidad que las primeras marcas.

Hay que aclarar que la calidad de un producto no se refiere únicamente a que sus características sean «mejores» o «peores», sino también a que este sea capaz de satisfacer nuestras expectativas. Es decir, cuando compramos un sobre de jamón curado por dos euros, no esperamos recibir lo mismo que cuando compramos otro de diez euros. Probablemente, el primero sea un jamón poco curado de cerdo blanco y el segundo, un jamón curado de cerdo ibérico de bellota, mucho más apreciado. Pero si ambos cumplen lo que esperamos de ellos por el precio que pagamos, podemos decir que tienen la misma calidad en ese sentido.

También conviene tener en cuenta que las empresas distribuidoras no se dedican a fabricar, sino que encargan sus productos a industrias alimentarias, para que los elaboren cumpliendo una serie de requisitos. Algunas de estas industrias fabrican en exclusiva para distribuidores, pero no es lo habitual. Por lo general, las marcas blancas están fabricadas por empresas que también tienen marca propia. Por ejemplo, hay fábricas que producen un queso con su propia marca y otro con una marca blanca para un distribuidor. En muchos casos ambos son exactamente iguales o muy parecidos, de modo que solo cambia el envase. Además, están sujetos a un doble control: el del fabricante y el del distribuidor. Si tenemos curiosidad, podemos conocer qué empresa fabrica cada producto de marca blanca leyendo la etiqueta o consultando en internet el número de registro sanitario (RGSEAA).

Por otra parte, también hay empresas que se niegan expresamente a fabricar para distribuidores. De hecho, algunas lo declaran en su publicidad porque consideran que eso aporta un valor añadido a sus productos, atribuyéndoles exclusividad.

A menudo tomamos el nombre de una marca o de una empresa como un aval de garantía. En cierto modo, puede orientarnos, pero conviene centrarse en las características del producto y no dejarse llevar solamente por la marca o el precio. Hagamos caso de aquella famosa frase de Quevedo, el escritor, no el cantante, que decía: «Solo el necio confunde valor y precio».

Gominolas de petróleo, el blog

A mí por aquel entonces, en torno al año 2008-2009, todas estas cosas me importaban más bien poco porque no me fijaba en las marcas blancas y porque lo único que quería era acabar el doctorado cuanto antes. Ya había terminado el trabajo en el laboratorio, que por cierto se centraba en investigar la composición y las características del queso zamorano, pero todavía tenía que escribir la tesis y ya se me había acabado el contrato. Así que iba contrarreloj, entre otras cosas porque andaba escaso de dinero. Menos mal que mi pareja seguía ahí, apoyándome. Qué paciencia.

Fue un año entero encerrado en casa, sentado frente al ordenador. Mucho sedentarismo y mucho estrés. Podría haber intentado aliviar un poco ambos problemas saliendo a correr media hora por el barrio. Pero con el agobio que tenía, me parecía que eso suponía restarle media hora al trabajo. No era capaz de pensar con lucidez. Además, notaba que ese estrés me empujaba a comer más cantidad y con más frecuencia de lo que era normal para mí. Nada preocupante porque no era una cosa exagerada, pero era la primera vez que experimentaba en primera persona el efecto que puede tener ese tipo de emociones sobre nuestro comportamiento a la hora de comer.

¿QUÉ ES EL HAMBRE EMOCIONAL?

El dietista-nutricionista Juan Revenga advierte con fina ironía que: «El ser humano es el único animal al que hay que decirle lo que tiene que comer». En principio, las recomendaciones dietéticas para personas sanas, en circunstancias normales, son sencillas: comer cuando se tiene hambre y beber cuando se tiene sed. Agua y alimentos saludables y variados. Es decir, sería tan sencillo como guiarnos por los mecanismos de la sed y el apetito. Eso es lo que se conoce como hambre física, que se activa para cubrir nuestras necesidades fisiológicas, de nutrientes y energía, y que se calma cuando comemos y sentimos una sensación de saciedad.

Pero decía Mark Twain, también con ironía, que: «El hombre es el único animal que come sin tener hambre, bebe sin tener sed y habla sin tener nada que decir». Efectivamente, no siempre comemos por hambre física, para obtener nutrientes, sino que lo hacemos por cuestiones emocionales, como cuando tomamos un trozo de pastel en un cumpleaños. Eso no tiene por qué ser negativo. Al contrario. El problema puede presentarse cuando utilizamos la comida como un medio para tratar de gestionar las emociones; por ejemplo, ante situaciones de estrés, ansiedad, tristeza, soledad, etcétera, como sucede en tantas películas americanas, cuando la tristeza tras una ruptura sentimental trata de combatirse a golpe de helado.

A diferencia de lo que ocurre con el hambre física, el hambre emocional aparece de repente, es impulsiva y generalmente nos lleva a comer alimentos insanos con sabores intensos. Además, no se calma con la sensación de saciedad y después del atracón suele presentarse una sensación de culpa.

Si el problema no es grave, podemos tratar de evitarlo gestionándolo de otro modo. Por ejemplo, si comemos por aburrimiento, podemos sustituir el picoteo insano por opciones saludables, como la fruta, o sustituir la comida por unos minutos de ejercicio.

Pero si la situación se agrava, puede tener consecuencias negativas para la salud, desde el punto de vista físico y psicológico. Por eso es importante conocer el problema, para poder identificarlo y, en caso necesario, acudir a un profesional sanitario para que nos ayude a manejar esas emociones.

Al final todo llega a su fin y aquel doctorado interminable no fue una excepción. Sonrisa de oreja a oreja y lagrimones como pedruscos. Qué alegría y qué satisfacción terminar la tesis después de cinco años de trabajar más horas que un reloj.

En todo ese tiempo también tuve la ocasión de participar en otros proyectos de investigación y de dar clases en la universidad. Y precisamente a eso me estuve dedicando también cuando acabé el doctorado. Me encantaba la idea de poder seguir por ese camino, pero la cosa estaba complicada. Además, surgió la ocasión de irnos a vivir donde siempre habíamos querido ir. Asturias, patria querida, la tierra de mi pareja. Y allá fuimos.

Qué maravilla. Monte, playa, verde, buena comida y buena gente. Todo lo que me gusta. ¿Falta luz? Sí. ¿Llueve mucho? También. Al principio se me hizo un poco cuesta arriba. Pero hace tiempo que lo superé, creo. Ahora mi único problema es que no sé muy bien de dónde soy. Ya casi llevo más años en Asturias que en la tierra que me vio nacer.

Cuando llegué aquí mi principal problema era que no tenía trabajo. El futuro en la investigación seguía de color negro oscuro y las únicas salidas eran por tierra, mar o aire. Muy frustrante. Quizá había llegado el momento de tomar otro rumbo y dejar de lado la investigación y la docencia. O no. La cuestión es que, mientras encontraba trabajo, me decidí a escribir un blog. De ese modo me mantendría activo y podría seguir aprendiendo y compartiendo conocimientos. También tenía otro objetivo claro: desmontar mitos sobre alimentación. Cada vez escuchaba más barbaridades a mi alrededor, porque cada vez se transmitían de forma más eficiente, y eso me preocupaba porque muchas de ellas podían poner en riesgo la salud o el bolsillo. Me sentía en deuda con la sociedad y en la obligación moral de utilizar mis conocimientos para combatir toda aquella morralla y evitar que engañaran a la gente.

Hasta unos años antes la cosa era un poco diferente porque lo que abundaba era la información errónea basada en mitos, dogmas y creencias populares. Pero generalmente no era malintencionada, al menos en apariencia, y resultaba casi hasta ingenua e inocente. Por ejemplo, en los ochenta había tres ejemplos muy representativos que muchas madres decían a sus hijos: «Bébete el zumo, que se le van las vitaminas», «No te tragues el chicle, que se te pega a las tripas» y «No comas gominolas, que están hechas de petróleo». De ahí que decidiera bautizar el blog con el nombre de *Gominolas de petróleo*.

«Bébete el zumo, que se le van las vitaminas»

El primer mito, el del zumo y las vitaminas, me lo repetía mi madre continuamente cuando era pequeño. Era incluso más precisa porque lo que decía era «bébete el zumo, que se oxida». Además, también había que cumplir otras dos normas para evitarlo: no introducir una cucharilla y no removerlo.

Así pues, en invierno, cuando se acercaba la hora de comer y se oía el ruido de aquel mítico exprimidor Braun Citromatic, ya sabía que había que prepararse para ir corriendo hasta la cocina a beberse el zumo. En cuanto estaba listo, para dentro.

La verdad es que siempre pensé que este mito era cierto porque todo tenía sentido. La naranja contiene vitamina C, también conocida como ácido ascórbico, que se oxida al exponerse al aire, debido a la acción del oxígeno. Es decir, cuando removemos el zumo aumentamos esa exposición. Además, algunos metales, como el cobre o el hierro, también favorecen la oxidación. De ahí lo de no utilizar una cucharilla, dado que se fabrica con acero inoxidable, que contiene hierro. Todo cuadraba.

Lo que ocurre es que la vitamina C es mucho más estable a la oxidación de lo que mi madre pensaba y, por tanto, no hacía falta tomar todas esas precauciones ni beberse el zumo como si fuera una bomba a punto de explotar. De hecho, si hubiera esperado doce horas, la vitamina C habría seguido prácticamente intacta. Aunque es probable que el sabor del zumo hubiera sido peor: menos fresco, más amargo y como a cartón. Esto se debe sobre todo a las reacciones químicas que se producen a lo largo del tiempo entre sus componentes, de modo que se transforman o se pierden parte de los compuestos volátiles responsables del aroma y del sabor, especialmente si no lo refrigeramos ni lo protegemos de la luz.

«No te tragues el chicle, que se te pega a las tripas»

Este era otro de los consejos que muchas madres, como la mía, daban a sus hijos. La verdad es que nunca me lo acabé de creer. El mayor problema que tuve con los chicles es que alguno se me quedó pegado al pelo, aunque afortunadamente eso ya no es un problema para mí.

Supongo que aquellos chicles también contribuyeron a las numerosas caries que sufrí de pequeño, porque por aquel entonces todos contenían azúcar: Boomer, Tico Tico, Cheiw, Bang Bang, Bubbaloo...

Hoy en día la mayoría se endulzan con edulcorantes, que no provocan caries. Pero el resto de su composición sigue siendo parecida: aromas y colorantes que se añaden, junto a esos edulcorantes, sobre una goma base, que sirve como soporte para esos ingredientes y que es la responsable de su elasticidad.

La composición de esa goma base es diferente para cada marca y un secreto guardado como oro en paño por cada empresa. Pero básicamente se trata de gomas que pueden ser de origen natural o sintético, y que están recogidas en la legislación, entre las que se encuentran algunas parecidas al látex o polímeros como el acetato de polivinilo.

Nuestro organismo no es capaz de metabolizar esas gomas, así que, en caso de tragarnos un chicle, sale de nuestro cuerpo igual que entró.

Ahora bien, si tragamos una cantidad considerable de chicles en un corto espacio de tiempo, se pueden acumular en nuestro tracto intestinal, formando una masa sólida llamada *bezoar*. Ello puede acabar produciendo una obstrucción intestinal, una emergencia médica que debe tratarse inmediatamente por los riesgos que conlleva, como perforación intestinal o necrosis, en casos graves.

No solo ocurre con chicles, puede pasar también si ingerimos gran cantidad de sustancias que nuestro organismo no es capaz de digerir. Por ejemplo, entre los bezoares más comunes se encuentra el tricobezoar, que se forma en personas que ingieren pelo de forma patológica, o el fitobezoar, que se puede formar cuando consumimos una gran cantidad de celulosa, como puede suceder si comemos una cantidad desmesurada de caquis.

«Las gominolas están hechas de petróleo»

No recuerdo que nadie de mi entorno cercano me advirtiera sobre la supuesta peligrosidad de las gominolas por su presunto contenido en petróleo. Pero cuando era pequeño sí que se decía mucho.

Supongo que mucha gente se lo creía por el aspecto y la textura gomosa de estas chucherías. No hay más que ver los regalices negros, que parecen trozos de neumático. Pero esa textura no se debe al petróleo, que no se encuentra entre los ingredientes. Algunos de estos productos se elaboran a base de pectina, que se obtiene a partir de frutas como cítricos o manzanas, o bien a base de agar-agar, que se obtiene a partir de algas. Aunque en la mayoría de los casos el ingrediente principal es la gelatina.

Se trata de una sustancia formada por colágeno, una proteína que se encuentra en el tejido conjuntivo de los animales, sobre todo en la piel, los tendones, los cartílagos y los huesos. Por eso son las materias primas que se utilizan para su obtención, principalmente procedentes de vaca o cerdo.

Este compuesto tiene la capacidad de formar geles, es decir, estructuras con textura gelatinosa. Lo que ocurre es que, con el calor, las proteínas se desdoblan y forman una red tridimensional que atrapa el agua, como si fuera una esponja. Podemos apreciarlo fácilmente cuando cocinamos algunos guisos con esas materias primas y los dejamos enfriar, como callos o manitas de cerdo, por poner algunos ejemplos.

La gelatina es también el ingrediente principal de esos postres de colores que se venden en envases parecidos a los de los yogures, junto con otros como azúcar, aromas y colorantes. Es decir, vienen a ser gominolas gigantes. Por eso siempre me sorprendió que tuvieran fama de saludables. De hecho, mucha gente las compra pensando que son buenísimas por su contenido en proteínas. Pero lo cierto es que no. Además de contener azúcar, el colágeno no destaca por su valor nutricional.

Cuando el río suena, agua lleva..., pero muy poquita

En resumidas cuentas, de estos tres mitos, el único que me llegué a creer fue el del zumo. Como hemos visto, todos son falsos, pero lo curioso es que todos tienen algún pequeño matiz que sí es cierto.

Sucede lo mismo con muchos otros mitos. A menudo se construyen a partir de un detalle insignificante que se exagera o tergiversa hasta acabar formando el mensaje final. Es decir, muchos mezclan falsedades con verdades a medias. Por eso a veces son tan creíbles.

Por ejemplo, el zumo sí se oxida, pero eso requiere mucho más tiempo del que dice el mito. Los chicles no se pegan a las tripas, pero pueden provocar una obstrucción intestinal si tragamos muchos. También lo de las gominolas puede tener una parte cierta, si consideramos que algunos aditivos que se pueden utilizar en su elaboración se obtienen a partir de compuestos derivados del petróleo, como los colorantes azoicos, entre los que se encuentran algunos como la tartrazina y el rojo allura AC.

DE LAS NARANJAS CON SIDA A LAS FRESAS CON ALFILERES

Parece mentira, pero hasta los bulos más delirantes pueden llegar a tener algo de cierto. Uno de los más disparatados advertía sobre el consumo de naranjas porque supuestamente alguien se había dedicado a inyectarles «sangre con sida». Este bulo se popularizó en los ochenta, cuando la enfermedad causaba miedo y preocupación, y se volvió a difundir en la época de Facebook. Pero no había evidencias de que hubiera ocurrido y además el virus del sida no se puede transmitir por esa vía.

Este bulo estaba inspirado en un suceso ocurrido en 1978,

cuando varios niños holandeses tuvieron que ser hospitalizados tras comer unas naranjas a las que se les había inyectado mercurio. Se trataba de naranjas procedentes de Israel y la obra fue reivindicada por un grupo árabe que pretendía boicotear la economía de este país.

Fue uno de los primeros actos de terrorismo a través de los alimentos. En 1984 hubo otro caso más sonado, cuando 751 personas enfermaron de salmonelosis en Oregón (Estados Unidos) tras comer ensaladas contaminadas deliberadamente por un grupo de seguidores de Osho, un líder espiritual. La intención era incapacitarlas para que no pudieran votar en las elecciones de Wasco y que ganaran sus propios candidatos.

Después de los atentados de las Torres Gemelas, ocurridos el 11 de septiembre de 2001, aumentó el temor de que se produjeran ataques terroristas a través de los alimentos y comenzó a hablarse de la defensa alimentaria o *food defense*, que consiste en la protección de los productos alimenticios contra la adulteración intencionada por agentes biológicos, químicos, físicos o radiactivos. Estos actos son poco frecuentes y además pueden tener otras motivaciones que no están relacionadas con el terrorismo, como la de causar un daño económico a una empresa.

Es, por ejemplo, lo que ocurrió en Australia en 2018. A lo largo de varias semanas se denunciaron casi 190 casos de fresas contaminadas con alfileres, lo que desató el pánico. Finalmente, la policía detuvo a la responsable, una mujer que pretendía vengarse de la empresa de fresas para la que había trabajado.

Para tratar de evitar estas adulteraciones deliberadas, las empresas aplican medidas de prevención, como restringir el acceso de personal a zonas sensibles, verificar su identidad, precintar camiones durante el transporte o instalar sistemas de vigilancia, por poner algunos ejemplos.

Esto de que algunas de las sustancias que se utilizan en alimentación se obtengan a partir de derivados del petróleo suele dar miedo a mucha gente. Normal, porque entendemos que esa materia prima es tóxica, contaminante y peligrosa. Muchos tenemos en la memoria las imágenes de catástrofes como la del *Prestige*, un petrolero que se hundió en 2002 y tiñó de negro las costas de Galicia.

Pero eso no significa que los alimentos tengan petróleo ni que los ingredientes que se obtienen a partir de él sean peligrosos. Quizá podamos entenderlo mejor con un ejemplo. No es exactamente lo mismo, pero podemos hacer una analogía con las uvas y el vinagre. Este último se obtiene a partir de las primeras, pero su composición y sus características no tienen nada que ver porque durante el proceso se producen infinidad de transformaciones. Primero se obtiene mosto a partir de las uvas, luego se somete a una fermentación alcohólica y a otra maloláctica para obtener vino, y por último este pasa por una fermentación acética para obtener el vinagre. Todo el mundo entiende que tomar vinagre no tiene nada que ver con comer uvas. El caso de los ingredientes obtenidos a partir de derivados del petróleo es un poco parecido.

Además, es importante tener siempre presente que lo que determina las propiedades de una sustancia no es la fuente de la que se obtiene, sino su composición y su estructura químicas. Es un poco como si compráramos dos bicicletas iguales en dos tiendas diferentes. Aunque procedan de lugares distintos, pueden tener exactamente las mismas características, si son de la misma marca y del mismo modelo. Por eso no tenía mucho sentido aquello que se decía en algunos anuncios de leche enriquecida con calcio «procedente de la leche» porque el calcio (Ca^{2+}) es calcio, venga de donde venga (otra cosa es la forma química en la que se encuentre; por ejemplo, el citrato de calcio se absorbe mejor que el carbonato de calcio).

Podemos encontrar otro ejemplo en el aroma a vainilla. Se puede obtener a partir de la vaina procedente de la planta a la que debe su nombre, *Vanilla planifolia*. Pero es una materia prima muy cara, de modo que el principal compuesto responsable de ese aroma, la vainillina, se obtiene normalmente a partir de otras fuentes más baratas. Una es la lignina, procedente de la madera, y la otra es el guayacol, que se obtiene del petróleo. Tanto si procede de la primera como si se obtiene de la segunda, el compuesto es idéntico, con la misma composición, la misma estructura y las mismas características.

Esto significa que, a pesar de lo que mucha gente cree, el aroma a vainilla no se obtiene a partir del ano de castor. Este es un rumor muy extendido por razones obvias. Es de esas cosas que causan una mezcla de sorpresa, gracia y repelús, pero no es exactamente como se cuenta.

Por sorprendente que pueda parecer, es cierto que el castor posee unas glándulas en la parte posterior de su cuerpo y en el ano, en las que se produce una sustancia aromática llamada *castóreo* que se empleaba en la industria cosmética y alimentaria para potenciar aromas afrutados, pero en la actualidad prácticamente no se utiliza.

No es el único animal que hace algo similar. Por ejemplo, el ciervo almizclero posee una glándula en su abdomen que produce almizcle, que se utilizaba en la elaboración de perfumes, aunque hace tiempo que se sustituyó por almizcle sintético. Es a lo que olía el perfume Musk (*almizcle*, en inglés) de Margaret Astor. Lo usaba mi madre en los noventa y menos mal que se pasó de moda porque no me gustaba nada. ¡Uf! Qué cargante era.

De los bulos en papel a los bulos digitales

Los aditivos alimentarios son protagonistas habituales de muchos de los mitos que me impulsaron a escribir el blog. El ejemplo más clásico es el de aquella famosa lista de aditivos supuestamente peligrosos que mucha gente tenía pegada en la puerta del frigorífico.

La vi por primera vez en casa de un amigo del colegio con el que quedaba para hacer los deberes y jugar al Hero Quest, un mítico juego de mesa. Se suponía que aquella cuartilla cutre, fotocopiada hasta la saciedad, estaba avalada por un hospital (el de Villejuif o el de Majadahonda, según cada versión). En ella se advertía de los supuestos peligros de algunas de esas sustancias, como el «cancerígeno» E 330, y se indicaban los alimentos donde se podían encontrar, como los quesitos La vaca que ríe o el refresco Schweppes de limón.

Por aquel entonces yo no tenía ni idea de alimentación, pero aquello no me acababa de convencer. Y, efectivamente, años más tarde me enteré de que era una patraña. El E 330 no era otra cosa que ácido cítrico, como el que podemos encontrar en un limón, y no tiene nada de peligroso. Al parecer, aquel panfleto había sido ideado por unos trabajadores descontentos para hacer boicot a la empresa de refrescos que se mencionaba en él, situada cerca de Villejuif, una ciudad francesa. Esto confirma que no todos los mitos son tan ingenuos ni tan inocentes como los que comentamos anteriormente. De hecho, abunda lo contrario.

Afortunadamente, en esa época, principios de los noventa, los mitos tenían las patas muy cortas. Solo se transmitían de boca en boca o, como mucho, a través de panfletos, como el del ejemplo que acabamos de ver.

Diez años después, la cosa comenzó a cambiar. Poco a

poco internet fue entrando en escena y eso modificó por completo las reglas del juego. Los panfletos cutres de papel se convirtieron en presentaciones cutres en PowerPoint que llegaban a través del correo electrónico. Qué tortura. Además de soportar las trolas, había que aguantar aquellos diseños que hacían daño a la vista. Luego llegaron los artículos chapuceros en blogs indocumentados o en publicaciones de Facebook.

Pero la verdadera revolución tuvo lugar en torno a 2011, cuando se popularizaron los teléfonos inteligentes y, poco a poco, muchas más redes sociales: Twitter, Instagram, YouTube, TikTok, WhatsApp, Telegram... A partir de ese momento el asunto se desmadró por completo.

Tampoco hay que olvidar las aplicaciones para teléfonos móviles que mucha gente consulta para hacer la compra o conocer las características de un alimento. La mayoría dejan mucho que desear porque se basan en criterios sin fundamento. Así que vienen a ser como aquella lista de papel, con la diferencia de que ahora es mucho más extensa y ya no la vemos solo en la puerta del frigorífico, sino que la llevamos a todas partes en nuestro bolsillo.

Al final, lo que prometía ser la era de la información se convirtió en cierto modo en la era de la desinformación.

Internet es una herramienta fascinante que pone a nuestro alcance una cantidad ingente de información que nunca antes habíamos podido siquiera imaginar. Pero es un arma de doble filo, porque su gran ventaja, la comunicación instantánea entre millones de personas, es también su gran inconveniente en lo que respecta a la facilidad para difundir bulos. Si a ello le sumamos la falta de conocimientos y de pensamiento crítico, el resultado es que hay personas que se tragan cualquier cosa de forma acrítica por el simple hecho de haberlo visto en internet, como si eso fuera garantía de veracidad.

Pero no es así, claro. Hoy cualquiera puede inventarse una barbaridad sobre los alimentos o la alimentación, hacer que sea medianamente creíble y difundirla a los cuatro vientos a través de las innumerables herramientas que ofrece internet. Por ejemplo, alguien podría sacarse de la manga que comer huevos «es peligroso» porque contienen ergocalciferol, un compuesto que «puede dañar los riñones y causar hipertensión».

Si recibimos una información como esa, es relativamente fácil que nos la creamos. Primero, por una cuestión emocional, ya que la alimentación y la salud son dos de los temas que más nos preocupan. En segundo lugar, por desconocimiento. Para saber si esa información es cierta o no, se requiere un conocimiento experto que la mayoría de la gente no tiene, como es lógico. A todos nos pasa en temas que no conocemos. Así que para decidir si una información es fiable, si es que nos lo llegamos a plantear, nos guiamos por otros criterios, como el aspecto del mensaje o la fuente de la que procede; por ejemplo, la confianza que hayamos depositado en el *influencer* que la haya emitido o el número de seguidores que tenga.

Podemos intentar contrastar la información consultando internet, pero a veces para hacerlo necesitamos también un conocimiento experto, que nos permita saber de qué nos podemos fiar e interpretar la información. Por ejemplo, quizá no sepamos que el ergocalciferol es en realidad vitamina D y que esos daños sobre la salud que comentamos antes solo se producen ante una situación de hipervitaminosis, es decir, cuando ingerimos el compuesto en cantidades desmesuradas, como puede ocurrir si tomamos suplementos vitamínicos sin control médico.

Al final, emitir un bulo hoy en día es como prender fuego en un monte seco, con mucho viento y temperatura alta. Apagarlo ya es más difícil porque requiere mucho más tiempo y más esfuerzo, entre otras cosas porque hay muchos focos, algunos muy grandes.

La dieta definitiva... para quien se hizo rico con ella

Hacia 2011, que fue cuando comencé a escribir el blog, las conversaciones sobre los alimentos y la alimentación giraban en torno a dos cosas: la dieta Dukan y «lo natural». También ocurría a mi alrededor, y eso me generó algún pequeño disgusto en las discusiones con algunos amigos.

En esas fechas la dieta Dukan estaba por todas partes: en los medios de comunicación, donde se hablaba de ella a todas horas; en las librerías, donde los libros de esa temática eran un éxito rotundo de ventas, e incluso en los supermercados convencionales, donde se vendían productos con esa marca.

Por eso había mucha gente que se encontraba en la misma situación que una de mis amigas. Estaba preocupada por su peso, así que se había leído todos aquellos libros, compraba esos productos y se relacionaba con grupos de personas que también seguían esa dieta. Hablaba a todas horas de las supuestas bondades, de lo mucho que se adelgazaba con ella y de lo revolucionario que era aquel método; es decir, se cerraba en banda a escuchar cualquier mínima crítica hacia esa dieta y hacia su ideólogo, Pierre Dukan, un médico francés.

Lo cierto es que no dejaba de ser otra dieta milagro más. Recordaba mucho a la dieta Atkins de años atrás, porque también se basaba en la reducción de hidratos de carbono y el consumo de altas proporciones de proteínas. Es decir, era otra dieta cetogénica, pero en este caso aún más rocambolesca, con una serie de fases y una colección de alimentos prohibidos que complicaban el seguimiento, y con un repertorio de afirmaciones y promesas que atentaban contra la ética, el sentido común y la legislación vigente. Lo típico de estas dietas: adelgace rápido, fácil y para siempre.

A pesar de las intensas críticas de muchos profesionales sanitarios, que advertían sobre los posibles riesgos y sobre su más que dudosa efectividad a largo plazo, millones de personas siguieron aquella dieta a lo largo y ancho del mundo. Pero el tiempo puso las cosas en su sitio y pasó lo que siempre pasa con las dietas milagro. Poco a poco todas aquellas personas que habían seguido fervorosamente la dieta Dukan, entre ellas mi amiga, la fueron abandonando, algo lógico dado que no era sostenible en el tiempo. Y poco a poco volvieron a retomar los hábitos que las habían llevado a su situación inicial. También lógico, dado que una dieta milagro no es útil ni efectiva para conseguir lo verdaderamente importante: aprender a alimentarse de forma saludable y adquirir buenos hábitos que podamos mantener de por vida.

Tres años después, en 2014, el colegio de médicos de Francia expulsó a Dukan por hacer promoción comercial de su método desde su posición de médico. Pero supongo que poco le importó. A esas alturas ya estaba jubilado y era multimillonario, gracias a aquel método.

La vuelta a «lo natural»

El otro tema que hacía furor por aquellas fechas era el de los alimentos «naturales». Supongo que era una consecuencia directa de la reciente crisis de 2008, que no fue solo económica. También fue una crisis de confianza, sobre todo hacia las instituciones. Recordemos que aquel 2011 fue el año del 15M, en el que las calles se llenaron de protestas contra la corrupción y en defensa de la democracia. La desconfianza también se extendió hacia lo que se considera institucionalizado, como la ciencia y la industria alimentaria, que ya habían salido malparadas de las crisis alimentarias de las últimas décadas.

Los recelos hacia los alimentos no se debían solo a los aditivos, empleados principalmente en los alimentos procesados. También se desconfiaba de los alimentos frescos: de la carne, por su supuesto contenido en hormonas y antibióticos; de las frutas y las verduras, por ser presuntamente transgénicas y contener pesticidas; del pescado, por el contenido de metales pesados...

Las visitas al supermercado parecían confirmar esas sospechas porque algunos alimentos frescos estaban tan estandarizados que parecían de mentira. Se notaba especialmente en las frutas, con formas y tamaños uniformes y homogéneos, todas megaperfectas y algunas incluso envasadas en bandejas; pero también en otros alimentos, como la carne o el pescado.

Con ese panorama no me extraña que surgieran con fuerza «lo natural» y otros conceptos asociados a esa idea, como los productos ecológicos. Estos últimos no eran nuevos. La primera legislación a nivel europeo databa de 1991. Pero en 2008 se aprobó una normativa mucho más completa que además permitía identificar esos productos con una indicación en la etiqueta: una hoja formada por estrellas, sobre un rectángulo de color verde.

Parecía que lo que se planteaba era romper con todo y volver a «los orígenes». En la cabeza de muchas personas la idea era: «La comida está envenenada y no nos podemos fiar de quienes la producen ni de quienes la controlan, como la industria, la ciencia y los políticos, así que la salvación se encuentra en los alimentos naturales y ecológicos». Como si estos llegaran caídos del cielo.

LOS ADITIVOS DEL HUEVO

La fiebre por «lo natural» y el miedo infundado a «la química» y «lo artificial» ha llevado a muchas empresas a desarrollar productos con «etiqueta limpia» o *clean label*, es decir, con formulaciones donde se tratan de evitar los ingredientes con nombres «sospechosos» o que suenen «a química» y «poco naturales», como los aditivos y sus códigos E.

Esto no siempre es fácil, porque esas sustancias cumplen una función que a veces es difícilmente reemplazable. Por eso, en ocasiones se opta por utilizar otros ingredientes con mejor imagen, pero que cumplan la misma función; por ejemplo, en lugar de añadir betanina, un pigmento extraído de la remolacha que se utiliza como colorante (E 162), se añade directamente el jugo de remolacha, o en lugar de añadir ácido ascórbico como el del limón, que se emplea como antioxidante (E 300), se utiliza jugo de limón. En estos casos no se podría declarar que los alimentos no contienen aditivos porque esos ingredientes se comportan como tales, dado que cumplen un papel meramente tecnológico.

Ese miedo a la química no tiene sentido porque todo lo que nos rodea es química y porque las características de una sustancia no dependen de su nombre ni de su origen, sino de su composición y de su estructura, como ya hemos señalado anteriormente.

Sin ir más lejos, en un huevo podemos encontrar al menos nueve sustancias que forman parte de su composición de manera natural y que se utilizan como aditivos en otros alimentos: riboflavina (E 101), carotenos (E 160a), luteína (E 161b), carbonato de calcio (E 170), extracto rico en tocoferoles (E 306), lecitina (E 322), ácido glutámico (E 620), L-cisteína (E 920) y lisozima (E 1105).

Para mi sorpresa, muchas empresas alimentarias se subieron al carro. Algo lógico, por otra parte, porque su objetivo último es ganar dinero, no educar a los consumidores. Pero aquello era como tirar piedras sobre su propio tejado. Sus mensajes «natural», «casero», «artesanal», «tradicional», «sin aditivos», «sin transgénicos», «sin antibióticos» no hacían más que reforzar aquellas ideas infundadas y evocar el recuerdo de un pasado que nunca existió, cuando se supone que los alimentos eran seguros, nutritivos, sabrosos y hasta estaban hechos por abuelas entrañables con delantales de cuadros y producidos por simpáticos granjeros con peto vaquero y sombrero de paja. Aquella mercadotecnia emocional que ya habíamos comenzado a ver en los noventa era ya la tónica habitual en muchas campañas publicitarias.

Y, claro, a ver cómo bajabas de las nubes a quienes se habían instalado en ese mundo bucólico. Si piensas que los alimentos «naturales» o «ecológicos» son más sostenibles, más seguros, más saludables y más sabrosos, y viene alguien a criticarlos (no sé, por ejemplo, yo), es probable que pienses que los ataca porque no le importan la salud ni el medioambiente o que incluso está comprado por vete a saber quién.

Sería estupendo que todo eso fuera cierto. Pero el concepto «natural» no tiene ningún sentido y la etiqueta «ecológico» no significa lo que la mayoría de la gente piensa. No me voy a parar en ello porque ya lo conté en detalle en el libro *Que no te líen con la comida*. Baste decir que el uranio, el petróleo y el veneno de serpiente son naturales, lo cual no los hace seguros, precisamente. Igual que aquella leche cruda que provocaba tantos casos de brucelosis en los años ochenta. También podemos hablar de los kiwis envasados en plástico y procedentes de Nueva Zelanda con sello «ecológico», lo cual no los hace sostenibles. Tampoco son necesariamente más sabrosos, más saludables ni más seguros que los convencionales.

Precisamente, por aquellas fechas se produjo otra crisis alimentaria que puso esto último en evidencia: la mal llamada *crisis del pepino*. Fue un brote causado por la bacteria *Escherichia coli* que se registró en Alemania en 2011 y que causó síndrome urémico hemolítico a más de tres mil personas, de las cuales 53 fallecieron (se trata de una enfermedad grave que afecta a los riñones y a los glóbulos rojos). En un principio la responsable de Salud de Hamburgo atribuyó la causa al consumo de pepinos contaminados procedentes de España. Pero luego se comprobó que en realidad había sido causado por brotes de semillas de producción ecológica.

Yo no me podía creer que otra vez se produjera una crisis alimentaria y que otra vez se gestionara de forma tan chapucera, especialmente en el tema de la comunicación. Eso retrasó el control del brote y causó importantes pérdidas económicas a la agricultura española. De hecho, unos años más tarde, un tribunal alemán condenó a la Administración de Hamburgo a indemnizar a las empresas españolas afectadas.

Esto no significa que no podamos fiarnos de los alimentos con sello «ecológico» y tampoco quiere decir que sean más peligrosos que los convencionales. Ambos tienen que cumplir la legislación en materia de seguridad alimentaria, cuyos criterios no hacen distinción según la forma en que se haya producido el alimento.

El abismo entre las ciudades y la naturaleza

Curiosamente, el interés por los productos «naturales» y «ecológicos», que todavía perdura actualmente, se ha despertado en el momento en que más alejados nos encontramos de la naturaleza. Puede resultar paradójico, pero no es casual, sino precisamente otra de las causas que explica su éxito.

Las generaciones de nuestros padres o de nuestros abuelos tuvieron más contacto con el entorno rural del que tenemos hoy. Muchos habían vivido en el campo o en pequeños municipios y de ahí emigraron a otros más grandes. Pero gran parte de las personas que pertenecen a las generaciones posteriores ya nacieron en ciudades de tamaño considerable y nunca han vivido lejos del asfalto. En el año 2020, el 84% de la población española vivía en ciudades, según el Instituto Nacional de Estadística. Sin ir más lejos, mis cuatro abuelos eran de pueblo, mientras que mis hijas han nacido en una ciudad de casi trescientos mil habitantes (aunque afortunadamente tienen contacto con la naturaleza y el entorno rural).

La desconexión de las ciudades con la naturaleza y el mundo rural es cada vez mayor y en algunos casos abismal. Solo hay que ver los periódicos de Asturias en verano, cuando abundan noticias sobre turistas que se quejan de las «molestias» que encuentran en los pueblos: los ruidos de gallos, burros, perros, campanas y motosierras, las boñigas de vaca por las calles... Muchos esperan encontrar lugares bucólicos donde todo deslumbre con su belleza y solo se escuche el trino de los pájaros, pero en la vida real las fincas están cerradas con somieres oxidados y los bebederos de las vacas están hechos con bañeras viejas (la austeridad y el aprovechamiento que hace décadas eran habituales en todas partes aún perduran en el entorno rural).

El alejamiento del mundo rural y de la naturaleza explica en gran parte el predominio de esa visión romántica en torno a los alimentos y su producción, que además se ve potenciada por la publicidad. Ese granjero de peto vaquero impoluto y sombrero de paja solo existe en los anuncios. Igual que lo que se suele entender por «natural».

Lo natural es que los caracoles se coman las lechugas y que en una época húmeda llegue una plaga de hongos y acabe con la cosecha de patata. Por eso lo normal es que el agricultor, que probablemente vista con un mono de trabajo y una gorra de la Caja Rural, haga lo que esté en su mano para evitarlo, como utilizar fungicidas. Esto no significa que las patatas sean «menos naturales» ni peligrosas. Desde que se aplican esos fitosanitarios hasta que se recoge la cosecha pasa un tiempo prudencial durante el cual se eliminan esas sustancias y cuando se comercializan esas patatas no pueden sobrepasar los límites máximos de residuos fijados en la legislación.

«Ya no hay fruta como la de antes»

En esa visión romántica de la alimentación también participa a veces la nostalgia. Que me lo digan a mí, que se me da bastante bien.

Un día, cuando tenía unos veinticinco o treinta años, me enteré de que había salido la serie de *El coche fantástico* por fascículos en DVD. Me encantaba cuando era niño, así que me compré el primer número.

Como su nombre indica, estaba protagonizada por un coche que era fantástico. Obvio. Se lucieron con el título. El coche, un deportivo negro, Pontiac Trans Am para más señas, con una característica luz roja en la parte frontal, podía conducir solo y hacer un montón de piruetas, pero lo mejor de todo es que podía hablar y tenía personalidad propia, con una ironía desbordante. De pequeño estaba flipadísimo con aquello porque además creía que aquel coche era de verdad.

Cuando me compré el DVD me fui a casa corriendo para abrirlo y disfrutarlo con el mismo entusiasmo que cuando era niño. Error. Qué digo error. Catástrofe. A mi edad ya era consciente de que el coche no era de verdad y no conducía solo, claro. Pero en aquel episodio se veía el truco. Aquello fue un jarro de agua fría, no sé si más decepcionante que indignante, o viceversa. Si no quieres sentir lo mismo, sáltate este párrafo y tápate los oídos. Resulta que aquel coche no se manejaba por radiocontrol ni por sofisticados mecanismos, como yo suponía, sino que lo conducía un hombre disfrazado de asiento. ¡Un hombre disfrazado de asiento! Aquello hizo tambalear toda mi infancia. Con el buen recuerdo que tenía de esa serie...

Es lo que tiene nuestra memoria, que a veces nos juega malas pasadas porque filtra los recuerdos, desechando lo malo para quedarse con lo bueno. Por eso tenemos el convencimiento de que aquella serie era la bomba, pero no nos acordamos, por ejemplo, de la turra que daban con la música country. Igual que creemos a pies juntillas que la música de antes era estupenda y la de ahora es muy mala, porque nos acordamos de AC/DC, Metallica o Depeche Mode, pero nos olvidamos de Locomía, Georgie Dann y Milli Vanilli.

Con la comida también nos pasa a menudo. ¿Cuántas veces habremos oído o dicho aquello de que «ya no hay alimentos como los de antes»? Pero si echamos la vista atrás para ver cómo era realmente el pasado, es muy probable que nos llevemos alguna sorpresa y más de una decepción.

Para empezar, habría que aclarar a qué pasado nos referimos concretamente cuando hablamos de «antes». ¿El Paleolítico, cuando los seres humanos morían a los treinta años de una infección de muelas y tenían que sobrevivir a base de comer lo que pudieran cazar o recolectar? ¿La Edad

Media, cuando había que beber vino, cerveza o sidra para no enfermar con el agua ponzoñosa? ¿El de nuestros abuelos, cuando tenían que comer arroz con gorgojos y mondas de patata porque no podían conseguir otra cosa? ¿O el de nuestros padres, cuando se vendían leche aguada y carne con clembuterol? Quedémonos, por ejemplo, en los años ochenta, que es lo que conozco de primera mano y fijémonos en la fruta, que es de lo que más solemos quejarnos.

Es verdad que algunas frutas eran mejores y más sabrosas. No tengo ninguna duda. Soy el primero que se indigna con muchas de las que abundan hoy en las tiendas. Por ejemplo, me cuesta mucho conseguir ciruelas o albaricoques que sepan a lo que tienen que saber. Normalmente, están duros como piedras e insípidos como qué sé yo. Pero, en la mayoría de los casos, no es porque las ciruelas o los albaricoques sean peores que hace años, sino porque se recolectan muy pronto para que lleguen en buen estado a las tiendas y no se chafen por el camino. Precisamente, lo bueno de las ciruelas es comerlas maduras y blanditas, que es cuando están dulces y saben a ciruela. Pero para eso hay que recolectarlas cuando han madurado y en ese estado no aguantarían el transporte.

No me extraña que haya gente que diga que no les gustan. Es probable que nunca hayan tenido ocasión de probar una ciruela o un albaricoque en condiciones.

DE LOS CAQUIS CON CUCHARA A LOS CAQUIS CON CUCHILLO

El caqui es el fruto del árbol *Diospyros kaki*. Tradicionalmente, se vendía maduro, con sabor muy dulce y textura muy blanda, tanto que se comía con cuchara. Todavía podemos encontrarlo en algunas tiendas, pero cada vez es menos frecuente, precisamente porque su estado de maduración y su textura hacen que sea muy delicado, difícil de manipular y con una vida útil bastante corta.

En su lugar encontramos otro tipo de caqui llamado Persimón, que es una marca registrada por la Denominación de Origen Ribera del Xúquer. Se trata en realidad de la misma fruta, pero con una importante diferencia: se recolecta en etapas tempranas de la maduración. Por eso su sabor es menos dulce, ya que aún no ha desarrollado tanta proporción de azúcares. Y por eso su textura es mucho más firme y dura, lo que hace que sea más resistente durante el transporte, que podamos manipularlo con más facilidad y que su vida útil sea más larga.

El problema es que en esa etapa de la maduración contiene una elevada cantidad de taninos, que lo harían casi incomestible por su astringencia, que es esa sensación de aspereza que nos deja la boca como un trapo. Afortunadamente, hay una forma muy sencilla de evitarlo. Estos caquis se introducen durante 24 horas en cámaras de maduración con un 90-95 % de dióxido de carbono y un 90 % de humedad durante un día. Así se insolubilizan los taninos y la fruta pierde la astringencia.

Esto es algo que también se puede conseguir sustituyendo el dióxido de carbono por etanol. De hecho, podemos hacerlo en casa si tenemos algún caqui demasiado astringente: solo tenemos que introducirlo en un recipiente junto con un licor (sin que entren en contacto entre sí) y dejarlo cerrado durante unos días.

A veces también ocurre que las frutas no nos saben a nada porque las compramos fuera de temporada, un momento en que sus características organolépticas no son las mejores. Es lo que pasa, por ejemplo, si compramos naranjas en septiembre o nectarinas en mayo.

La cosa no queda ahí. Otro motivo que puede explicar el hecho de que la fruta ya no nos sepa como antes no tiene que ver con la fruta, sino con nosotros. Me explico. Ya que estamos tirando de nostalgia, podemos hablar de la Pantera Rosa, no el diamante, ni la película, ni el dibujo animado, sino el pastelito. Era el que más me gustaba de pequeño, así que hace unos pocos años, en un ataque de nostalgia, de crisis de mediana edad o vaya usted a saber qué, me compré uno por mi cumpleaños.

Me ocurrió lo mismo que con *El coche fantástico*. No me encontré lo que esperaba. Pero no creo que el problema estuviera en el producto o en su formulación, que quizá ni siquiera haya cambiado significativamente desde la última vez que lo probé, treinta años atrás. El problema estaba en todos los cambios que ocurrieron en ese tiempo. Perdí la costumbre de comer cosas tan dulces, así que aquel pastelito que tanto me había gustado cuando era niño me resultó muy empalagoso.

Esto es algo que solemos pasar por alto y es importante porque nuestros gustos y nuestros hábitos están interrelacionados. Es decir, no es solo que comamos pastelitos porque nos gustan, es que nos gustan porque nuestros hábitos dietéticos hacen que estemos acostumbrados a sabores muy dulces (galletas, chocolates, bollería...). En definitiva, si hacemos un cambio de hábitos, es muy probable que nuestros gustos también cambien y que, por ejemplo, esa fruta que ahora «no nos sabe a nada» empiece a sabernos dulce.

Frutas como caídas del cielo

También se suele pensar que las frutas ya no saben a nada porque son «artificiales» o incluso «transgénicas». Como comentamos antes, esta idea se ve reforzada además por su aspecto y la forma en que se venden: piezas uniformes y homogéneas, casi perfectas, a veces envasadas en bandejas de plástico.

Pero la cosa no va así.

Si son tan homogéneas y uniformes es simplemente porque se seleccionan por tamaño y aspecto. Por ejemplo, se clasifican por calibre y se descartan las que tienen defectos físicos o las que tienen un aspecto que puede resultar poco atractivo (por ejemplo, colores anormales), que en general se destinan a otros usos, como la elaboración de zumos o la alimentación animal. Muchas podríamos comprarlas y comerlas sin problema, pero generalmente la fruta fea no gusta. Nos hemos acostumbrado, o mejor dicho, nos han acostumbrado, a ese aspecto perfecto y rechazamos las frutas que no cumplan esos estándares, así que, en caso de llegar a las tiendas, acaban por no venderse.

En cuanto al uso de organismos modificados genéticamente, lo que se conoce como «transgénicos», en Europa apenas se permite, no por una cuestión de seguridad, porque son seguros, sino por los recelos que aún producen. Los únicos aprobados son algunas variedades de soja, de maíz, remolacha, colza y poco más, que en su mayor parte se destinan a la alimentación animal. Es decir, en las fruterías no veremos alimentos transgénicos.

Lo que sí se hace es aplicar la biotecnología para desarrollar nuevas variedades vegetales, aplicando técnicas de selección, hibridación y cruzamiento. Es decir, lo que se ha hecho toda la vida, desde que se desarrolló la agricultura miles de años atrás, pero ahora de forma mucho más refinada.

Muchas de las personas que dibujan en su cabeza ese pasado bucólico que nunca existió emplazan en él unos ideales concretos sobre los alimentos; por ejemplo, que las zanahorias y los plátanos siempre fueron como los conocemos ahora. Y que son así porque algún ente los creó de ese modo. Es lo que se defendía en un vídeo muy popular en el que aparecían Kirk Cameron, protagonista de la serie de televisión *Los problemas crecen*, y Ray Comfort, un predicador que, como Cameron, es acérrimo defensor del creacionismo. Se trata de una creencia asociada al fundamentalismo cristiano estadounidense que interpreta de forma literal el Génesis, primer libro de la Biblia. Esta corriente defiende que el universo y la vida se originaron por creación divina hace unos pocos miles de años, se supone que «para uso y disfrute del hombre», y rechaza de plano todas las evidencias científicas que lo refutan, ya sean geológicas, biológicas, astronómicas o de cualquier otro tipo.

Pues bien, en el vídeo en cuestión, Comfort y Cameron defienden que el plátano es una creación divina, se supone que diseñada para los humanos, y para «demostrarlo» exponen algunas «pruebas»: su forma está adaptada a nuestra mano, con unos ángulos que encajan en los pliegues de nuestros dedos; tiene un sistema «abrefácil»; está curvado para que lo podamos comer mejor orientándolo hacia la boca; tiene una piel antideslizante para que podamos agarrarlo mejor y un «código de color» para que podamos disfrutarlo en su mejor momento: verde cuando está inmaduro, amarillo cuando está listo para comer y negro cuando está pasado. En fin..., ¿qué pensarán de los cocos o de los higos chumbos? ¿Dirían aquellos disparates porque se habían colocado fumando tiras de plátano? Este, por cierto, es otro de los mitos que se extendieron ampliamente en los ochenta. Surgió en 1967, cuando se publicó como una broma en la revista *The Barb* de Berkeley, donde hablaban de un compuesto inventado, la «bananadina», como supuesta sustancia psicoactiva.

En nuestro entorno no es habitual llegar a esos extremos hoy en día. Pero sí se suele aplicar un esquema de pensamiento similar en cuanto al origen y la finalidad de los alimentos. Por ejemplo, algunas personas están convencidas de que la leche de vaca es perjudicial para los humanos porque es «antinatural», dado que fue «creada por la naturaleza para los terneros» y que el ser humano «es el único animal que toma leche en su edad adulta». De ahí viene también esa idea errónea de que «lo natural» es completamente inocuo y saludable, por el simple hecho de proceder de la naturaleza. Como si esta fuera un ente benévolo e inocuo.

En este caso el argumento es similar al anterior, con la diferencia de que se cambia a Dios y la creación divina por la naturaleza, es decir, se cambian el creacionismo y el diseño inteligente por la falacia naturalista. Es cierto que la leche de vaca no ha sido «creada» para alimentar a los humanos. Pero tampoco los plátanos ni las zanahorias. Lo que hemos hecho a lo largo de la historia de la humanidad es simplemente comer aquello que teníamos a nuestro alcance y que nos resultaba útil para mantenernos con vida. Y todos esos alimentos han evolucionado con el tiempo como consecuencia de las prácticas agrícolas. Es precisamente uno de los objetivos de la agricultura. Hace miles de años las zanahorias no eran más que una triste raíz, delgada y diminuta, y los plátanos, enanos y con semillas.

La diferencia es que ahora la biotecnología permite afinar mucho más y desarrollar variedades con las características que deseamos, en lugar de ir tan a ciegas como en el pasado. Así se han obtenido, por ejemplo, algunas frutas sin semillas, como las uvas. Pero no es nada nuevo. Ya se hizo hace décadas con las sandías, que se desarrollaron en los años cuarenta, o los plátanos, que vienen de mucho más atrás. Esto explica también que tengamos a nuestra disposición miles de variedades de tomate: grandes, pequeños, redondos, achatados, alargados, amarillos, naranjas, morados, rojos, dulces, ácidos, resistentes a la sequía y un montón más.

Todo al gusto del consumidor. El problema es que a veces se priorizan características que no agradan a todo el mundo. Por ejemplo, hay una variedad de sandía sin semillas que se ha impuesto en el mercado y que a mí no me gusta mucho porque tiene un sabor dulce demasiado intenso y en el que han desaparecido los pequeños matices de sabor que tenían las sandías con pepitas tradicionales.

¿Los alimentos vegetales son menos nutritivos que antes?

Precisamente, esta que acabo de hacer es una de las críticas que recibe la fruta de hoy en día, sobre todo en Estados Unidos. Se dice que se ha priorizado el desarrollo de frutas y verduras con altas proporciones de azúcares para que sepan más dulces y que eso hace que sean menos saludables, por su contenido en azúcar y por contener menos proporción de otros compuestos interesantes.

Pero eso es generalizar demasiado, exagerar un poco y desviar el foco de lo importante. Es cierto que algunas frutas contienen más azúcares, pero eso no significa que sean insanas ni tampoco que tengan necesariamente menos nutrientes. De hecho, en las últimas décadas se han desarrollado variedades vegetales en las que se ha priorizado el contenido de determinados nutrientes, como las antocianinas, que tienen una función antioxidante y que dan el color morado a los tomates.

Al hilo de esta crítica, también surgió otra bastante recurrente en los últimos años que dice que la cantidad de nutrientes en la fruta es menor que en el pasado, debido al agotamiento de los suelos y al aumento del rendimiento de los vegetales, de modo que tendrían más hidratos de carbono, pero menos micronutrientes. Según quienes hacen estas críticas, eso puede hacer que tengamos déficits en nuestra dieta.

Pero, de nuevo, no hay motivos para llegar a esa conclusión. Los suelos siguen aportando nutrientes a los vegetales. Para eso se utilizan los fertilizantes. Sí, es cierto que en algunos casos ha aumentado la cantidad de hidratos de carbono en relación con el resto de los nutrientes. Por ejemplo, en un grano de trigo, cuando aumenta la cantidad de harina, no aumenta en la misma proporción la cantidad de nutrientes que se encuentran en el salvado. Pero esto no es preocupante, sobre todo si lo comparamos con el pasado. Porque es un error comparar alimento por alimento. Lo importante es comparar las dietas de hoy con las de antes. Y aquí podemos observar dos cosas.

La primera es que, aunque los alimentos saludables tuvieran hoy una proporción de nutrientes un poco más baja que en el pasado, no tendría importancia porque la disponibilidad es mucho mayor. No tenemos problemas para disponer de ellos en cantidad suficiente y la variedad es infinitamente más amplia, así que podemos cubrir con creces nuestras necesidades nutricionales.

El segundo aspecto importante es que lo que cojea de la alimentación hoy en día no son los pequeños detalles que puedan afectar a la composición de los vegetales que comemos, sino la conformación de nuestra dieta, en la que muchas veces abundan los productos insanos y escasean los saludables.

5

CON UN POCO DE AZÚCAR

Decía Forrest Gump que la vida es como una caja de bombones. Yo creo que es más bien como uno de aquellos libros de *Elige tu propia aventura*, en los que cada decisión te iba llevando por un determinado camino. La diferencia es que en la vida difícilmente podemos deshacer lo andado para saber lo que nos habría deparado otra decisión. ¿Qué habría pasado si me hubiera ido a otro país a buscarme la vida en el mundo de la investigación? La cuestión es que elegí la página de quedarme en Asturias, así que continué con el blog y me busqué la vida por mi cuenta, ofreciendo mis servicios como consultor para pequeñas empresas alimentarias.

Pero la decisión más gorda estaba aún por llegar y esa daba mucho más vértigo, no solo por la enorme responsabilidad, sino porque a partir de esa página sí que no había vuelta atrás. ¿Sabríamos educar a un pequeño ser humano? ¿Nos gustaría la experiencia? ¿Nos cambiaría mucho la vida?

Los dos lo teníamos claro. Todo lo claro que se puede tener en esas circunstancias. Pero, como suele ocurrir, nunca acababa de llegar el momento ideal. Así que un día por fin nos decidimos. Y unos meses después, éramos tres.

Atrás quedaron todas esas preocupaciones e incertidumbres que se suelen tener durante el embarazo y que se resumen en un solo pensamiento: «Que todo salga bien». En mi caso tenía además una preocupación añadida por el hecho de conocer todos los riesgos asociados a la alimentación que pueden existir en esa etapa de la vida. Pero afortunadamente también conocía la forma de evitarlos, así que extremamos la prudencia, tratando de no caer en la obsesión ni en la paranoia, por supuesto.

¿QUÉ ALIMENTOS SE DEBEN EVITAR DURANTE EL EMBARAZO?

Existen varios riesgos asociados a los alimentos que pueden afectar al feto o a la madre durante el embarazo y causar graves daños; por ejemplo, metales pesados o patógenos como *Listeria* o *Toxoplasma gondii*. No es frecuente, pero conviene tomar precauciones para reducir la probabilidad de que suceda. Por eso, además de seguir unas prácticas básicas (lavarse las manos y los utensilios, separar los alimentos y los utensilios sucios de los que ya están listos para consumir, calentar suficientemente los alimentos, refrigerar los alimentos perecederos y respetar las fechas de duración), conviene evitar el consumo de ciertos alimentos:

- Alimentos crudos de origen animal: huevos, pescado (sushi, ceviche, etc.), marisco (ostras, almejas, etc.), carne (*carpaccio*, tartar, etc.), leche y lácteos (leche cruda, queso elaborado con leche cruda, etc.).
- Alimentos crudos de origen vegetal: siempre son recomendables, pero en este caso conviene pelar, lavar y desinfectar previamente. Se puede hacer con lejía apta para uso alimentario, siguiendo las instrucciones del fabricante.
- Brotes crudos: soja, alfalfa, etc.
- Productos listos para consumir que se conserven refrigerados: ensaladas de bolsa (salvo que se laven y desinfecten previa-

mente), sándwiches, patés, loncheados de queso, embutidos, fiambres, etc.

- Zumos exprimidos de fruta fresca (salvo que estén recién exprimidos).
- Frutas congeladas que se vayan a consumir directamente (p. ej., arándanos, frambuesas, etc.).
- Bebidas alcohólicas.
- Pescados azules de gran tamaño: tiburón, lucio, pez espada y atún rojo (por el elevado contenido en mercurio).
- Carne de caza: jabalí, corzo, etc. (por el posible contenido en plomo).
- Cabezas de crustáceos: gambas, langostinos, nécoras, etc. (por el posible contenido en cadmio).
- Otros alimentos con cantidades muy elevadas de nutrientes, potencialmente peligrosos en esta etapa: algas (yodo), hígado (vitamina A), nueces de Brasil (selenio)...

¡Qué cosa tan maravillosa y tan extraña! De repente había una persona más viviendo con nosotros a la que ni siquiera conocíamos. Además, venía sin libro de instrucciones. ¿Cómo funcionaba aquel juguete?

Al principio la teoría parecía fácil porque todo se reducía a tres cosas: teta, pañales y dormir. Pero la práctica era dura, sobre todo para la encargada de la teta. Y yo que me había preguntado si nos iba a cambiar mucho la vida... Ahora ya no me daba tiempo siquiera a preguntarme nada. ¡Qué estrés y qué agotamiento! Y qué gracioso el que se inventó la frase «dormir tan bien como un bebé». Pero era tan adorable que poco importaba tener ojeras hasta el suelo.

Poco a poco todo fue yendo a mejor y, después de los primeros agobios, la cosa fue rodada. Ya casi hasta me quedaba algo de tiempo para trabajar un poco. Lo del blog iba más despacio, eso sí. Aunque por aquel entonces ya me había dado grandes alegrías.

Las cosas estaban empezando a cambiar a la hora de hablar de alimentación. En la prensa digital, cada vez con más presencia en internet, se entrevistaba cada vez menos a médicos estancados en la nutrición del siglo pasado con mensajes centrados en el nutricionismo, del tipo: «Qué buenas son las naranjas y su vitamina C para el catarro», y se entrevistaba cada vez más a dietistas-nutricionistas con mensajes actualizados, fundamentados y más prácticos y realistas, como: «Prioriza la fruta, que es saludable, y trata de reducir los alimentos insanos».

Fue en buena parte gracias al trabajo de muchos compañeros con los que compartía esa especie de afición por transmitir conocimientos sobre alimentación a través de un blog: Juan Revenga, Julio Basulto, Aitor Sánchez, Lucía Martínez, Marián García, Luis Jiménez, J. M. Mulet, José Manuel López Nicolás, Yanko Iruin y muchos más. También estaba ocurriendo lo mismo en otros campos de la ciencia. La divulgación científica iba cobrando fuerza.

Esta era desde luego una de las caras positivas de internet, que además me estaba ayudando a lograr lo que me propuse con el blog: enseñar y aprender. Y vaya si aprendí. En parte gracias a esos compañeros y a muchos otros. Además, no pudo ser en mejor momento porque las enseñanzas, sobre todo las de Julio Basulto, dietista-nutricionista y experto en alimentación infantil, me vinieron de perlas a la hora de alimentar al nuevo juguete que teníamos en casa.

Hasta entonces yo no tenía mucha idea de alimentación infantil, pero contaba con amplios conocimientos en torno a la alimentación en general; por tanto, en ese sentido partía con una gran ventaja frente a otros padres primerizos. Muchos estaban más perdidos que un pulpo en un garaje, así que no me extraña que siguieran la senda marcada por cierto sector de la industria alimentaria.

Se empezó a notar sobre todo cuando yo era un bebé, hacia finales de los años setenta, o incluso antes. Por aquel entonces, las empresas ya trataban de convencer a personas como mi madre de que el biberón era igual que la leche materna, con la ventaja de ser mucho más cómodo, a la vez que hablaban de las bondades de los cereales dextrinados para las papillas y el biberón.

Hoy en día no está permitido hacer publicidad de la leche de fórmula, precisamente para evitar que se transmita la idea errónea de que es equiparable a la lactancia materna. Y afortunadamente, ahora hay más información disponible que antes, así que muchas madres saben que esta última es mucho mejor para la salud y pueden decidir entre una opción u otra de forma más consciente. Pero el panorama ha cambiado a peor en otros aspectos, sobre todo en lo que respecta a la oferta y publicidad de productos para bebés.

La mercadotecnia en este sector no es nueva, pero la verdad es que me sorprendió que se planteara de forma tan descarada y desde el primer momento: durante el seguimiento del embarazo, cuando las consultas médicas estaban llenas de pósteres de papillas infantiles; durante el nacimiento, cuando en el hospital nos regalaron obsequios patrocinados por marcas de alimentos infantiles; durante las visitas al pediatra, cuando nos regalaron muestras de cereales para bebés; durante las visitas a la farmacia, donde se venden esos productos...

Así es difícil apartarse del camino marcado por cierto sector de la industria alimentaria. Lo más fácil es que pensemos que esos productos son saludables y que son los que hay que dar a un bebé. ¿Qué le vamos a dar, si no? Ni siquiera nos planteamos otra alternativa, como ofrecerles alimentos normales y corrientes.

El problema de los cereales dextrinados es que, en el proceso de elaboración, el almidón se hidroliza, se supone que para que sean más digeribles, y eso hace que tengan una elevada proporción de azúcares, en torno a un 30 %, de modo que muy adecuados para bebés no parecen. Sin olvidar que tienen un sabor intensamente dulce.

Pero la cosa no queda ahí. Precisamente, en aquella época, en torno a 2013, comencé a ver cómo algunos de los productos ultraprocesados que hasta entonces se habían mantenido alejados de la alimentación para bebés y niños de corta edad, hacían su incursión en este sector. Es quizá uno de los ejemplos más claros de cómo la alimentación ha ido mucho más allá de ser simplemente una forma de sustento, de cómo los alimentos han pasado a ser productos y de cómo los ciudadanos hemos pasado a ser consumidores, aunque tengamos seis meses de vida.

Galletas para bebés, yogures azucarados para bebés, cacao en polvo azucarado para bebés, aperitivos de maíz inflado para bebés... Yo no salía de mi asombro. Todos esos productos llegaban acompañados de las mismas estrategias publicitarias que los ultraprocesados que ya se vendían para niños y adultos —«enriquecido en vitaminas y minerales», «favorece el crecimiento»...—. ¡Algunos hasta incluían el sello de una asociación de pediatras! Una locura.

Mucha gente no ve nada raro en ellos, entre otras cosas porque piensa que, si esos alimentos se desarrollan específicamente para bebés, se promocionan para bebés y se pueden vender para alimentar a los bebés, será porque no son malos. Cómo van a serlo, con todos esos avales en el envase.

Al menos aquel sello fue retirado, precisamente gracias a la denuncia pública de Julio Basulto, que fue respaldada por muchos profesionales sanitarios, entre los que por supuesto también se encontraban algunos pediatras, tan indignados como él o incluso más.

Pero en los otros aspectos el panorama sigue igual, así que ese sector de la industria alimentaria y su publicidad continúan ganando la partida en muchos casos, un desastre que sienta las bases para lo que vendrá después. Si un bebé ya consume productos insanos con seis meses de vida, su futuro en el camino de la alimentación no parece apuntar en buena dirección. Porque el problema no es solo que esos productos no sean saludables. Es sobre todo un asunto educacional. Esos bebés se habitúan a sabores intensamente dulces y a consumir productos, en lugar de comer alimentos saludables adecuados para su edad, lo que les permitiría conocer sabores, aromas, texturas... y, en definitiva, aprender a comer y relacionarse con la comida, con la de verdad.

Al final vivimos en el mundo al revés. No es normal que sorprenda ver a un bebé de ocho meses comiendo un plátano a mordiscos con sus propias manos.

Las pataletas en el súper

«Disfrútalo, que el tiempo pasa volando.» Eso era lo que me decía un montón de gente que tenía hijos o nietos de cierta edad. Y ya lo creo que sí. En cuanto nos quisimos dar cuenta, aquel bebé ya no era un bebé.

A esas alturas ya teníamos la tarea dominadísima, y como la experiencia había salido estupendamente, decidimos tener otro bebé. Cómo cambian las cosas cuando tienes práctica. En esta segunda ocasión fue mucho más fácil para todos.

Mientras tanto, la hermana mayor se adentraba en otra etapa del proceloso mundo de la alimentación infantil. Si antes la invasión publicitaria era de productos «para bebés», ahora llegaba el turno de los productos «para niños»:

cacao azucarado en polvo, galletas, yogures azucarados, batidos... Muchos, plagados de declaraciones nutricionales y de salud, para atraer a los padres, y, por supuesto, de personajes infantiles, para atraer a los niños.

Por eso hacer la compra a veces se complicaba un poco. Nada preocupante, pero aquellos dichosos dibujos de las cajas de galletas exigían más tiempo y más paciencia para enseñar a mi hija de tres años que aquello no era adecuado para ella. Era precisamente uno de los principales motivos por los que la llevaba conmigo a comprar. Quería que viera los alimentos, que los conociera y que se familiarizara con todo aquello. Pero yo partía con ventaja. Para otras personas en peores circunstancias, ese obstáculo no resultaba salvable tan fácilmente. ¿Quién no ha visto alguna vez a un niño en un supermercado con una pataleta propia de *El exorcista*?

Por algo esa estrategia publicitaria se llama «factor de fastidio» (*nag factor*, en inglés): los anuncios hacen el trabajo fácil, que es convencer a los niños, dado que no tienen criterio ni capacidad para discernir, para que así sean ellos los que hagan el trabajo duro y convenzan a sus padres dándoles la vara.

Así pues, la publicidad infantil se convierte en un obstáculo más de los muchos que ya existen en el camino hacia una alimentación saludable, de modo que es uno de los factores que contribuyen a la grave situación en la que nos encontramos, con elevados índices de obesidad infantil. En España, el 40% de la población de entre seis y nueve años sufre exceso de peso (sobrepeso u obesidad), según el estudio ALADINO (2019), lo que puede conllevar consecuencias negativas para la salud, como diabetes tipo 2, que se desarrollan cada vez a edades más tempranas y que pueden condicionar la salud en la vida adulta.

Por este motivo, en muchos países como Reino Unido,

Chile o Portugal, ya se ha prohibido la publicidad de alimentos insanos destinada al público infantil, dado que va dirigida a un grupo de población sin criterio, influyendo notablemente sobre las elecciones alimentarias y sobre su salud, tal y como señalan numerosos estudios científicos y organismos, como la OMS. Y por eso se quería prohibir también en España. En 2022 el Ministerio de Consumo propuso un borrador de real decreto para hacerlo posible. Era la primera vez que estábamos tan cerca de una medida demandada durante largo tiempo por muchos profesionales, entre los que me incluyo. Pero finalmente no se llevó a término. Podemos imaginar las presiones que hubo en contra.

Mientras tanto, tenemos que seguir conformándonos con el código PAOS, con el que se regula en España ese tipo de publicidad. No es una legislación que imponga límites de forma vinculante, sino que se trata simplemente de un código ético con el que se autorregulan las empresas que se adhieran a él de forma voluntaria. El problema es que (¡oh, sorpresa!) no funciona. Tiene graves carencias, como no considerar el valor nutricional de los alimentos que se promocionan, y además se incumple sistemáticamente, tal y como han señalado varios estudios en los últimos años. Así que no resulta útil para el propósito que supuestamente se creó, que era, entre otras cosas, combatir la obesidad infantil.

Los límites de la publicidad

En 2022 la mayoría de la población apoyaba la medida de restringir la publicidad de alimentos insanos dirigida a la población infantil. Pero había quien se oponía. Algunas personas, debido a una mala interpretación. «Van a prohibir comer donuts a los niños», pensaban. Otras porque interpretaban que prohibir ese tipo de publicidad atentaba «contra la libertad». «Prohibir es malo», «lo que hay que hacer es educar», decían.

Desde luego que educar es necesario, pero no suficiente. También hay que poner límites. A nadie se le ocurre, por ejemplo, pensar que se permita a una empresa de cerveza vender sus productos en los colegios en pro de «la libertad», con el pretexto de que basta con educar a los niños para que no la beban. Por eso hay leyes que prohíben esa práctica. Recordemos que una de las funciones del Estado es la de velar por la salud pública, tal y como se recoge en el artículo 43 de la Constitución española.

Quizá haya quien piense que una empresa de cerveza no se dedicaría a eso por una cuestión de ética. Pero no olvidemos que era precisamente lo que se hacía décadas atrás, cuando no había leyes que lo prohibieran y se promocionaba cerveza «para toda la familia» y vino para que los niños crecieran «grandes y fuertes» o «para abrir el apetito», que era el propósito con el que se lo daban a mi madre cuando era pequeña. La prohibición de ese tipo de publicidad contribuyó a que la gente tomara conciencia de la barbaridad que supone ofrecer bebidas alcohólicas a los niños.

Por otra parte, es cierto que hay empresas que asumen compromisos éticos que van más allá de las obligaciones legales; se trata de la llamada *responsabilidad social corporativa*. Por eso algunas han reducido la cantidad de azúcar en sus productos o han cambiado las grasas por otras más saludables.

Pero no olvidemos que el fin último de una empresa no es velar por nuestra salud, sino ganar dinero. Si toman esas medidas es, sobre todo, porque responden a las preocupaciones de los consumidores a la hora de comprar. Es decir, si lo hacen es para vender. Si a las empresas de refrescos les preocupara realmente nuestra salud, nos dirían «no consuma tanto nuestro producto y beba agua». Pero, en su lugar, sustituyen el azúcar por edulcorantes, para mejorar su imagen y vender más. Y en la mayoría de los casos funciona porque esas empresas destinan muchos recursos para que compremos esos productos.

La mercadotecnia posee un poder tremendo a la hora de construir en nuestra mente la percepción que tenemos de una determinada marca o empresa. Podemos pensar, por ejemplo, en la admiración que muchas personas sienten por marcas como Apple o Tesla, que llega casi al nivel de fervor religioso. O en la imagen que proyecta Coca-Cola de bebida asociada a sentimientos positivos, como la «sensación de vivir» de aquellos años noventa que hemos visto anteriormente.

Supongo que por eso sorprendió tanto un incidente que ocurrió en mayo de 2021, cuando se publicó que Nestlé, la empresa alimentaria más grande del mundo, reconocía en un documento interno que más del 60 % de sus productos no eran saludables. A mí lo que me sorprendió fue que aquello sorprendiera. No entendía muy bien a qué venía tanto escándalo porque pensaba que era obvio y que tanto la empresa como los consumidores eran conscientes de ello. Pero supongo que esa marca siempre ha tenido una buena imagen, asociada a los productos saludables, y de ahí la sorpresa. Ahora bien, no olvidemos que buena parte de su catálogo lo conforman productos como helados y chocolatinas, además de muchos de esos para bebés de los que hablábamos antes y que no se pueden calificar de saludables.

En definitiva, lo que hacen muchas empresas es vender todo aquello que se pueda comprar y reporte beneficios, incluso galletas para bebés. Si legalmente está permitido, técnicamente es posible y económicamente es viable, ¿por qué no iban a hacerlo? Así, los límites no suelen ponerlos las empresas por iniciativa propia, sino la opinión pública y la legislación. Y, aun así, algunas tratan de encontrar resquicios para sortear las restricciones, como ocurre con las que se dedican a disfrazar productos insanos con declaraciones de salud para hacerlos pasar por saludables. Por eso es tan difícil evitar ciertas prácticas, porque, como siempre dice la compañera Gemma del Caño, la ética no se legisla.

Obviamente, no todas las empresas realizan prácticas poco éticas o cuestionables. Pero hay cosas que no dependen ni deben depender en exclusiva de su voluntad. Esto parece obvio cuando hablamos de evitar los fraudes o de asegurar la inocuidad alimentaria. Todo el mundo entiende que no se puede permitir la venta de aceite de oliva adulterado con aceite de avellana o la venta de alimentos con niveles peligrosos de agentes contaminantes como arsénico o *Listeria*. Por eso la legislación establece normas y límites, que las empresas son responsables de cumplir, y que las autoridades sanitarias y de consumo se encargan de supervisar.

Pero cuando se trata de poner límites relacionados con la nutrición, se desatan unos debates tremendos porque muchas personas no entienden, o no aceptan, las medidas que se proponen, que a menudo se perciben como un atentado contra la libertad.

Curiosamente, nadie reclama libertad para comprar huevos contaminados con *Salmonella*, pero sí se defiende la libertad para comprar bebidas «energéticas» con 72 gramos de azúcar y 160 miligramos de cafeína, es decir, el equivalente a tres cafés con dieciséis cucharadas de azúcar, a pesar de que también es perjudicial para la salud.

Como señala Laura Caorsi, periodista especializada en alimentación, en estos casos es más difícil asimilar que sea necesario porque, a diferencia de lo que ocurre con la seguridad alimentaria, los efectos adversos de los alimentos insanos no son inmediatos. Por ejemplo, si comemos una tortilla contaminada con *Salmonella*, lo más probable es que enfermemos unas horas después, así que somos más conscientes de sus riesgos. Pero si consumimos de forma habitual bebidas azucaradas, no notaremos los posibles efectos adversos, como caries, obesidad o diabetes tipo 2, hasta después de muchos meses o incluso años. Por eso no solemos percibir el riesgo y nos parece exagerado tomar medidas al respecto. Además, en el primer caso la causa es fácil de determinar, mientras que en el segundo resulta un poco más difícil porque no siempre existe una relación directa con un producto concreto.

En estos casos también ocurre que se suelen malinterpretar las propuestas. No se trata de prohibir alimentos, sino de tomar medidas para que su consumo no resulte una amenaza para la salud pública, como ya se hizo en 2021, cuando se aumentaron los impuestos a las bebidas azucaradas y edulcoradas, que pasaron de tener un IVA del 10 % al 21 %, para desincentivar su consumo, o en el año 2022, cuando se limitó la cantidad de sal que puede contener el pan para reducir la ingesta de esa sustancia en la dieta.

La clave está en la cantidad. Seguramente, comer una palmera de chocolate de forma ocasional en el contexto de una dieta y unos hábitos saludables no tenga ninguna repercusión sobre la salud. Pero la cosa cambia si esa palmera de chocolate aporta 2.300 kilocalorías en una sola ración, que es la cantidad de energía requerida por un hombre adulto para todo un día. Ocurre algo parecido con las bebidas «energéticas», algunas de las cuales se venden en latas de medio litro, para consumir de una sola vez (recordemos que eso significa tomar 72 gramos de azúcar y 160 miligramos de cafeína de una sentada). Aunque el premio se lo lleva un batido de galletas Oreo, que se popularizó en el año 2009 por ser elegido como «el peor alimento del año en Estados Unidos». Contenía 263 gramos de azúcar, 135 gramos de grasa y 2.600 kilocalorías. Casi nada.

> MISIÓN: REDUCIR EL CONSUMO DE SAL
>
> En España el consumo medio de sal es de unos 10 gramos por persona y día, el doble de la cantidad que la OMS recomienda no superar. Esa cifra tan alta preocupa a las autoridades sanitarias porque una elevada ingesta de sodio se asocia con riesgo de enfermedad cardiovascular, de accidente cerebrovascular y de infarto de miocardio.
>
> Lo que mucha gente suele hacer para tratar de reducir la ingesta de sal es dejar de utilizar este condimento a la hora de cocinar. Pero es más efectivo reducir en la medida de lo posible el consumo de ciertos alimentos procesados o ultraprocesados, que son los que más sal aportan a la dieta (un 77 % del total). En el año 2019 los más importantes en este aspecto eran: productos cárnicos, pan, precocinados, quesos y conservas.
>
> El pan no era de los que más sal contenía, pero suponía un aporte significativo porque lo consumimos con frecuencia. Por eso, se decidió establecer un límite legal. Desde el año 2022 el pan que se vende en España no puede tener más de un 1,31 % de sal.

Educar bien para comer mejor

Teniendo en cuenta todo esto, me sigue pareciendo curioso que haya personas que se opongan a poner ciertos límites. Pero me sorprende aún más que aboguen exclusivamente por la educación, sobre todo teniendo en cuenta que el desconocimiento y el despiste en este terreno suelen ser generalizados.

Llevo más de veinticinco años en contacto estrecho con el mundo de la alimentación, estudiando, leyendo, aprendiendo, trabajando, comprando, cocinando... y todavía hay muchas cosas que se me escapan y me cuesta interpretar, como la composición, las etiquetas y los envases de algunos alimentos, que se diseñan expresamente para dificultar su comprensión o para dar a entender cosas que no son. Hay mil ejemplos. Algunos complejos, que requieren leer la legislación concienzudamente y saber cómo interpretarla, y otros más simples, que no precisan tanto del conocimiento, sino más bien de la atención. Como el de un sirope de fresa que muestra en su parte frontal «0%» con un tamaño enorme que puede hacernos pensar que se refiere al azúcar. Pero si nos fijamos mejor y leemos la palabra de pequeño tamaño que lo acompaña, veremos que realmente pone «0% goteo», porque el mensaje se refiere al envase, que es antigoteo.

La confusión no se reduce solo a la hora de la compra. También es generalizada cuando se trata de decidir qué comer y cómo comer. Y, claro, esto se nota a la hora de educar a los niños. Precisamente, empecé a fijarme más en eso cuando nació mi primera hija y comenzamos a frecuentar todos esos sitios a los que van los niños. Al principio no salía de mi asombro con las barbaridades que veía. Bebés enchufados al móvil para que comieran todo sin rechistar; niños pequeñísimos comiendo cosas inadecuadas para su edad, como Lacasitos con los que se pueden atragantar; madres persiguiendo a sus hijos por todo el parque con una cuchara cargada en la mano...

Mi cara, un poema. Me consolaba pensando que también hay muchas personas que tienen cada vez más y mejor información, y que alimentan a sus hijos adecuadamente, respetándolos y sin someterlos a coacciones. Pero aquello era desolador. La idea seguía siendo la de hace cuarenta años: comer a toda costa, «porque si no, no se crece». La diferencia es que ahora las coacciones y los chantajes ya no hacían referencia a los niños de Etiopía, sino que se reducían a los clásicos: «Si no te lo comes todo, no hay postre», «Come un poco más, que si no mamá se pone triste» o «Como no te lo comas todo, nos vamos del parque».

También se perpetuaban (y se perpetúan) muchos de los dogmas sin fundamento que se repetían hace cuarenta años: que el desayuno es la comida más importante del día, que hay que desayunar leche, cereales y fruta, que hay que hacer cinco comidas al día, que una comida sin carne no es comida...

Así que cuando algunos padres ven que en el comedor de sus hijos los menús contienen más verduras que carne, temen que los estén obligando a ser veganos o que vayan a acabar desnutridos por no comer ese alimento cada día en cada plato.

Y lo mismo con la leche. Qué empeño con la leche. Menos mal que yo hace mucho tiempo que me libré de aquel tazón de medio litro para desayunar y para cenar.

Que sí, que la carne y la leche son alimentos que aportan buenos nutrientes, pero eso no significa que sean imprescindibles y mucho menos que tengamos que consumirlos a diario. Eso sí, si no lo hacemos hay que tenerlo en cuenta para obtener esos nutrientes a partir de otros alimentos.

Supongo que ese empeño por conseguir a toda costa que los niños coman tiene mucho que ver con la herencia que yo también recibí de aquellos tiempos lejanos en los que se pasaba hambre. Pero hoy en día el contexto es diferente. La sociedad actual es más sedentaria que la de hace cuarenta años y la oferta de productos insanos, mucho mayor.

Los cambios no se han producido de un día para otro y supongo que eso explica que haya personas que no son del todo conscientes de las diferencias. Por ejemplo, situaciones que se repiten en casas de abuelos a lo largo y ancho del mundo: «Pues no sé qué tienen de malo los yogures con azúcar, si era los que te compraba a ti cuando eras pequeño». En este caso uno de los problemas es que ahora los niños ya no comen solo ese yogur con azúcar, sino que además lo acompañan con galletas, zumos, batidos, chocolates...

La otra frase clásica de muchas casas de abuelos es: «Pues no sé qué tiene ahora de malo el azúcar». Que continúa con algo como: «Es como lo de los huevos y el pescado azul, antes que no y ahora que sí. Así no hay quien se aclare». Esto además no ocurre solo en casas de abuelos. Muchas personas se preguntan lo mismo, y eso causa desconcierto y desconfianza.

¿QUÉ LE DOY DE MERENDAR?

Cuando se trata de meriendas o desayunos infantiles solemos recurrir a dos tipos de «menú». El primero, más frecuente en la actualidad, está formado por productos «infantiles»: yogures azucarados, galletas, zumos, purés de frutas, batidos, palitos de pan, quesitos, fiambres, sándwiches, etc. La segunda versión del menú, más tradicional, está compuesta normalmente por bocadillos donde vamos variando el relleno: embutidos, jamón, chocolate, queso curado, etc. Muchas personas perciben esta última como saludable. Pero ninguna de las dos es para tirar cohetes, por decirlo con suavidad.

No es igual comer un bocadillo de salchichón que tomar galletas con zumo. Pero, en general, lo que ocurre con los dos tipos de menús que acabamos de enumerar es que suele haber un alto aporte energético, escasean los nutrientes de interés y hay un alto contenido de ingredientes indeseables, como azúcar, sal o grasas de mala calidad nutricional. De hecho, la merienda, junto con el desayuno, son las comidas donde los niños consumen más alimentos insanos, que contribuyen a la ingente cantidad de azúcar de su dieta (en 2017 cada niño consumía a diario casi 50 gramos de azúcares añadidos).

Por eso es recomendable sustituir los productos insanos por alimentos saludables; por ejemplo: leche, yogur natural, fruta, frutas desecadas, frutos secos, tomates cherri, zanahorias, hummus, etc. En cuanto a los bocadillos, conviene priorizar los ingredientes saludables, como pan integral, atún, salmón, pimientos asados, tortilla francesa, queso fresco, etc.

Además, debemos tener en cuenta algunas consideraciones, como procurar hacer esos cambios de forma paulatina y con naturalidad, para lograr que el paladar se vaya habituando a nuevos sabores y a nuevos hábitos. También es importante tener precaución con los atragantamientos en niños pequeños. Por eso no se recomienda ofrecer a menores de cinco años alimentos como frutos secos o tomates cherri.

¿Por qué hay tantos cambios en nutrición?

Mi madre está muy desconcertada con esto y siempre me hace las mismas preguntas. ¿Por qué antes se decía que el pescado azul era malo y ahora se dice que es bueno? Y ¿qué pasa con el aceite de oliva? ¿Y el huevo, que antes no se podía comer por el colesterol y ahora parece que da igual? Podríamos añadir también otros alimentos como la leche entera, el aguacate... Y poner en el otro lado la carne roja, que antes parecía buenísima y ahora no tanto. Mientras que con otras cosas como el vino parece que ni se aclaran porque en unos sitios se dice que es bueno para el corazón y en otros que es malo para la salud...

La cuestión es que al final hay mucha gente como mi madre, que está hecha un lío, no sabe qué comer ni de qué recomendaciones fiarse, y se pregunta por qué ocurren estas cosas en nutrición.

Si antes cité a Julio Basulto, ahora lo justo es citar a Juan Revenga porque ha escrito y hablado largo y tendido sobre este tema. No es para menos, porque hay mucha tela que cortar, ya que se trata de un asunto complejo que no se debe a una sola causa.

Algunas veces los mensajes resultan contradictorios por motivos muy diferentes, como la desactualización o los sesgos de los profesionales de la nutrición, la desinformación que recibimos a través de las redes sociales o de otros medios de comunicación, la publicidad, etcétera. Por eso nos llegan mensajes que afirman que el vino es saludable, cuando en realidad sabemos que el alcohol es perjudicial.

Pero entre los motivos más importantes hay que destacar uno, que tiene que ver con las características de la nutrición como ciencia.

En primer lugar, hay que tener en cuenta que se trata de una ciencia relativamente joven. Eso significa que aún sabemos poco y explica que sea tan cambiante. A medida que avanzan los conocimientos y se refina la metodología, se llega a nuevas conclusiones que a veces obligan a replantear lo que se daba por cierto en el pasado. No es una debilidad, sino el modo en que funciona la ciencia.

También sucede que realizar estudios en el campo de la nutrición es complejo por las limitaciones a las que se enfrenta. Por ejemplo, si queremos investigar qué influencia tiene el consumo de un determinado edulcorante sobre la salud, la forma ideal de hacerlo consistiría en reclutar un montón de personas exactamente iguales, con los mismos hábitos y las mismas características, para alimentar a unas con ese edulcorante y a otras sin él durante un periodo de tiempo prolongado y así hacer comparaciones para saber si hay alguna diferencia entre ellas. Pero eso es imposible porque cada persona es diferente: en sus genes, sus hábitos, su dieta, su ambiente...

Por eso lo que se hace a menudo es realizar estudios observacionales, en los que se toman datos de un grupo muy amplio de población y se analizan las variables que se quieren investigar, por ejemplo, la ingesta de ese edulcorante y su relación con las enfermedades cardiovasculares, comparándolo con un grupo de control, es decir, un grupo de población similar pero que no consuma ese compuesto.

Pero extraer conclusiones no es sencillo. Por ejemplo, imaginemos que, según los resultados del estudio, las personas que consumen ese edulcorante presentan una mayor incidencia de enfermedades cardiovasculares frente al grupo de control. Podríamos pensar que estas son una consecuencia directa del consumo de esa sustancia. Pero que exista una correlación no significa que esa relación sea causal. Por ejemplo, podría suceder que esas personas que consumen más edulcorantes también sigan una peor dieta, basada en alimentos insanos, como refrescos o bollería, y por eso sean más propensas a sufrir esas enfermedades. O podría existir una causalidad inversa, es decir, podría suceder que las personas que ya tienen enfermedades cardiovasculares decidan realizar un cambio de hábitos para tratar de controlar su patología y comiencen a consumir edulcorantes. Así que estos no serían la causa, sino la consecuencia. En definitiva, correlación no implica causalidad.

Por eso es importante considerar todos esos factores cuando se diseña un estudio y cuando se interpretan los resultados, porque de lo contrario se puede llegar a conclusiones erróneas. Esto explica en parte muchas de esas contradicciones con las que a veces nos encontramos en nutrición.

Para tratar de llegar a conclusiones con mayor nivel de certeza se recopilan todos esos estudios para analizarlos en conjunto, y realizar así revisiones sistemáticas y metaanálisis, que suponen el más alto nivel de evidencia científica.

La evolución de la grasa a través de cuatro portadas

Todo esto permite entender los numerosos cambios a los que hemos asistido en las últimas décadas, cuando la principal protagonista ha sido la grasa, sin ninguna duda. La evolución se resume en cuatro icónicas portadas de la revista *Time*. En la primera, de 1961, aparece el fisiólogo estadounidense Ancel Keys, que ya mencionamos anteriormente y que es muy conocido en el campo de la nutrición por ser el autor de un famoso estudio en el que investigó los efectos de la grasa en la dieta de miles de personas en diferentes países a lo largo de quince años. A partir de ahí se extrajeron dos conclusiones: que el consumo de grasas saturadas aumentaba el riesgo de sufrir enfermedades cardiovasculares y que el nivel de colesterol y la hipertensión eran factores de riesgo.

Eso nos lleva a la segunda portada de la revista, de 1984, donde aparece una cara formada por un plato en el que los ojos son dos huevos fritos y la boca, una loncha de beicon. La expresión de la cara es triste porque la portada habla del colesterol y sus riesgos para la salud. Recordemos que en esta época las grasas animales estaban muy mal vistas.

En la tercera, de 1999, esa misma cara estaba ahora formada por un plato, dos huevos fritos y una rodaja de melón, con la diferencia de que ahora la expresión era alegre. Los nuevos conocimientos indicaban que el colesterol no era tan malísimo como parecía en un principio, sino que su relación con las enfermedades cardiovasculares era más compleja y no tan determinante.

En la cuarta portada, de 2014, la revista *Time* ya tira la casa por la ventana y muestra el titular «Coma mantequilla» sobre la imagen de una porción de este alimento. Como ocurrió con el colesterol, los avances en el conocimiento indicaban que la relación entre el consumo de grasas y la salud no era tan simple como se pensaba en un principio y había que hacer algunos matices. Por ejemplo, no todas las grasas saturadas tienen el mismo efecto sobre la salud.

Mientras tanto, también fueron cambiando muchas otras cosas. Entre ellas, la legislación. Precisamente, en ese mismo año entró en vigor la obligación de especificar el tipo de grasa en la lista de ingredientes. Fue entonces cuando comenzamos a ver el aceite de palma por todas partes.

Al poco tiempo se publicaron estudios e informes que advertían sobre los problemas de la grasa de palma para la salud, por su alta proporción de grasas saturadas, y para el medioambiente, por la deforestación que causaba su cultivo. Por eso mucha gente comenzó a huir de ella como de la peste y numerosos fabricantes la sustituyeron por otras materias grasas con mejor imagen y composición, como el aceite de girasol o el aceite de girasol alto oleico.

Este último se ha puesto muy de moda últimamente, así que podemos encontrarlo en un montón de productos, como salsas, bollería, aperitivos o galletas. Se trata de una versión mejorada del convencional, que se obtiene a partir de variedades de girasol desarrolladas expresamente para este fin. Se utiliza porque tiene una mejor composición nutricional, con mayor proporción de ácido oleico, que es un ácido graso monoinsaturado (en torno a un 80 %, frente al 25 % del aceite de girasol tradicional), y menor proporción de ácido linoleico, que es un ácido graso poliinsaturado (menos del 10 %, frente al 60 % del convencional). Estos valores los encontramos también en el aceite de oliva. Por eso a menudo se compara con él. Pero, aunque haya alguna coincidencia en la proporción de determinados ácidos grasos, la composición y las características de estos aceites siguen siendo muy diferentes y no hay duda de que es preferible el de oliva.

¿EL BOLLYCAO DE HACE TREINTA AÑOS ERA IGUAL QUE EL DE AHORA?

Esta pregunta me la hicieron hace un tiempo y me pareció maravillosa porque podemos tomar el Bollycao como referencia para observar los cambios que ha sufrido este tipo de productos en las últimas décadas.

El Bollycao salió al mercado en 1975 y desde luego no era igual que el que se vende ahora. En algunos aspectos es difícil conocer los detalles porque hasta hace pocos años la información nutricional era voluntaria y no se mostraban algunos datos que hoy son obligatorios.

El cambio más significativo se ha producido en las grasas, que han ido evolucionando según las tendencias de cada época, influidas por los conocimientos científicos y la preocupación social: «grasas comestibles vegetales y animales», en los años ochenta; «aceites vegetales», a mediados de los noventa; «aceite de girasol y aceite de girasol hidrogenado», a finales de esa década; «grasas y aceites vegetales», en torno a 2010; «grasas y aceites vegetales (palma y girasol)», en torno a 2015, y «aceite de girasol y mantequilla», en la actualidad.

También la cantidad de azúcar ha sufrido cambios, probablemente debidos a la preocupación por este ingrediente. En el producto que se vendía como «receta original» que fue relanzado hace unos años, la cantidad de azúcares era del 29,3 %; a finales de los noventa la cantidad era del 26 %; en torno a 2015, del 18 %, y en la actualidad, del 23 %.

A lo largo del tiempo se han ido produciendo además otros cambios. Inicialmente, se trataba de piezas de unos 60 o 65 gramos que se vendían en envases individuales, mientras que ahora son piezas de 45 gramos en envases de tres o cuatro unidades.

En definitiva, la respuesta a nuestra pregunta es que el Bollycao de ahora no es igual que el que comíamos hace tres o cuatro décadas. La versión actual tiene menos azúcar que la original y utiliza grasas más interesantes. O sea, podríamos decir que el producto es «mejor» o «menos malo», aunque obviamente sigue siendo insano y deberíamos destinarlo a un consumo puntual.

La avalancha del azúcar

Con el azúcar sucedió algo parecido a lo que pasó con las grasas. Los cambios en el etiquetado, los avances en el conocimiento y el mayor acceso a la información nos han permitido tomar conciencia de la enorme cantidad que consumimos a través de productos como refrescos, chocolates o galletas, entre otros, así como de los efectos adversos que eso puede tener para la salud: caries, obesidad, diabetes tipo 2, etc.

La historia también es larga y compleja, pero podemos destacar algunos hitos recientes:

- En 2002 la OMS publicó un informe de gran alcance donde se recomendaba que los azúcares de la dieta no superaran el 10 % de la ingesta calórica diaria, lo que supone menos de 50 gramos en el caso de una persona adulta.
- En 2016 entró en vigor en la Unión Europea la obligación de mostrar la información nutricional en la etiqueta de los alimentos, con lo que pudimos conocer la cantidad de azúcar que contienen. En ese momento fue cuando realmente comenzamos a ser conscientes de lo que estábamos comiendo.
- En el año 2017 el estudio ANIBES, de la Fundación Española de Nutrición, dio a conocer la cantidad de azúcares añadidos que consumía la población española. Lo más llamativo: los niños y adolescentes de entre 9 y 17 años consumían unos 50 gramos de azúcares añadidos al día. Esto significa que, al cabo de un año, un niño de 9 años (unos 26 kg de peso) casi consumía su peso en azúcar (unos 18 kg).
- En 2022 la EFSA publicó un informe en el que indicó que el consumo de azúcares añadidos y azúcares libres (como el que tiene un zumo) debe ser lo más bajo posible.

Como mencionamos antes, la preocupación social condiciona las decisiones empresariales y eso fue justo lo que ocurrió con el azúcar. Desde 2017 aproximadamente muchas empresas han cambiado la formulación de sus productos, y han optado por dos alternativas: endulzantes o edulcorantes.

Entre los endulzantes se encuentran, por ejemplo, el azúcar moreno, la panela, la miel, los siropes o incluso otros ingredientes como purés de frutas o pasta de dátiles.

Se utilizan porque solemos percibirlos como ingredientes saludables, pero todos ellos están compuestos por azúcares libres, es decir, azúcares que nuestro organismo absorbe y metaboliza rápidamente, así que su efecto es similar al del azúcar blanco convencional. Es cierto que hay algunas diferencias en su composición, pero son tan pequeñas que resultan insignificantes. Dicho de otro modo, endulzar un bizcocho con «azúcar de caña moreno integral natural» o con pasta de dátiles viene a ser igual que endulzarlo con el azúcar blanco de toda la vida. Por eso cuando en un producto se utilizan esos ingredientes como sustitutos del azúcar, la legislación no permite incluir en la etiqueta el mensaje «sin azúcares añadidos».

En el grupo de los edulcorantes se engloban sustancias muy diferentes en origen, composición y estructura, como el aspartamo, el acesulfamo potásico o el xilitol, así que en muchos aspectos no se puede generalizar sobre sus características, aunque sí tienen algunas en común, como su alto poder edulcorante o su escaso o nulo aporte energético.

¿QUÉ TIENEN DE MALO LOS REFRESCOS SIN AZÚCAR?

En los últimos años, hemos tomado conciencia de que no es recomendable beber refrescos de forma habitual debido a su contenido en azúcar. Por eso muchas personas se han pasado a las versiones sin azúcares añadidos, donde el sabor dulce se consigue con el uso de edulcorantes. Con esto podría parecer que el problema está resuelto, pero el consumo habitual de refrescos sin azúcar tampoco es recomendable.

Para empezar, se trata de bebidas que no aportan nutrientes de interés y su consumo puede desplazar el de otras bebidas mucho más interesantes, como el agua. Además, pueden dificultarnos el seguimiento de una dieta saludable, porque normalmente asociamos su consumo con el de otros productos insanos, como pizzas, perritos calientes, patatas chips, etc. Tampoco debemos olvidar que el consumo habitual de refrescos podría dañar el esmalte dental, porque se trata de bebidas relativamente ácidas.

Con respecto a los edulcorantes, hay que tener en cuenta que se trata de sustancias seguras y que presentan algunas ventajas (por ejemplo, no provocan caries y podrían ser útiles bajo supervisión sanitaria para el control de peso a corto plazo), pero su consumo puede tener ciertos inconvenientes. Por ejemplo, no son útiles para la pérdida de peso a largo plazo y algunos de ellos podrían afectar negativamente a la microbiota intestinal.

¿Qué hacemos entonces? ¿Elegimos azúcar convencional, endulzantes con mejor fama o edulcorantes? Siento ser aguafiestas, pero ni una cosa ni la otra ni la de más allá. La solución pasa por reducir el consumo de todas esas sustancias y el de los productos que las contienen (bollería, galletas, refrescos...) y, en definitiva, disminuir nuestra exposición a esos sabores tan intensamente dulces, para dar prioridad a los alimentos saludables.

La importancia de la salud mental

Cuando hablamos de alimentación solemos pensar en muchas de las cosas que hemos visto hasta ahora: azúcar, grasas, sobrepeso, diabetes... Es decir, nos centramos en los aspectos físicos. Pero la alimentación también influye mucho en el plano psicológico y emocional, y esto es algo en lo que a veces ni siquiera reparamos porque tradicionalmente nunca se ha hablado de ello, aunque por suerte, cada vez se le da más importancia.

Podemos pensar de nuevo en la alimentación de los bebés. Entiendo los miedos, las preocupaciones y las frustraciones que sienten padres y madres cuando los niños no comen, lo que lleva en algunos casos a esos chantajes y coacciones de los que hablábamos antes. Pero eso no hace más que empeorar las cosas. El momento de la comida debería ser agradable y un acto que se desarrolla con naturalidad, pero esos comportamientos consiguen todo lo contrario: ponen a los niños en una situación angustiosa y transmiten la idea de que comer es algo desagradable, artificioso y complicado. Al final, acaban asociando la comida con sentimientos negativos, y ese puede ser el comienzo de un mal camino.

Sí, ya sé que mucha gente piensa: «Pues a mí me hacían comer así y no tengo ningún problema». Y puede que sea cierto, pero hay muchas otras personas que sí tienen alguna aversión o algún problema con la comida, precisamente por la forma en que les «enseñaron» a comer.

Y ya que hablamos de aspectos psicológicos, alimentación y educación, también es importante educar a los niños para que no tengan prejuicios contra los demás por cuestiones como el aspecto físico; por ejemplo, por sufrir obesidad o sobrepeso. Quizá el mejor modo de hacerlo es predicar con el ejemplo. Aunque no basta con eso. También es importante que se den cuenta (y que nos demos cuenta) de todos los prejuicios que existen contra esas personas y de lo que eso puede suponer para ellas.

Muchas personas con obesidad sufren problemas como ansiedad, baja autoestima o depresión, que se ven causados o agravados por la marginación, el acoso y la presión social a los que se las somete a menudo.

Muchas veces esos prejuicios se instalan en nuestra mente de forma inconsciente; por ejemplo, a través de películas o series de televisión, donde los personajes con obesidad encarnan papeles asociados a valores negativos: habitualmente se retratan como vagos, torpes, malos, feos, etc.

También ocurre por ignorancia. Por una parte, porque

muchas personas asocian inexorablemente el peso con la salud: entienden que estar delgado es sinónimo de estar sano y el exceso de peso, de lo contrario. Pero en realidad no tiene por qué ser así. Por ejemplo, podemos tener un cuerpo «de revista» y sufrir enfermedades asociadas a una mala dieta, como diabetes tipo 2, y viceversa. Por otra parte, muchas personas culpabilizan a quienes sufren obesidad porque piensan que son perezosos y no tienen fuerza de voluntad para poner fin a su situación, una actitud que normalmente se apoya en la creencia errónea de que «adelgazar es tan fácil como comer poco y hacer ejercicio para quemar más calorías de las que ingieres».

Es cierto que el aporte calórico y la actividad física tienen importancia, pero la cosa no es tan sencilla, ni mucho menos. Sobre la obesidad influyen infinidad de factores y muchos están fuera del control de la persona que la padece: psicológicos, económicos, sociales, genéticos, metabólicos, etcétera. Por ejemplo, desequilibrios en la microbiota intestinal o desajustes en el mecanismo hormonal que regula el apetito y la saciedad.

Lógicamente, esto no significa que combatir la obesidad sea imposible. Además, la persona afectada tiene que poner de su parte, por supuesto. Pero pensar que «si está gorda es porque quiere» y que si desea adelgazar «solo tiene que comer menos y hacer ejercicio» es tan simplista como decirle a una persona que sufre depresión que no esté triste o decirle a una persona pobre que se haga rica.

Esta es una de las grandes mentiras que nos vende la llamada *cultura del esfuerzo*, tan presente en nuestros días: que nosotros «somos los únicos dueños de nuestro destino» y que «si quieres y te esfuerzas puedes lograr todas tus metas». Se trata de una jugada maestra, porque, además de responsabilizar a los individuos de los fallos estructurales de la sociedad en la que viven, exonera de responsabilidad a la clase política, que es, en primer lugar, quien debe trabajar para solucionarlos. Y sí, claro que tenemos responsabilidades sobre lo que ocurre a nuestro alrededor y claro que hay que esforzarse en la vida, pero no debemos olvidar que nuestras circunstancias determinan en gran medida nuestro camino.

No es lo mismo nacer en un poblado de Burundi, que es uno de los países más pobres del mundo, que hacerlo en el seno de una familia rica en Estados Unidos. En el primer caso, por mucho que te esfuerces, es muy probable que no puedas escapar de la miseria, mientras que en el segundo, apenas necesitarás hacer nada para disfrutar de una vida repleta de privilegios.

Estos casos son ejemplos extremos, pero en nuestro propio entorno ocurre algo parecido. No es igual nacer en un barrio rico y tener todas las facilidades del mundo para llevar una vida desahogada que hacerlo en un barrio pobre y tener que trabajar de sol a sol para llegar, a duras penas, a fin de mes.

Con la alimentación y la obesidad ocurre lo mismo. Están determinadas en gran medida por el entorno y el nivel socioeconómico. No es lo mismo tener una educación privilegiada, vivir en un barrio acomodado, con espacios verdes para salir a correr, con piscina y gimnasio en casa, con tiempo y dinero de sobra para planificar las comidas, comprar, cocinar o incluso para contratar un cocinero, un nutricionista y un entrenador personal, que trabajar doce horas al día en un puesto precario y no tener tiempo, dinero, energía ni motivación para comprar, cocinar y pensar lo que vas a comer.

No es casualidad que la mayoría de los ricos sean hijos de ricos ni que las mayores tasas de obesidad se registren en las clases sociales más bajas. Y tampoco es casualidad que en unas pocas décadas los índices de obesidad hayan aumentado de forma vertiginosa en infinidad de países. ¿Acaso se ha vuelto todo el mundo vago de repente?

En realidad, lo que ha ocurrido es que ha cambiado nuestro entorno. Además lo ha hecho drásticamente en los últimos cuarenta años. Quizá no nos damos cuenta porque esos cambios han ido llegando poco a poco. Pero basta con visitar una ciudad a la que hace tiempo que no vamos para notar la diferencia con el pasado. A mí me ocurre, por ejemplo, con Salamanca. Si en 1989, cuando tenía 160.000 habitantes, había apenas un Burger King y un Pryca, hoy, con 142.000 habitantes, un 11% menos, hay tres Burger King, tres McDonald's, un Corte Inglés, un Carrefour y un montón de franquicias multinacionales de comida rápida que ocupan lo que en otros tiempos fueron bares y restaurantes de toda la vida. ¡Hasta hay un Telepizza en Béjar!

En definitiva, vivimos en un ambiente obesogénico, es decir, un entorno que favorece la obesidad. No solo por esa omnipresencia de alimentos insanos, baratos y sabrosos, sino también por otros factores, entre ellos el sedentarismo asociado al trabajo y a los momentos de ocio, la ausencia de espacios para realizar actividad física, la escasa disponibilidad de alimentos saludables, las condiciones que favorecen los trastornos del sueño, el estrés y los problemas mentales.

¿CÓMO PODEMOS ESCAPAR DE UN AMBIENTE OBESOGÉNICO?

Teniendo en cuenta la realidad en la que vivimos, lo más fácil para escapar del ambiente obesogénico sería irse a vivir a Marte, pero mientras eso no sea posible, podemos tener en cuenta algunas medidas concretas:

- Planificar un menú semanal basado en alimentos saludables y hacer una lista de la compra ciñéndonos a ello.
- Intentar no tener en casa alimentos insanos. Si nos apetece

alguno de forma puntual, es preferible comprar uno unitario que un paquete entero; por ejemplo, mejor un pastelito un día concreto que una caja de galletas para toda la semana.

- Organizar los alimentos para tener siempre a mano e incluso a la vista los que son saludables; por ejemplo, un frutero sobre la mesa o la encimera de la cocina.
- Desarrollar habilidades culinarias para cocinar recetas variadas y apetitosas con alimentos saludables.
- Identificar nuestras emociones para tratar de gestionarlas de forma adecuada. Por ejemplo, hay personas que comen por hambre emocional: pican alimentos insanos entre horas por ansiedad, aburrimiento, tristeza, depresión, etcétera. Si la situación no es grave podemos tratar de solucionarlo por nuestra cuenta; por ejemplo, saliendo a dar un paseo o haciendo ejercicio. En caso contrario, es posible que necesitemos buscar ayuda acudiendo a un profesional sanitario.
- Mantener otros hábitos de vida saludables; por ejemplo, dormir lo suficiente y realizar actividad física de forma regular. Esto último no significa necesariamente machacarse en el gimnasio a diario. Podemos comenzar simplemente por hacer pequeñas cosas a nuestro alcance, como subir por las escaleras en lugar de utilizar el ascensor o desplazarnos a pie o en bici en lugar de utilizar transportes a motor.
- Realizar actividades de ocio saludables, preferiblemente en compañía, como practicar deporte, pasear, caminar por el monte, etc.

Se trata, en definitiva, de intentar crear a nuestro alrededor un ambiente saludable, sin que para ello tengamos que recurrir a la nada recomendable opción de aislarnos de la sociedad. De este modo además podremos tener una influencia positiva sobre las personas que nos rodean.

Hay que ver cómo te has puesto

El ambiente y la presión social en torno al aspecto físico y a la alimentación no solo se ceban con las personas que padecen obesidad. El ejemplo más claro es el de las mujeres, que desde bien pequeñas sufren especialmente la tiranía de la estética y del culto al cuerpo, omnipresentes en muchos ámbitos de nuestra sociedad, donde se muestran referentes irreales e inalcanzables: imágenes retocadas y megaperfectas en revistas y redes sociales; tallas de ropa imposibles; figuras extremadamente delgadas en dibujos animados, muñecas y maniquíes... A lo que hay que sumar otras influencias, como las de la publicidad, la cultura de las dietas o los innumerables comentarios y situaciones que contribuyen a la obsesión por la alimentación y el aspecto físico: «No comas eso que engorda mucho», «Hay que ver cómo te has puesto», «Con ese vestido pareces una vaca»...

Incluso he llegado a oír comentarios de ese estilo en boca de niñas de cinco años: «Este vestido me hace muy gorda», «Prefiero beber agua, que no engorda», «Ojalá el chocolate no engordara»... Es aterrador. Obviamente, muchos de esos comentarios los escuchan de los adultos de su entorno, sobre todo mujeres, lo que no hace más que perpetuar un problema que tiene difícil solución porque está extendido en muchos ámbitos.

Por ejemplo, para una mujer, una tarea aparentemente trivial como ir a comprar ropa puede convertirse en un calvario, sobre todo por la falta de unificación en las tallas. Es un disparate que dos prendas del mismo tamaño tengan tallas diferentes, según la tienda donde se vendan, la marca que las fabrique o la temporada en la que estemos. Si esto mismo ocurriera con tornillos, bombillas o tuberías, no habría forma de construir una casa o un coche, y medio mundo se pondría en pie de guerra, pero parece que las tallas de ropa no son lo suficientemente importantes para algunos.

El problema no es solo la confusión y la complicación que eso produce a la hora de comprar. Además, contribuye al malestar del que hablamos y afecta especialmente a las mujeres, porque es, sobre todo, en su ropa donde se cometen estos desmanes. Si no, que se lo digan a mi mujer, que se pilla unos rebotes importantes con estas cosas. Si siempre has vestido con la talla 40 y de repente la única que te sirve es la 44, lo primero que piensas es que «la culpa» es tuya.

Por todo eso lo primero que hacen muchas mujeres cuando se miran al espejo es verse defectos físicos, a menudo relacionados con un supuesto exceso de peso, lo que se traduce en frustración y baja autoestima, que además pueden contribuir al desarrollo de trastornos de la conducta alimentaria, como anorexia o bulimia.

Al menos aquella explosión de casos de anorexia que se registró en los años noventa sirvió para empezar a concienciar sobre este tema, una tarea que hoy continúa y que cada vez comprende más iniciativas y reivindicaciones para combatir esa situación: campañas informativas o publicitarias que muestran cánones de belleza más realistas; revistas, actrices y modelos que se niegan a utilizar fotografías retocadas; espacios educativos donde se tratan estos temas para aprender a gestionar todas esas presiones y a prevenir los trastornos de la conducta alimentaria, etcétera.

En cualquier caso, todavía queda muchísimo por hacer. Por ejemplo, podemos preguntar a la Comisión Europea, que en 2013 propuso la unificación de tallas, pero nunca más se supo de ello. O podemos preguntar a infinidad de actrices, modelos y cantantes, que tras aumentar de peso han recibido avalanchas de comentarios, algunos para atacarlas y otros para decirles que han engordado. Como si su cuerpo fuera de propiedad pública. A ver si nos entra de una vez en la cabeza que no somos quién para juzgar el cuerpo de los demás. Además, generalmente, la gente tiene espejos en su casa. Así que quizá es mejor ahorrarse los comentarios.

«Es que ya no se puede decir nada», pensarán algunos. Pero no se trata de eso. Se trata de pensar un poco en los demás antes de soltar lo primero que se nos pasa por la cabeza. También convendría tener en cuenta algunos aspectos como la forma en que decimos las cosas o el contexto en el que nos encontramos. No es lo mismo preguntar por su salud a una persona íntima, con delicadeza y en privado, que decirle en público a un conocido que se ha puesto como un tonel. Es decir, no se trata de caer en la dictadura de lo políticamente correcto, sino de pensar antes de hablar. Además, no debemos olvidar que la libertad de expresión funciona en ambos sentidos, así que, si ese conocido al que llamamos «gordo» nos dice que nosotros estamos más viejos y más feos, no nos llevemos las manos a la cabeza porque «hay que ver cómo te pones; ya no se puede decir nada».

La obsesión por la alimentación saludable

Esto que acabamos de mencionar también lo podemos aplicar cuando hacemos comentarios aparentemente positivos: «Ay, qué guapa, estás tan delgadita», «Qué bien que has adelgazado»... Yo mismo tengo dos o tres amigas que siempre lo hacen, con toda su buena intención, por supuesto, pero no es buena idea. Aunque nos resulte paradójico, esos comentarios también pueden tener un efecto negativo. Por ejemplo, si esa persona ha perdido peso porque está obsesionada con la alimentación, nuestros comentarios bienintencionados contribuirán a agravar su situación.

Cuando hablamos de obsesiones con la alimentación o de trastornos de la conducta alimentaria, normalmente pensamos en los que acabamos de mencionar, anorexia y bulimia, que son los más conocidos. Como sabemos, estos se centran en el peso corporal y en la cantidad de comida que se ingiere. Pero hay otro, menos conocido, que no se basa en eso, sino en la calidad de los alimentos que se comen. Este trastorno suele pasar desapercibido o incluso es visto con buenos ojos, precisamente por ese desconocimiento y porque se basa en seguir hábitos saludables: evitar los alimentos insanos, los ultraprocesados, los azúcares, las harinas refinadas, las grasas de mala calidad nutricional, revisar las etiquetas, preocuparse por la seguridad de los alimentos... ¿Qué puede tener todo eso de malo? ¿Acaso no es lo que se recomienda hacer? Desde luego que sí, pero puede convertirse en un problema si lo hacemos de forma estricta y toda nuestra vida gira en torno a ello.

Esto es algo que me encuentro muy a menudo por motivos obvios. Muchas personas que se interesan por la alimentación acaban preocupándose excesivamente por seguir una dieta saludable y perciben los alimentos insanos como si fueran tóxicos. Algunas que he conocido en persona hasta se sorprenden de verme comer algunos alimentos de ese tipo porque presuponen que mi dieta es estrictamente saludable. Me da la sensación, además, de que algunas están despistadas con el criterio que sigo cuando me alimento o cuando doy de comer a mis hijas. ¿Por qué unos días sí se pueden comer chuches y otros no? Es aquí precisamente donde está la dificultad, en valorar las situaciones y el contexto para tomar una decisión que no afecte de manera negativa a la salud física ni mental y que nos permita llevar una vida plena. Por ejemplo:

—Me han invitado a un cumpleaños en el McDonald's, ¿puedo ir?

—Claro que sí. Pero mejor bebe agua.

Esa obsesión patológica por la calidad de los alimentos, que además suele estar asociada a una preocupación excesiva por el ejercicio físico, es un trastorno alimentario que se conoce como ortorexia. El término fue acuñado por el médico estadounidense Steve Bratman en 1997, lo que nos da una pista de que ha comenzado a estudiarse hace relativamente poco tiempo. De hecho, no ha sido catalogada aún como enfermedad por organismos de referencia como la Asociación Americana de Psiquiatría, pero existe un número creciente de estudios en torno a este trastorno y cada vez son más los profesionales que demandan su reconocimiento como tal.

Se sabe además que su incidencia es cada vez mayor, sobre todo en países desarrollados, y en especial en personas de entre 20 y 24 años. Un estudio publicado en 2018 por investigadores españoles concluyó que el 17% de los estudiantes universitarios de este país estaba en riesgo de sufrir ortorexia, aunque probablemente hoy sean más. También hay estudios que relacionan la incidencia de este trastorno con las redes sociales y con la polarización y compartimentación social que fomentan, y en concreto con Instagram, donde a menudo se muestra una imagen distorsionada de la realidad, con cuerpos perfectos, recetas inmaculadas, vidas ideales, mensajes extremistas, etcétera. Eso no significa que usar Instagram o cualquier otra red social nos vaya a causar un trastorno por sí solo. Lo que quiere decir es que pueden ser factores de riesgo.

A diferencia de lo que ocurre en el caso de otros trastornos de la conducta alimentaria, en los que las personas afectadas tratan de ocultar su situación, quienes sufren ortorexia no esconden su estilo de vida ni su dedicación a la salud, sino al contrario. Se enorgullecen de ello y lo defienden fervientemente, llegando incluso a menospreciar a quienes no siguen unos hábitos como los suyos. Esta es precisamente una de las dificultades a la hora de tratar este trastorno, dado que cuesta mucho que las personas que lo sufren reconozcan su situación como un problema.

Por ejemplo, una de las señales que debería encender nuestras alarmas es la polarización extrema, como cuando se conciben los alimentos insanos como comida «sucia», «tóxica», «química» o «basura» y los alimentos saludables como «limpios», «puros», «naturales» o «reales». A veces incluso está mal visto que la comida pueda aportar placer, aunque sea saludable, porque eso se ve como una «debilidad» y se asocia con una alimentación insana. Aunque, evidentemente, todo esto por sí solo no es determinante.

Para identificar y diagnosticar este trastorno, Bratman elaboró un cuestionario con diez preguntas que posteriormente ha sido modificado, ampliado y adaptado a varios idiomas por diferentes investigadores. Para hacernos una idea, algunas de las cuestiones que se planteaban eran las siguientes:

- ¿Pasas más de tres horas al día pensando en buscar y preparar comida saludable?
- ¿Te sientes superior a las personas que tienen otros hábitos alimentarios?
- ¿Te sientes culpable si te saltas la dieta que has decidido seguir?
- ¿Te preocupas más por las características saludables de lo que comes que por el placer de comerlo?
- ¿Tu calidad de vida ha disminuido a medida de la calidad de tu dieta ha aumentado?
- ¿Empiezas a controlar las etiquetas de los alimentos y

de forma rígida y obsesiva has empezado a eliminar algunos que consideras dañinos?

El seguimiento de normas rígidas e inflexibles por quienes sufren este trastorno conlleva problemas físicos, como desnutrición, debido a las restricciones dietéticas que se autoimponen; psicológicos, como ansiedad, depresión o baja autoestima, y sociales, como descuido de responsabilidades familiares o laborales, o aislamiento social, dado que las personas que lo sufren rechazan acudir a actos sociales, como reuniones con amigos o familiares, para evitar exponerse a alimentos insanos. Además, suelen relacionarse con otras personas en su misma situación, muchas veces de forma sectaria, lo que no hace más que agravar el problema.

Por supuesto, si sospechamos que nos encontramos en esa situación, lo recomendable es acudir a un profesional sanitario especializado en trastornos de la conducta alimentaria.

La repostería «saludable»

A mi juicio, uno de los fenómenos que mejor reflejan la obsesión por la alimentación saludable es el auge de la repostería «saludable»: bizcochos con harina de espelta ecológica y panela, tartas de cacao puro con harina integral y miel, magdalenas con harina de garbanzos y pasta de dátiles, cruasanes con aceite de oliva... En definitiva, se trata de preparaciones donde se sustituyen ingredientes insanos por otros presuntamente saludables. Su éxito es tal que podemos encontrar libros de recetas entre los más vendidos, perfiles de Instagram con millones de seguidores, marcas dedicadas a su comercialización, establecimientos especializados, etcétera.

En principio no tiene nada de malo tratar de mejorar los ingredientes y la composición de una tarta, de un bizcocho o de un cruasán, pero debemos tener en cuenta algunos aspectos importantes porque, en mi opinión, el éxito de estos productos refleja varias creencias que están muy extendidas y que nos pueden despistar a la hora de alimentarnos.

La primera de ellas, el nutricionismo del que ya hablamos anteriormente, que se basa en valorar los nutrientes de forma aislada en lugar de considerar los alimentos de manera conjunta. Así, podemos cometer el error de pensar, por ejemplo, que una tarta de frutos rojos es saludable por su contenido en antioxidantes.

Otro error frecuente es creer que los alimentos son saludables por el hecho de ser «naturales» o «caseros». Es cierto que una tarta elaborada en casa puede tener una mejor composición que otra comercial; por ejemplo, si elegimos mejores ingredientes, como copos de avena en lugar de harina refinada, o si añadimos menos azúcar. Pero eso no significa que vaya a ser saludable.

La tercera creencia, cada vez más extendida, consiste en pensar que la palabra *ultraprocesado* es sinónimo de *insano*, así que mucha gente está convencida de que una tarta casera es saludable «porque no es un ultraprocesado». Pero debemos tener claro que ese concepto se utiliza para clasificar los alimentos en función de su grado de procesamiento y eso no tiene por qué guardar relación con sus características nutricionales. Concretamente, los ultraprocesados se caracterizan sobre todo porque, en lugar de estar elaborados a partir de alimentos transformados (como ocurre en las sardinas en conserva), se fabrican a partir de formulaciones compuestas por mezclas de diferentes ingredientes, entre los que destacan algunos como harinas refinadas, azúcar, grasa o sal. Es cierto que todos los alimentos ultraprocesados son insanos (salvo alguna contada excepción como la leche de fórmula), pero no todos los alimentos insanos son ultraprocesados. Por ejemplo, la fruta en almíbar, el vino o la miel no son ultraprocesados, pero sí insanos.

Como ya hemos mencionado, cuando comemos productos de repostería lo hacemos por placer, no para nutrirnos. Por eso la receta original de un cruasán tiene una cantidad importante de mantequilla, que es la responsable de su textura y sabor característicos. Si en su lugar elegimos otro «más saludable», con menos grasa, menos azúcar, con aceite de oliva en lugar de mantequilla y con harina integral en lugar de harina refinada, simplemente porque nos gusta, estupendo. Pero no nos engañemos. Por muy buena que sea su composición, no es una lechuga ni un tomate. Es decir, sigue siendo un producto poco interesante desde un punto de vista nutricional y que deberíamos destinar a un consumo puntual, sobre todo porque puede desplazar alimentos que sí son saludables. Además, ese cruasán «más saludable» no tendrá la textura ni el sabor del original, así que es posible que no nos satisfaga tanto y necesitemos comer más cantidad.

Por otra parte, si elegimos repostería «saludable» porque la convencional nos produce sentimiento de culpa o porque pensamos que nos va a enfermar, es posible que tengamos un problema, o que nos encaminemos hacia ello, y necesitemos acudir a un profesional sanitario.

Para prevenir los trastornos de la conducta alimentaria, conviene tener presente que, del mismo modo que es importante seguir una alimentación saludable, también lo es mantener una relación sana con la comida. Eso significa, entre otras cosas, que la comida no debería hacernos sentir culpables, incluso aunque hablemos de un helado o unas galletas de chocolate.

Además, consumir esos productos de forma puntual en el contexto de unos hábitos saludables no tiene repercusiones significativas para la salud en personas sanas. Y lo mismo ocurre cuando compartimos una pizza o una bolsa de patatas fritas con amigos. No es algo que hagamos para nutrirnos, sino para socializar y disfrutar, tanto de la compañía como de la comida. Y esto también tiene aspectos positivos, aunque esos alimentos sean insanos. Obviamente, también se puede socializar y disfrutar con alimentos saludables, o incluso realizando otras actividades que no tengan nada que ver con la comida. Pero conviene relativizar y no tomarse las cosas a la tremenda ni irse a los extremos. Por ejemplo, en esta casa hacemos repostería muy de vez en cuando, unas veces con recetas de toda la vida y otras con recetas «saludables», porque ambas gustan. Lo más importante en estos casos es que pasamos un buen rato juntos y que la actividad sirve a las pequeñas de la casa para desarrollar habilidades en la cocina.

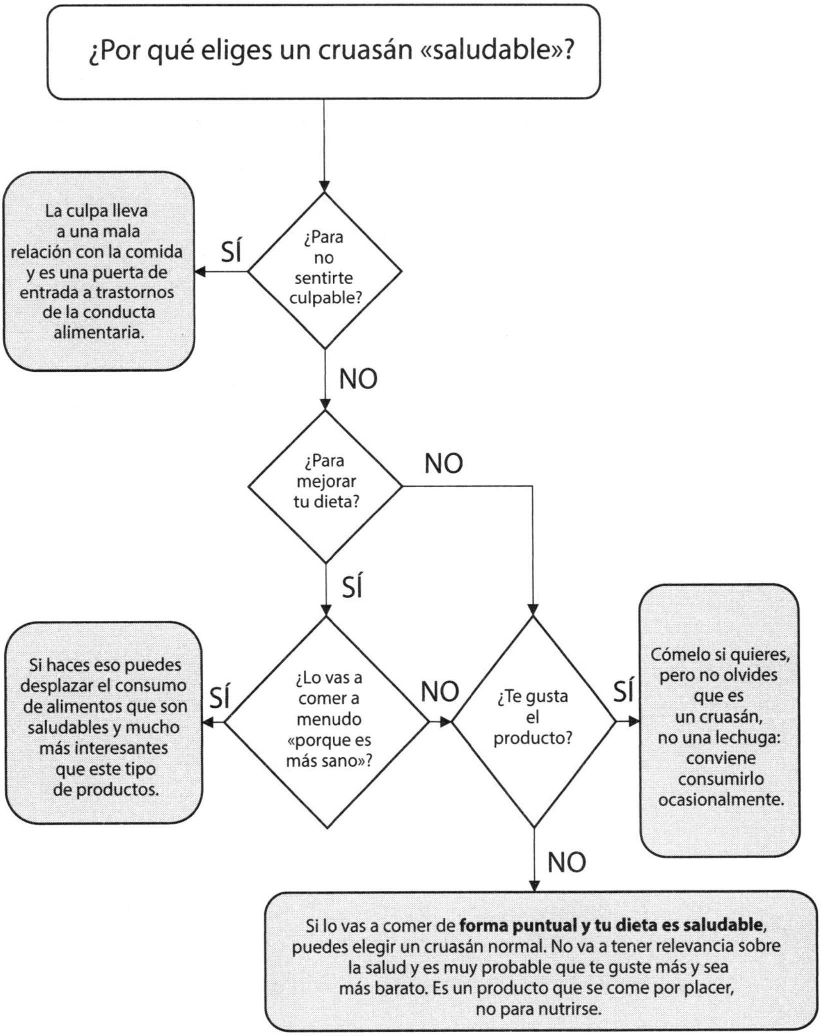
¿Por qué eliges un cruasán «saludable»?
¿Para no sentirte culpable?
SÍ
La culpa lleva a una mala relación con la comida y es una puerta de entrada a trastornos de la conducta alimentaria.
NO
¿Para mejorar tu dieta?
NO
SÍ
¿Lo vas a comer a menudo «porque es más sano»?
SÍ
Si haces eso puedes desplazar el consumo de alimentos que son saludables y mucho más interesantes que este tipo de productos.
NO
¿Te gusta el producto?
SÍ
Cómelo si quieres, pero no olvides que es un cruasán, no una lechuga: conviene consumirlo ocasionalmente.
NO
Si lo vas a comer de **forma puntual y tu dieta es saludable**, puedes elegir un cruasán normal. No va a tener relevancia sobre la salud y es muy probable que te guste más y sea más barato. Es un producto que se come por placer, no para nutrirse.

6

TIEMPOS MODERNOS

El tiempo fue poniendo las cosas en su lugar. Llegó un momento en que la logística familiar era ya difícil de compaginar con mi trabajo desde una oficina, así que cogí los bártulos y me los llevé a casa para trabajar desde allí. Además, la parte de consultoría me daba cada vez menos alegrías, mientras que con la otra parte, la de la divulgación científica, me ocurría todo lo contrario. Para mí era muchísimo más motivadora, así que le dedicaba mucho esfuerzo y muchas ganas. Y un día, eso que había comenzado como una afición se acabó convirtiendo en un trabajo, un trabajo maravilloso y privilegiado, que me permite hacer todo lo que siempre había querido hacer: aprender y enseñar todo aquello que me apasiona sobre los alimentos y la alimentación. Desmontar bulos, ayudar a la gente a comer mejor, estar en contacto directo con el mundo de la investigación, acudir a congresos, dar charlas, impartir cursos, promover cambios, conocer personas con las mismas inquietudes... Nunca me lo hubiera imaginado porque este trabajo ni siquiera existía hace unos años. Al menos, no como ahora.

Poco a poco, otros compañeros se fueron sumando a la misma causa, como Gemma del Caño, Beatriz Robles, Mario Sánchez o Jose Kenji, y nuestro mensaje fue llegando cada vez más lejos. Si no que se lo digan a Aitor Sánchez o Boticaria García, que hoy van firmando autógrafos por la calle. Bueno, eso ya no se estila. Ahora se hacen selfis.

Trabajar por cuenta propia y a distancia tiene sus inconvenientes, pero también me reporta grandes ventajas. Me permite adaptarme a la logística familiar, que, con dos niñas en edad escolar, a veces se complica. Menos mal que mi pareja y yo nos complementamos muy bien en ese aspecto. Y cuando la cosa se complica de verdad para ambos, todavía nos queda el recurso de los abuelos, afortunadamente.

La estructura de mi familia es como la que abundaba en la generación de mis padres: un padre, una madre y dos hijas. Pero no es algo tan generalizado como antes. Hoy en día la estructura de la sociedad es muy diferente a la de entonces y poco tiene que ver con aquella; hay mucha mayor variedad en los núcleos familiares: parejas con hijos, personas que viven solas, parejas sin hijos, familias monoparentales, etcétera. Además, se ha reducido la natalidad y ha aumentado la esperanza de vida, así que la población está más envejecida. Hay mil motivos que explican todos estos cambios: la transformación del sistema productivo, la incorporación de la mujer al mercado laboral, el desarrollo de métodos anticonceptivos, la libertad para decidir si quieres tener hijos o no, la precariedad laboral, el encarecimiento de la vivienda, la mejora de la sanidad, la dificultad para conciliar la vida laboral y familiar, etc.

Todos estos cambios en la demografía y en la sociedad han transformado enormemente la forma en que nos alimentamos y hacemos la compra, de modo que las empresas alimentarias han adaptado sus productos a estas nuevas realidades. Por ejemplo, ahora podemos encontrar alimentos desarrollados específicamente para personas de avanzada edad, como los lácteos enriquecidos con calcio, o productos destinados a núcleos familiares de diferentes tamaños, que se venden en infinidad de formatos diferentes, como las sandías, entre las cuales encontramos nuevas variedades más pequeñas, o los yogures, que se comercializan en paquetes individuales, por parejas o en paquetes de cuatro, seis, ocho y hasta dieciséis o más.

Si nos paramos a pensarlo, nos puede resultar paradójico que ahora haya formatos tan grandes, cuando los núcleos familiares son pequeños, mientras que décadas atrás, cuando abundaban las familias numerosas, los formatos eran más reducidos. Que yo recuerde, cuando era pequeño solo había yogures en paquetes de cuatro.

En principio, a las empresas les interesa vender esos formatos grandes porque generalmente su producción es más rentable y requiere menos recursos; por ejemplo, menos proporción de materiales para los envases. Además, esos formatos favorecen que nos habituemos a consumir el producto: es más fácil que incorporemos en nuestra dieta el hábito de comer dónuts si compramos un paquete de diez unidades que si adquirimos uno de dos, así que cuidado con esto. También es más fácil que el producto supere su fecha de duración antes de que acabemos el paquete, de manera que es posible que tengamos que acabar tirándolo y comprar más.

A veces no reparamos en esos inconvenientes de los formatos de gran tamaño y nos quedamos solo con las ventajas, que también las tienen: en general su precio es proporcionalmente más bajo que el de los pequeños y además nos permiten tener más cantidad del producto en casa y con ello ir con menos frecuencia a la compra.

De la compra diaria a la compra semanal

Hasta hace unos cuarenta años, lo normal era ir a comprar a diario y echar media mañana recorriendo la pescadería, la frutería, la carnicería o el ultramarinos, como hacían mi madre o mi abuela.

En aquellas circunstancias, los aspectos logísticos de la alimentación estaban resueltos porque en cada hogar había una mujer que se encargaba exclusivamente de hacer la compra y cocinar, además de realizar otras tareas domésticas, como lavar y planchar la ropa, limpiar la casa, cuidar de los niños y todo lo demás. Ese era el papel que se suponía que debían desempeñar las mujeres, que durante décadas fueron educadas y dirigidas por el Estado y por la sociedad para ser esposas, madres y amas de casa, y lo tenían muy difícil para seguir otro camino.

Conviene recordar todo esto, no solo porque ha tenido y sigue teniendo una influencia determinante sobre nuestros hábitos de compra y alimentación, sino también para saber de dónde venimos. A menudo se nos olvida y edulcoramos el pasado, romantizando muchas cosas, como las comidas que cocinaban nuestras madres y nuestras abuelas. Que sí, que estaban muy ricas. Yo soy el primero que las recuerda con nostalgia. Pero hoy soy consciente de que eran posibles a cambio de un alto precio para muchas mujeres, que eran rehenes de un sistema que las anulaba casi por completo.

Afortunadamente, la cosa ha cambiado mucho desde entonces, aunque ahora muchas de ellas, además de trabajar fuera de casa, siguen siendo quienes se encargan de esas tareas domésticas. Para hacernos una idea, según la Encuesta Nacional de Condiciones de Trabajo (2015), en España el porcentaje de las mujeres trabajadoras que cocinan y realizan tareas domésticas a diario es del 78 %, frente al 33 % de los hombres trabajadores. Además, entre quienes realizan esas tareas a diario, las mujeres dedican el doble de tiempo que los hombres, concretamente dos horas al día, frente a una hora de los segundos.

En esta casa somos conscientes de que las cosas de todos se hacen entre todos, así que generalmente nos repartimos en función de nuestras habilidades y nuestro tiempo, y nos vamos apoyando según las necesidades de cada uno. Si mi mujer está apurada con el trabajo, yo me encargo de la mayoría de las cosas. Y si yo estoy atareado con el mío, por ejemplo, escribiendo un libro como este, es ella la que hace lo propio. (Y las niñas también ponen su grano de arena, en la medida de sus posibilidades.)

De un modo u otro, tanto si se reparten las tareas como si no, la cuestión es que ya no hay una persona dedicada en exclusiva a comprar y cocinar, así que lo más habitual es que haya que administrar el tiempo para realizar esas tareas y compaginarlas con la jornada laboral.

La falta de tiempo es precisamente uno de los motivos que explican los cambios de hábitos en la compra. Ahora lo más usual ya no es comprar a diario en diferentes tiendas, sino hacerlo una o dos veces por semana en un supermercado o en un hipermercado (el 82 % de la gente lo hace en estos dos tipos de establecimientos), porque eso permite ahorrar tiempo y esfuerzo: se hace una compra grande para toda la semana y listo. Yo intento hacer dos compras por semana, pero con dos niñas en casa que comen como limas, a veces toca ir más.

Desde hace unos años, hay quien opta por hacer la compra online, que es una alternativa aún más rápida y cómoda, aunque todavía minoritaria en España (un 2,5 % del total), sobre todo porque preferimos ver los productos frescos con nuestros propios ojos y elegirlos según el surtido que haya y el estado en el que se encuentren.

Me atrevería a decir además que mucha gente prefiere ir a una tienda física porque quiere tratar con personas. Para muchas, sobre todo para quienes viven solas o hacen teletrabajo, el momento de la compra es casi el único del día en el que tienen trato directo con otros seres humanos, así que las ayuda a combatir la soledad. Precisamente por eso, una cadena de supermercados de Países Bajos ha introducido en sus tiendas «cajas lentas», donde los clientes pueden charlar tranquilamente con los trabajadores que los atienden. Podría parecer una buena noticia, pero la verdad es que resulta muy triste que estemos así.

Si ahora vamos a comprar con menos frecuencia que en el pasado, no es solo por falta de tiempo. Hay gente que podría hacerlo y, aun así, prefiere ir una vez a la semana, simplemente porque ahora existe esa posibilidad. Este es un privilegio que antes no teníamos y que debemos agradecer, sobre todo, al avance de la ciencia y la tecnología.

Por una parte, han mejorado enormemente las infraestructuras de las que disponemos. Solo hay que ver los frigoríficos que teníamos antes en casa y los que tenemos ahora. En aquellos, que medían apenas metro y medio de alto, no podíamos permitirnos el lujo de almacenar un paquete de dieciséis yogures, porque casi no habría quedado sitio para nada más. Sin embargo, los de ahora son mucho más grandes y funcionan mejor. Ocurre lo mismo con los camiones refrigerados que los transportan hasta las tiendas, con las carreteras por las que circulan o con los refrigeradores de los establecimientos donde los compramos.

¿POR QUÉ EN LOS FRIGORÍFICOS MODERNOS NO SE FORMA ESCARCHA?

Los frigoríficos de hace treinta o cuarenta años tenían muchos inconvenientes. Entre otras cosas, eran ruidosos, pequeños y enfriaban poco. Además, a medida que pasaba el tiempo iban enfriando aún menos porque en su interior se formaban gruesas capas de hielo que dificultaban la tarea y hasta lo ponían difícil para meter algo en el congelador. Así que cada tres o cuatro semanas había que sacar toda la comida que hubiera dentro de aquel cacharro para apagarlo y retirar todos los mazacotes de hielo, una tarea larga y engorrosa.

Afortunadamente en los frigoríficos de hoy eso ya no pasa, gracias a que su tecnología ha mejorado significativamente.

Por un lado, incorporan lo que se conoce como tecnología *no frost* (sin escarcha), que consiste en mantener la circulación del aire en el interior, gracias a un ventilador. Así se evita que la humedad se acumule en un punto y se condense, que es lo que provocaría la formación de escarcha. Por eso es importante facilitar esa circulación, para lo cual debemos evitar cubrir el ventilador o llenar demasiado el frigorífico.

También es importante evitar en la medida de lo posible la entrada de humedad, para lo cual conviene no abrir la puerta innecesariamente ni durante mucho tiempo, mantener las gomas de cierre en buen estado y no introducir alimentos calientes. Además, conviene vigilar la temperatura, ya que puede cambiar según la época del año o la cantidad de alimentos que haya en el interior. Debe mantenerse entre 0 °C y 4 °C.

A pesar de todo ello, es inevitable que se forme un poco de escarcha al cabo de un tiempo. Por eso muchos frigoríficos cuentan con un sistema de desescarche automático. Utilizan un ciclo de descongelación controlado que se activa periódicamente para eliminar el hielo acumulado mediante la aplicación de calor; por ejemplo, con aire caliente o con resistencias eléctricas.

Los avances científico-tecnológicos también han mejorado la producción de alimentos y han permitido aumentar su vida útil. Por ejemplo, hoy tenemos la opción de comprar carne envasada, que se conserva durante más de una semana gracias al uso de atmósferas protectoras. Esto consiste en introducir una mezcla de gases inocuos en diferente proporción, generalmente oxígeno (80%) y dióxido de carbono (20%), para dificultar el desarrollo de microorganismos y lograr que la carne se mantenga en buenas condiciones durante más tiempo.

Nos hemos acostumbrado tanto y tan rápido a todo esto que no nos paramos a pensar en lo asombroso que es poder disponer de tal cantidad de alimentos en cualquier momento. Tenemos a nuestro alcance todo tipo de productos con los que poder satisfacer nuestras necesidades y nuestros gustos, con la ventaja de que, además, muchos de ellos son asequibles y se preparan de forma rápida, cómoda y sencilla.

Nunca antes en la historia de la humanidad habíamos tenido la comida tan disponible como la tenemos ahora en nuestro entorno.

Ese vertiginoso aumento de la oferta de alimentos y la abundancia de la que disponemos hoy han influido enormemente sobre nuestros hábitos de consumo. Por ejemplo, antes solo había calabacines en verano, así que todo el mundo los compraba en esa fecha porque no había otra opción. Bueno, en casa no hacía falta ni comprarlos porque a mi madre se los regalaban muchos vecinos que tenían huerta. Así que yo me ponía morado a comer pisto. Si el de mi madre estaba rico, el de mi abuela ya era para premio...

Ahora hay calabacines durante todo el año, así que ya no esperamos a que llegue la época estival, sino que los compramos en cualquier momento. De hecho, mucha gente no tiene ni idea de cuál es su temporada idónea y eso es un problema. Primero porque aquella odiosa canción que decía «naranjas en agosto y uvas en abril» pierde todo el sentido. Y en segundo lugar, porque generalmente los alimentos fuera de temporada son más caros y peores: con menos sabor, peor textura, etcétera. Además, requieren más recursos para su producción; por ejemplo, porque hay que consumir energía y producir emisiones para calentar los invernaderos o para traerlos desde lugares remotos, como las cerezas que vienen desde Argentina en diciembre.

Con los alimentos procesados ha pasado un poco lo mismo. La oferta ha crecido casi más rápido que nuestros conocimientos básicos de consumo, así que cuando vamos a hacer la compra nos encontramos muchos productos relativamente novedosos que no sabemos si son saludables o no; por ejemplo, un plato precocinado de fideos orientales o una hamburguesa vegetal.

Además, la abundancia de alimentos ha cambiado nuestra mentalidad. La austeridad del pasado queda ya muy atrás. En las últimas décadas, nos hemos acostumbrado, o mejor dicho, nos han acostumbrado, a la abundancia y al consumismo. En muchos casos ya no compramos por mera necesidad, sino por otras cuestiones. Ocurre, por ejemplo, con los pantalones, que ya no compramos simplemente por la necesidad de vestirnos, sino por otros motivos: para lucirlos, para tener variedad, para combinarlos con otra ropa... Con la comida ha ocurrido lo mismo. En muchos casos ya no la compramos por necesidad, como ocurría antes con los alimentos básicos, sino que priorizamos otros motivos, como el placer de comerlos. Sucede sobre todo con los alimentos ultraprocesados.

La publicidad y la presión social

Los alimentos ultraprocesados se han ido incorporando cada vez más en la cesta de la compra hasta el punto de que a veces incluso han sustituido a los alimentos básicos. Uno de los motivos es el precio. Por ejemplo, un kilo de salchichas de Frankfurt, que vienen a ser unos seis paquetes de siete unidades cada uno, es decir, unas cuarenta y dos salchichas, cuesta en torno a tres euros, mientras que un kilo de filetes de ternera cuesta unos catorce euros; es decir, casi cinco veces más. Por tanto, hay personas que eligen la primera opción obligadas, en muchos casos, por sus circunstancias económicas.

Además, muchos de esos productos ultraprocesados resultan más atractivos que los alimentos básicos, ya sea por sus características organolépticas o por su facilidad de preparación o de consumo. Por eso a veces preferimos desayunar cereales azucarados en lugar de copos de avena, y por eso en ocasiones compramos pizza ultracongelada en lugar de prepararnos en casa una más saludable. Desde luego, yo prefiero mil veces hacer la pizza, no tanto porque sea más saludable, sino porque está mucho más rica. Es más fácil y más rápido de lo que puede parecer.

El tercer motivo que explica el elevado consumo de alimentos ultraprocesados podemos verlo con tan solo mirar a nuestro alrededor: se encuentran en todas partes a todas horas. No tenemos más que darnos un paseo por cualquier calle o echar un vistazo a la tele, a internet o a cualquier revista para encontrarlos. Muchos de ellos son superfluos, y ese es, precisamente, el motivo por el que se promocionan tanto. Sus campañas multimillonarias son posibles gracias a los ingentes beneficios que reportan, dado que son muy baratos de producir, sobre todo, porque están compuestos básicamente por harinas refinadas, azúcar, sal y grasas de mala calidad nutricional.

Difícilmente, veremos publicidad de alimentos básicos, como naranjas, garbanzos, lechugas o huevos. También la hay, pero es mucho más escasa. En cierto modo, todos ellos han quedado arrinconados. Parecen invisibles y no llaman la atención porque, a diferencia de los ultraprocesados que salen en los anuncios, no tienen luces, ni sonido, ni efectos especiales. ¿Quién quiere beber agua, que «no sabe a nada» y es «aburrida», cuando puede elegir un refresco de cola que hace cosquillitas en la boca y tiene un sabor intensamente dulce que nos hace sentir bien? A esto hay que sumar además la publicidad, que asocia estos productos a sentimientos y emociones positivos, como ya hemos señalado.

Así, la publicidad directa y también la que se cuela de forma indirecta en medios donde suele pasar más inadvertida, como las series, las películas y los vídeos de YouTube, nos acaban transmitiendo todo un estilo de vida: cuando el trabajo te estresa hay que ponerse un vino al llegar a casa o pedirse una copa en el bar de la esquina, si has tenido una ruptura sentimental hay que comer helado en pijama, cuando sales con los amigos hay que comer hamburguesas o pizzas y cuando vas al cine tienes que comer palomitas y beber refrescos.

Todos esos mensajes van calando y los hábitos se acaban instalando en gran parte de la sociedad. Cuando eso ocurre es aún más difícil hacer otra cosa, porque a todas esas influencias que enumeramos antes hay que sumar la presión social.

Por ejemplo, si tenemos hijos es posible que quieran llevar galletas para el almuerzo del cole, no solo porque están ricas y tienen personajes infantiles, sino también para no sentirse excluidos, porque todos los niños las llevan.

Algo de eso se ha escuchado alguna vez en esta casa. ¿Qué hacemos en esos casos? Para empezar, es importante que el colegio sea un entorno saludable, libre de alimentos insanos. Por eso muchos ya recomiendan no llevarlos. Pero aun así muchos niños siguen haciéndolo y aquí es donde entra en escena esa presión social y también la dificultad de tomar decisiones.

Aquí podemos aplicar la típica frase que decían todas las madres, también la mía: «¿Y si tus amigos se tiran por un puente, tú vas detrás?». Que traducida viene a ser: «Haz lo que consideres correcto, sin dejarte influenciar por los demás». Pero a la vez es importante ser flexibles y tolerantes según los casos. Por ejemplo, no creo que sea adecuado llevar galletas al cole de forma habitual, pero no pasa nada por hacer una excepción en casos puntuales, como la fiesta de fin de curso. Se llevan, se disfrutan y ya está, sin drama alguno.

Lo importante es, precisamente, aprender de todas esas situaciones porque se repiten a lo largo de toda la vida, no solo con los alimentos. Por ejemplo, durante la adolescencia es posible que nuestras hijas se encuentren en la misma situación con las bebidas «energéticas» porque todos sus amigos las toman. En la edad adulta tampoco nos libramos. Si vamos a un bar o a un restaurante y todos nuestros acompañantes beben alcohol, será difícil que nosotros no lo hagamos, aunque solo sea para evitar que nos molesten con preguntas incómodas: «¿Te pasa algo?», «¿Estás embarazada?».

La presión social modifica nuestra conducta en muchos otros aspectos. Como ya hemos mencionado, la alimentación es también una cuestión de estatus, así que a veces nos comportamos de una determinada forma por el miedo al qué dirán o porque hemos adquirido prejuicios en ese aspecto. Por ejemplo, hay quien piensa que sus hijos tienen que llevar al cole un Actimel de los caros porque llevar un plátano «es de pobres».

Ocurre lo mismo en muchas otras situaciones. Hay personas que no se atreven a sentarse en el banco de un parque para comerse una manzana porque lo ven como algo «degradante», así que se supone que lo que hay que hacer es ir a tomar algo a la terraza de un bar, donde lo más probable es que acabemos consumiendo productos insanos. Del mismo modo que llevar comida de casa para tomar en el tren se considera algo «antiguo», «cutre» y propio de una película de Paco Martínez Soria, porque lo suyo es ir a la cafetería, donde de nuevo acabaremos consumiendo más productos insanos. Son las ideas que nos transmite la sociedad de consumo y que condicionan nuestro día a día. No solo en estas situaciones, sino en muchas otras. Así que gran parte de esas decisiones que tomamos a la hora de elegir lo que comemos y que pensamos que son completamente libres y conscientes en realidad no suelen serlo, o al menos no tanto como creemos.

Por ejemplo, si elegimos desayunar un tazón de leche con cereales azucarados y no otra cosa, es porque muchos factores nos han influido para ello. Ya hemos citado unos pocos: nuestro paladar está habituado a sabores intensamente dulces, ese producto y su publicidad se encuentran por todas partes, nos resulta atractivo por su sabor y por su facilidad de consumo, es relativamente barato y, además, mucha gente desayuna así. También nos influyen muchas otras cosas. Quizá en el colegio nos enseñaron que los cereales eran una parte fundamental de la dieta (obviando que hay que priorizar los integrales y evitar los azucarados). Quizá desconocemos o infravaloramos el efecto adverso que el consumo habitual de ese tipo de productos puede tener sobre nuestra salud. Quizá vivimos en un país donde se hacen políticas que permiten promocionar ese tipo de alimento insano como si fuera saludable; por ejemplo, con declaraciones nutricionales y de salud o con una nota favorable en un sistema de clasificación nutricional. Quizá es lo que siempre hemos visto en las películas o lo que vemos en las redes sociales de los famosos a los que seguimos. Quizá es la información que recibimos de los medios de comunicación que consultamos, en los que se dice que el desayuno es la comida más importante del día y debe estar formado por leche, cereales y fruta. Quizá...

En definitiva, nuestro comportamiento, nuestras elecciones, nuestras ideas y nuestros hábitos no vienen caídos del cielo, sino que se construyen a partir de las influencias que recibimos: educación, entorno, etcétera.

Ya no sabemos cocinar

Todas esas influencias externas, junto con las transformaciones sociales a las que hemos asistido en los últimos cuarenta años, determinan también la forma en que nos relacionamos con la cocina.

Por ejemplo, en muchos casos se ha perdido esa transmisión de conocimientos que tradicionalmente pasaban de madres a hijas, así que hay personas que no cocinan porque nadie les ha enseñado. Por eso yo intento hacer lo propio con mis hijas. A la pequeña le encanta y no se le da nada mal, así que hay veces que cuento con una pinche de cocina que me ayuda un montón.

Es verdad que ahora tenemos a nuestro alcance más recursos que nunca para aprender a cocinar, pero a veces la tarea resulta abrumadora y frustrante, sobre todo si echamos mano de recetas exóticas, con ingredientes imposibles, o si nos fijamos en la alta cocina y la cocina molecular, es decir, la que se basa en aplicar la ciencia y la tecnología. Personalmente me entusiasma, pero a menudo se muestra como si todos pudiéramos hacer esas recetas. ¿Quién no tiene en su cocina esos utensilios tan cotidianos como un rotavapor y un depósito de nitrógeno líquido? Podemos verlo hasta en concursos televisivos, donde parece que hay que hacer espumas y esferificaciones hasta para cocer una patata.

Ocurre lo mismo si echamos un vistazo a la publicidad de alimentos, que muchas veces nos transmite de forma implícita la idea de que cocinar es un proceso largo y difícil. Por ejemplo, si una marca nos vende cacitos de cuscús listos para comer y además lo hace con mensajes que destacan la facilidad y rapidez de preparación, es probable que sintamos cierta indefensión y pensemos que cocinar ese alimento por nuestra cuenta requiere mucho tiempo o es complicado, cuando en realidad no es así.

Esto es lo que le ocurría a mi amigo Juan. Hace tiempo me contó que, como no tenía ni idea de cocinar, se había comprado un robot de cocina. Estaba encantadísimo con él porque para hacer unas lentejas «¡solo tenía que introducir todos los ingredientes, ponerlo en marcha y después de un rato ya tenía el plato listo!». Es decir, exactamente lo mismo que hago yo cuando cocino las lentejas en una olla a presión. Pero para él lo que hacía el robot era lo más parecido a la magia y me hablaba de aquel aparato como si hubiera sido la mejor inversión de su vida.

No lo niego. Quizá lo fue, si le ayudó a cocinar y a comer mejor. Por supuesto, los robots de cocina tienen muchas ventajas, como la versatilidad, las mil funciones que pueden desempeñar o el ahorro de tiempo y esfuerzo. Incluso el cuscús listo para consumir quizá tenga alguna ventaja también, quién sabe; cosas más raras se han visto. Pero esa no es la cuestión. La cosa es que a veces sentimos tal indefensión en la cocina que valoramos cosas que realmente no lo merecen tanto.

PURÉS DE FRUTAS EN BOLSITAS, ¡MENUDO INVENTAZO!

Si vamos a cualquier parque infantil nos resultará fácil ver a algún niño con una bolsita de puré de frutas colgando de su boca. Hace unos años este producto ni siquiera existía, pero ha causado furor por todas las virtudes que se le atribuyen. Si atendemos a las insinuaciones o las afirmaciones que hace la publicidad, se supone que:

- es saludable porque está compuesto por fruta,
- es 100 % natural porque no contiene aditivos,
- se puede llevar a cualquier parte porque es manejable y no necesita frío,
- se consume de forma fácil y limpia: no necesita cubiertos y no mancha,
- el envase es reciclable y respetuoso con el medioambiente, y
- su precio es asequible.

Es decir, todas las virtudes que tiene una fruta, como un plátano. Con la diferencia de que la fruta entera:

- es más saludable porque mantiene todos sus nutrientes y porque sus azúcares se metabolizan más lentamente,
- es más saciante porque hay que masticarla,
- mantiene sus características organolépticas porque no ha sido sometida a una trituración ni a un tratamiento térmico,
- contribuye a adquirir hábitos saludables y a apreciar sabores, aromas y texturas,
- es más respetuosa con el medioambiente, y
- es más barata: un plátano cuesta 2 €/kg, frente a los 13 €/kg de una bolsita.

Así que, ¿por qué no elegimos fruta? Es cierto que en niños muy pequeños puede requerir más tiempo y esfuerzo, pero estarán bien invertidos.

De los dos platos al plato único

No solo cocinamos menos que hace cuatro décadas, sino que además lo hacemos de forma diferente, debido sobre todo a nuestro cambio de hábitos o de forma de vida. Por ejemplo, ahora la mayoría de los trabajos son sedentarios o menos físicos que antes; es decir, por lo general, ya no necesitamos comer menús tan abundantes ni tan contundentes.

Si a eso le añadimos, una vez más, la falta de tiempo, es fácil entender por qué en la mayoría de los hogares las comidas ya no consisten en dos platos superelaborados, como los que hacía mi abuela o los que sigue haciendo mi madre; por ejemplo, menestra de verduras de primero y albóndigas de segundo, acompañados de una fruta de postre. En su lugar solemos recurrir a un plato único, generalmente basado en recetas más sencillas y más rápidas. Es lo que llevo haciendo desde que comencé a cocinar a diario, con dieciocho años.

Lo de comer plato único genera dudas y preocupación en muchas personas. Si no, que se lo digan a mi madre, que siempre plantea tres preguntas muy concretas: «Pero ¿cómo vas a comer solo un plato?, ¿te has quedado con hambre?, ¿te hago un huevo frito?». Es decir, uno de los motivos de preocupación sigue siendo que un solo plato «no alimente» lo suficiente y pueda dejarnos con hambre o causarnos problemas por falta de nutrientes. Por tanto, desde el punto de vista de la salud, ¿es mejor comer dos platos o plato único?

Como podemos imaginar, depende de la calidad y de la cantidad. Lo ideal es que la comida sea saludable y variada, para que nos aporte los nutrientes y la energía que necesitamos. En condiciones normales, la cantidad adecuada viene determinada por nuestro apetito, de modo que lo que comemos nos deje satisfechos, pero sin tener que abandonar la mesa rodando por empacho.

Elegir dos platos y postre puede ser una buena opción porque facilita que la alimentación sea variada, dado que en nuestro entorno los menús tradicionales suelen estar compuestos por un primer plato con alimentos vegetales, como verduras o legumbres, y un segundo plato para complementar el anterior, que normalmente está compuesto por carne o pescado; por ejemplo, pasta con verduras de primero, salmón a la plancha con ensalada de tomate de segundo y naranja de postre. Pero también corremos el riesgo de comer demasiada cantidad, sobre todo si cada uno de los platos es abundante, como ocurre cuando vamos de visita a casa de mamá.

Con un solo plato puede pasar lo contrario. Lo jugamos todo a una sola carta, así que corremos el riesgo de hacer comidas poco variadas y demasiado monótonas. Para evitarlo conviene que ese plato sea muy completo, o bien complementarlo en la medida de lo posible. Por ejemplo, podemos hacer algo parecido a la opción anterior elaborando una ensalada de pasta con verduras, salmón y tomate, y comer de postre una naranja. O bien comer solamente el plato de pasta con verduras, junto con una ensalada de tomate y tomar de postre la naranja y unos frutos secos o algún otro alimento similar.

No es necesario que lo que comemos a mediodía tenga todos y cada uno de los nutrientes que necesitamos porque los podemos complementar en otras ingestas, como el desayuno, el almuerzo, la merienda o la cena y a lo largo de varios días. Tampoco es necesario que en cada menú haya carne o pescado, aunque muchas personas sigan pensando que «una comida sin carne no es comida».

Al final, es lo de siempre, si los alimentos que elegimos no son saludables, de poco nos servirá preocuparnos por el número de platos. Evidentemente, no es lo mismo un plato único como el que acabamos de mencionar que otro compuesto por hamburguesa completa con patatas fritas y refresco.

Comer un único plato también es motivo de preocupación para algunas personas por sus implicaciones culturales y gastronómicas. Lo ven como una amenaza porque nos aleja de la tradicional dieta mediterránea compuesta por dos platos y postre. Su preocupación aumenta todavía más cuando ese plato consiste en preparaciones que no forman parte de nuestra gastronomía y que hemos ido incorporando en las últimas décadas, a consecuencia de los enormes cambios a los que hemos asistido, como los fenómenos migratorios, la globalización, el mayor acceso a la información o la mejora del transporte y las comunicaciones.

Desde el punto de vista de la salud podemos decir lo mismo que antes: existen alternativas buenas o malas, dependiendo de su composición. Por ejemplo, hay opciones nefastas, como casi todas las que nos llegan de Estados Unidos, donde se empeñan en cometer crímenes contra la gastronomía y la salud: patatas con queso y beicon, costillas con salsa barbacoa, perritos calientes, hamburguesas... Pero también hay alternativas foráneas que pueden ser interesantes: saludables, variadas, novedosas, sabrosas, fáciles de preparar, etc., como el *poke* hawaiano o el *bulgur* libanés. No vayamos a pensar que solo hay platos saludables en nuestra gastronomía.

De hecho, hay preparaciones de otras latitudes que son preferibles frente a algunas que tradicionalmente han formado parte de nuestra dieta. Por ejemplo, merendar hummus con bastones de zanahoria es más saludable que elegir un bocadillo de chorizo. Así que conviene dejar de mitificar tanto «lo bien que comían nuestros abuelos». Es verdad que en aquella época no comían la cantidad de alimentos insanos que se comen ahora (porque no existían), pero no todo lo que había en su dieta era saludable, al menos en el contexto actual.

En cuanto a la preservación de nuestra cultura gastronómica, por supuesto que es importante. No solo por cuestiones culturales, sino porque muchos de los platos que la componen son interesantes en muchos sentidos: están elaborados con alimentos e ingredientes de nuestro entorno y generalmente son asequibles, sencillos y, muchos de ellos, también saludables. Por no decir que están riquísimos. En España tenemos además el privilegio de contar con una enorme variedad de platos y alimentos, sobre todo considerando que se trata de un país relativamente pequeño.

La mejor forma de conservar todo ese patrimonio consiste en cocinar y transmitir esos conocimientos a nuestros hijos, haciéndolos partícipes en la cocina. Pero claro, para eso hacen falta tiempo y ganas (e hijos), que no siempre tenemos (o tienen). El trabajo, el colegio, las tareas extraescolares, el cansancio..., con todo eso y más, a veces es difícil hacerle un hueco a esa tarea. Y cuando lo hay, a veces no apetece. Pero de vez en cuando surge alguna ocasión para hacerlo y trato de aprovecharla. Para mí es muy importante, no solo por transmitir esos conocimientos a mis hijas y lograr que sean autosuficientes, sino también por una cuestión meramente sentimental. Para que no se pierdan las recetas que mi abuela le transmitió a mi madre y mi madre a mí, y para que puedan disfrutarlas igual que lo hago yo. Cada vez que cocino el cocido de garbanzos de mi abuela, se sigue sentando conmigo a la mesa.

De todos modos, preservar la gastronomía tradicional no está reñido con incorporar en nuestra dieta platos o alimentos de otras latitudes. En casa comemos lentejas estofadas, menestra de verduras y tortilla de patatas. Pero también cuscús, hummus y sushi. Y, de momento, no ha explotado nada.

A veces entendemos el patrimonio cultural como algo hermético e inamovible, pero evoluciona con el tiempo y con las influencias. Igual que todo lo demás: la lengua, la música, la moda, el cine, la política...

En muchos hogares humildes la comida estuvo compuesta durante muchos años por un plato único «de lo que hubiera», que generalmente era un puchero, un cocido o un caldo con diferentes ingredientes, como legumbres, verduras y algo de carne, si es que la había: cocido de garbanzos, caldo gallego, pote asturiano, etc. Además, muchos de esos platos que hoy consideramos «de toda la vida» no siempre han existido. Podemos verlo claramente si viajamos hasta el siglo XV, donde no encontraremos pisto manchego, porque los tomates y los pimientos llegaron de América un siglo más tarde, igual que muchos otros alimentos, como las patatas o el maíz. Así que la venerada tortilla española ni siquiera existía y en ese pote asturiano en el que hoy hay patatas, hace siglos había castañas o nabos.

Hay tiempo para comer

El plato único también preocupa porque a menudo está asociado a comer con prisas. Pero, como podemos imaginar, no es la causa, sino la consecuencia. Es decir, no es que comamos rápido por hacer plato único, sino que elegimos esa forma de menú y comemos de ese modo porque nos falta tiempo. Así que, en algunos casos, comer sin prisas se ha convertido en un privilegio.

Otras veces lo que ocurre es que nos metemos en una vorágine de prisas en la que concebimos la comida como un mero trámite para sobrevivir y «cubrir el expediente», no tanto por falta de tiempo, sino más bien por otros motivos, como el estrés continuo o el cambio de mentalidad y de hábitos; esto último, muy influenciado por el estilo de vida que nos venden Hollywood y todas esas cadenas de *fast food* o comida rápida, cuyo propio concepto es ya toda una declaración de intenciones que debería disparar nuestras alarmas. Al final acabamos pensando que comer un triste sándwich mientras trabajamos frente al ordenador es mejor que pararse veinte minutos a disfrutar de un plato de lentejas con los compañeros de trabajo.

Por eso conviene recordar que sobre nuestra salud no solo influye el tipo de alimentos que comemos, sino también la forma en la que nos relacionamos con ellos. Comer con prisa, masticando poco y mal, tragando atropelladamente y sin disfrutar ni prestar atención a la comida favorece los trastornos digestivos y la ganancia de peso, además de otros problemas, como la mala relación con la comida.

En consecuencia, cada vez más guías dietéticas incorporan recomendaciones en este sentido, como la guía de Brasil o la de Canadá, donde se dan consejos como «saborear los alimentos», «comer en buena compañía», «prestando atención» y «en ambientes apropiados». Yo añadiría incluso otra recomendación: hacer sobremesa en la medida de lo posible. En definitiva, se trata de hacer eso que hoy se ha dado en llamar *slow food* y que toda la vida se llamó «comer sin prisas», incluso aunque comamos plato único.

Debemos tener presente que comer con calma es muy importante. En esta casa lo tenemos muy claro porque mi padre me lo enseñó muy bien, y afortunadamente no soy el único. Hay un señor en la isla de La Palma que lo tiene tan claro como yo o incluso más. Se hizo popular en septiembre de 2021 gracias a un vídeo que se viralizó en las redes sociales. Un volcán estaba a punto de entrar en erupción frente a su casa, pero a pesar de lo angustioso de la situación, que queda patente en las voces que se oyen de fondo, el protagonista trata de poner calma con una frase que ha quedado para la posteridad: «Hay tiempo de comer». Claro que sí. Lo primero es lo primero.

¿NOS ALIMENTAREMOS ALGÚN DÍA A BASE DE PASTILLAS?

Hay personas que ven la alimentación y la necesidad de alimentarse como un trámite fastidioso que supone una pérdida de tiempo, dinero y esfuerzo. Era lo que le ocurría a un informático estadounidense llamado Robert Rhinehart, así que ingenió una forma de alimentación «más eficiente»: un batido compuesto por los nutrientes que teóricamente necesita nuestro organismo. Lo lanzó al mercado en 2013 con el nombre Soylent, inspirado en la película *Soylent Green* (1973), y parecía estar repleto de ventajas porque resolvía de golpe todos esos inconvenientes. Tras su relativo éxito, otras empresas se subieron al carro, con productos parecidos, como Joylent y Queal.

A pesar de lo innovador que parecía este tipo de productos, en realidad ya estaba inventado mucho tiempo atrás. De hecho, en eso consiste la nutrición enteral que se administra a las personas que no pueden comer.

Obviamente, esa forma de alimentación ahorra mucho tiempo, esfuerzo y quizá también dinero. Pero no está exenta de inconvenientes. En lo que respecta a la salud, no se conocen sus efectos a largo plazo. Podría plantear problemas por la falta de masticación y por la ausencia de micronutrientes que están presentes en los alimentos, pero cuyo papel aún no se conoce con certeza, como ocurre con muchos compuestos fitoquímicos, por ejemplo. Además, se centra única y exclusivamente en los nutrientes y borra de un plumazo todos los demás aspectos asociados a los alimentos y la alimentación: organolépticos (sabores, texturas, aromas...), gastronómicos, sociales, culturales, etc.

Según declaró Grande Covián, considerado uno de los padres de la nutrición, en una entrevista realizada en 1982, la humanidad no comerá así nunca porque «resultaría aburridísimo». No sé si acertó, pero desde luego, en caso de poder elegir, «no cabe duda de que siempre es mejor comer alimentos que nutrientes», tal y como señala Juan Revenga, dietista-nutricionista y divulgador, que ha tratado este tema en numerosas ocasiones. Y es que alimentarse es mucho más que nutrirse.

El tiempo es oro... y la comodidad también

La falta de tiempo explica, en parte, que cada vez cocinemos menos. Pero con la cocina ocurre lo mismo que con la compra. Si cocinamos menos que antes no es solo porque nos falte tiempo, sino también porque existe la posibilidad de hacerlo. Antes, si queríamos comer tortilla de patatas teníamos que emplear una hora de nuestra vida y el correspondiente esfuerzo para cocinarla, pero ahora podemos llamar a un restaurante para que nos la traiga a casa ya cocinada o incluso podemos comprarla en un supermercado. Con esas facilidades, ¿para qué cocinar?

Cada persona tiene una respuesta diferente a esta pregunta. Por ejemplo, algunas prefieren hacerlo porque su tortilla está más rica que la comprada, porque les gusta cocinar o porque resulta más barato. Otras se ven condicionadas por sus circunstancias y no tienen tanta libertad para elegir; por ejemplo, hay quien compra las tortillas hechas porque no sabe cocinar, no le gusta o no tiene tiempo para hacerlo, y también hay quien se ve en la obligación de cocinar porque no tiene posibilidad de comprar esas tortillas, ya sea por falta de disponibilidad o de dinero.

Lo que está claro es que, junto con el económico, dos de los factores que más nos influyen a la hora de cocinar son el tiempo y la motivación. Esta última no entendida como un acto heroico o de realización personal, que también puede ser, sino simplemente como el conjunto de razones que nos empujan a hacerlo; por ejemplo, disfrutar de lo que cocinamos, alimentar a nuestra familia o mantener un buen estado de salud, que son tres de mis principales motivaciones.

Quizá no nos damos cuenta, pero cada vez que decidimos cocinar o no hacerlo, valoramos esas cosas y nos planteamos una pregunta, a veces de forma consciente y otras no tanto: ¿merecen la pena el tiempo y el esfuerzo?

La respuesta dependerá de un montón de cosas, entre ellas, nuestras circunstancias personales. Por ejemplo, si llegamos a casa muy cansados puede que optemos por cenar un yogur y una pera, en lugar de ponernos a hacer una tortilla de patatas. O si vivimos solos es posible que nos dé pereza cocinar para una sola persona. Para tratar de resolver esas situaciones podemos optar por planificar los menús; por ejemplo, dedicar la tarde del domingo a cocinar las comidas o las cenas de toda la semana. Pero puede que nuestras circunstancias también nos lo impidan, porque para todo eso hace falta tiempo, no solo para cocinar y comprar, sino también para algo más importante que a veces pasamos por alto: tiempo para pensar. También influyen, por ejemplo, nuestro poder adquisitivo, la educación que hayamos recibido, el entorno en el que hayamos crecido o la época en que hayamos nacido. Por ejemplo, si me presentara en casa de mis padres sin avisar, para darles una sorpresa, es muy probable que mi madre se empeñara en cocinar algo «rápido y sencillo», como unos huevos fritos con patatas fritas. Pero si hiciera eso mismo para dar una sorpresa a un amigo y me presentara en su casa sin avisar, lo más probable es que acabáramos pidiendo comida a domicilio. Esta diferencia de situaciones no se debe a que mi madre me quiera más que mis amigos, aunque supongo que también influye, sino a que, en el lapso de una generación a otra, nuestra mentalidad y la forma en que nos relacionamos con la cocina han cambiado drásticamente.

Para darnos cuenta de ello podemos fijarnos en la cantidad de opciones que existen para pedir comida a domicilio o para comprar productos procesados o listos para consumir.

También podemos echar un vistazo a muchas de las casas que se construyen hoy en día, donde hay cocinas de tipo americano, sin tabiques y de pequeñas dimensiones, pensadas para personas que apenas cocinan. ¡Cómo hemos cambiado! Antes la vida se hacía en la cocina, que era el único lugar de la casa donde se estaba calentito. En la casa donde vivo ahora la cocina no es muy grande, pero seguimos manteniendo esa costumbre. Entre semana desayunamos, comemos y cenamos en ella. Y cuando invitamos a los amigos, las mejores fiestas son siempre en la cocina. Si tengo que vivir en una casa con una cocina de esas de mentirijilla me da un mal. Qué tristeza.

LA AUSENCIA DE DESPENSA PROVOCA *FRIGORITIS*

Hace décadas, cuando los frigoríficos eran precarios o inexistentes, muchos alimentos se almacenaban en la despensa, una pequeña habitación, fresca, seca y sin luz natural. En la mayoría de las casas modernas esto ya no existe. Ahora muchos de esos alimentos los guardamos en el frigorífico. Pero a veces se nos va de las manos porque algunos estarían mejor fuera, a poder ser, en una despensa. Estos son algunos ejemplos:

- Pan de molde: en el frigorífico mantiene mejor la humedad, pero esto puede favorecer el desarrollo de mohos. Además, las bajas temperaturas provocan la retrogradación del almidón, lo que significa que su estructura cambia, haciendo que la miga esté más dura y que su sabor resulte menos fresco.
- Café en grano o molido: el frío ayuda a preservar los compuestos volátiles responsables del aroma. Pero el café puede adquirir sabores y aromas anómalos, por influencia de otros alimentos almacenados en el frigorífico. El café también puede deteriorarse por efecto de la humedad, que además favorece el desarrollo de mohos y puede hacer que se apelmace.
- Chocolate: el frío evita que se derrita, pero favorece la cristalización de los azúcares y de las grasas. Cuando esto ocurre, se alteran la textura y el sabor, y adquiere mal aspecto, con una capa blanquecina en la superficie o con puntos dispersos de color blancuzco.
- Patatas: las bajas temperaturas favorecen la transformación del almidón en los azúcares que lo componen, así que adquieren un sabor dulzón. Esto favorece además las reacciones de Maillard durante la fritura, lo que hace que las patatas adquieran colores pardos y se forme una mayor cantidad de acrilamida, un compuesto que deberíamos evitar en la medida de lo posible por sus posibles efectos adversos sobre la salud.
- Tomates: el frío altera la textura, haciéndola más arenosa. Además, se detiene la formación de compuestos volátiles responsables del aroma y el sabor, lo que los vuelve más insípidos.
- Cebollas y ajos: el frío ralentiza el desarrollo de brotes, lo cual es positivo, pero la humedad favorece el desarrollo de mohos, así que están mejor en un lugar fresco y seco.

- Frutas tropicales, como aguacates y plátanos: el frío favorece el desarrollo de reacciones de oxidación que alteran su aspecto, por lo que adquieren coloraciones oscuras. También se ven afectados la textura, el sabor y el aroma.

Y ¿qué hacemos con los huevos? En las tiendas se encuentran a temperatura ambiente, pero en el envase se recomienda almacenarlos en el frigorífico. Esto suele desconcertarnos, pero tiene una explicación: se hace para evitar los cambios bruscos de temperatura. Si estuvieran refrigerados en los establecimientos, el cambio de temperatura durante el camino a casa haría que la humedad del ambiente se condensara sobre la superficie, de modo que esa agua favorecería el desarrollo de microorganismos, que podrían penetrar a través de los poros de la cáscara. En definitiva, conviene almacenarlos en el frigorífico cuando llegamos a casa porque eso reduce riesgos microbiológicos y mejora su conservación.

Los alimentos procesados no son nuevos, ni mucho menos. Hace cuarenta años ya había conservas de fabada y sardinas en lata. Pero hoy en día la oferta es muchísimo mayor. Podemos verlo simplemente en la sección de congelados de cualquier supermercado. Donde antes encontrábamos apenas varitas de merluza, empanadillas, croquetas, gambas y guisantes, ahora hay una cantidad de productos abrumadora: decenas de pescados y mariscos, mil tipos de pizzas, montones de platos precocinados y casi todos los vegetales habidos y por haber, desde garbanzos cocidos hasta cebolla cortada. En la sección de refrigerados, otro tanto de lo mismo; hay un montón de alimentos preparados listos para consumir: ensaladas, lasañas, hamburguesas, bocadillos, sándwiches, sopas, carnes y muchos más.

Todos esos nuevos productos poseen las dos virtudes que cada vez valoramos más: requieren poco tiempo y poco esfuerzo de cocinado. Por ejemplo, en lugar de emplear treinta o cuarenta minutos en preparar un arroz cocido con verduras a la plancha, podemos optar por calentar en el microondas un cacito de arroz precocinado y unas verduras ultracongeladas. Nos llevará apenas cinco minutos y solo tendremos que abrir un par de envases. Además, reduciremos el riesgo de quemarnos o de cortarnos cocinando y no tendremos que encender la cocina ni ensuciar cuchillos ni sartenes, así que ahorraremos agua, jabón, luz o gas y aún más tiempo y esfuerzo.

Pero no todo son ventajas. Para empezar, el parecido de algunos platos precocinados con sus versiones domésticas es pura coincidencia, así que, desde el punto de vista gastronómico y organoléptico, a veces dejan bastante que desear. Además, es frecuente que la composición de estos productos sea peor o «menos buena»; por ejemplo, muchos contienen aceite de girasol en lugar del aceite de oliva que utilizaríamos en casa, y suelen tener demasiada sal, así que es importante que nos fijemos en la etiqueta a la hora de comprarlos.

Por otra parte, conviene ser conscientes de que esos productos no aparecen en nuestra cocina por generación espontánea, sino que han recorrido un largo camino para llegar allí. Por ejemplo, para que unas verduras ultracongeladas acaben en nuestra cocina, primero tienen que haber sido recolectadas y después sometidas a un proceso de lavado, troceado, escaldado y cocinado, para posteriormente ser ultracongeladas, envasadas y almacenadas a una temperatura de al menos –18 °C hasta que por fin nos decidimos a consumirlas. Todo ese proceso requiere el empleo de recursos, como agua, energía, envases, tiempo, mano de obra, etcétera. Por eso este tipo de productos suele tener un precio más alto que los alimentos frescos, no solo en términos económicos, sino también ambientales. ¿Hasta qué punto estamos dispuestos a asumirlos?

Muchas veces ni siquiera nos planteamos esta pregunta porque hemos incorporado algunos de esos productos en nuestra vida cotidiana y no se nos pasa por la cabeza hacerlo de otro modo. A mí me ocurre por ejemplo con el tomate frito. No recuerdo la última vez que lo cociné porque normalmente lo compro envasado. Me resulta mucho más rápido y también mucho más práctico, sobre todo porque a veces solo utilizo una cantidad muy pequeña.

Supongo que esto no llama la atención porque es muy habitual. Pero hay productos con los que ocurre lo contrario y nos hacen cuestionarnos si de verdad merecen la pena. De hecho, algunos generan encendidos debates y reciben duras críticas, especialmente en las redes sociales.

Por ejemplo, ocurrió hace un tiempo cuando se popularizó la imagen de unas naranjas que se vendían ya peladas y en envases de plástico. La mayoría de la gente se enfureció por lo absurdo e innecesario del producto y por el impacto ambiental y el coste que implicaba. Así que muchas personas recordaron aquella famosa frase de Marty McFly en *Regreso al futuro II*: «¿Qué nos ocurre en el futuro? ¿Nos volvemos gilipollas o algo parecido?».

Por otra parte, también hubo quien defendió su supuesta utilidad para personas con movilidad reducida, aunque no es el propósito con el que se suelen desarrollar estos productos. De hecho, los envases de esas naranjas habrían sido difíciles de abrir para una persona con problemas de movilidad en las manos. Finalmente, la empresa que lo comercializaba, una cadena inglesa de supermercados, retiró el producto y pidió disculpas, lo que parece confirmar ese punto.

Ya no necesitamos ni freír un huevo

Otro producto que aún dio más que hablar fue el huevo frito envasado. Causó un enorme revuelo en el año 2022, cuando se puso a la venta en una famosa cadena de supermercados. Casi nadie entendía el sentido que podía tener un producto como ese porque se supone que cualquiera es capaz de freír un huevo en casa de manera fácil y rápida. «Ya no saben qué inventar», que diría mi abuela.

De nuevo, hubo quien pensó que se había lanzado al mercado para personas con movilidad reducida, pero su creador, el español Javier Yzuel, confirmó que el propósito inicial no era ese. Se trata de un producto que había sido lanzado años antes y que estaba pensado para hostelería, con el fin de facilitar la preparación de un número elevado de unidades de forma rápida y segura. En un comedor colectivo, como el de una residencia de estudiantes, freír varios cientos de huevos puede llevar mucho tiempo. Además, puede plantear riesgos para la salud si la yema se deja líquida porque eso significa que no se ha alcanzado una temperatura lo suficientemente elevada como para acabar con la posible presencia de *Salmonella*. En ese caso, si pasa mucho tiempo entre el cocinado y el consumo, la bacteria podría multiplicarse hasta alcanzar niveles peligrosos. Para evitarlo, normalmente se cocina el huevo hasta que la yema cuaja por completo, pero eso acaba con el mayor atractivo de esta preparación, que es el de mojar pan en ella. Por eso yo nunca pedía huevos fritos cuando comía en el comedor de la universidad. Bueno, por eso y porque nunca me han gustado mucho, la verdad.

Los huevos fritos precocinados solucionan todos esos problemas de un plumazo porque ahorran tiempo, dado que se pueden calentar en grandes tandas con ayuda de un horno. Además, el riesgo asociado a *Salmonella* es mínimo porque durante su precocinado en la industria se someten a un tratamiento térmico suave que permite eliminar la bacteria a la vez que la yema se mantiene semilíquida.

Todo esto parece útil y coherente cuando se trata del sector hostelero, pero ¿tiene sentido para el consumo doméstico? Para quienes lo criticaron está claro que no, por el impacto ambiental que supone, por su mayor precio (dos huevos fritos cuestan lo mismo que una docena de huevos frescos) y por la aparente falta de necesidad de este ingenio. Se supone que freír un huevo es rápido y fácil y, además, su consumo no entraña grandes riesgos si lo comemos en cuanto lo cocinamos porque no damos tiempo a que se multiplique *Salmonella*.

Sin embargo, el creador de este producto planteó otro punto de vista, asegurando que a partir del año 2025 nadie volvería a freír un huevo en su casa, del mismo modo que muchas personas compran bolsas de lechuga ya cortada y lavada en lugar de lechugas por piezas enteras.

Veremos si el tiempo le da la razón, aunque a estas alturas de la película no parece que el futuro vaya por ahí. Pero lo interesante es que planteó una cuestión importante: estamos dispuestos a pagar por el tiempo y por la comodidad. Eso explica que muchas empresas se dediquen a desarrollar este tipo de productos y que muchas personas los compren. Por ejemplo, hay quien prefiere comprar una lechuga en bolsa, ya cortada y lavada, a pesar de que la pieza entera es bastante más barata, tiene un menor impacto ambiental y suele estar más rica y durar más tiempo.

Es probable que lavar y cortar una lechuga nos cueste menos tiempo, menos esfuerzo y menos incomodidad que freír un huevo, que además puede quemarnos con las salpicaduras de aceite y ensuciar la cocina. Pero, curiosamente, vemos como algo normal que se venda lechuga lista para consumir, mientras nos parece escandaloso que se haga lo mismo con un huevo frito. ¿Por qué nos pasa esto con algunos productos y con otros no?

Probablemente, tiene que ver con los hábitos y con motivos educativos y culturales. En nuestro entorno, el huevo frito tiene mucha simbología porque siempre ha representado la facilidad y rapidez de preparación en la cocina. Como ya hemos visto, era, y sigue siendo, el recurso de muchas personas cuando hay que hacer una comida improvisada. Es también el ejemplo que ponemos para decir que alguien es un completo inútil, porque «no sabe ni freír un huevo», así que supongo que todo esto contribuye a que nos cueste aceptar este producto.

¿POR QUÉ SALTA EL ACEITE AL FREÍR?

Lo que hacemos para freír un alimento es sumergirlo total o parcialmente en aceite caliente, a una temperatura que ronda los 180 °C. La temperatura del alimento aumenta de forma inmediata, de modo que, cuando alcanza los 100 °C, buena parte del agua se transforma súbitamente en vapor. El agua es más densa que el aceite, así que ese cambio de estado, que ocurre de forma casi instantánea, se produce en el seno del fluido. Además, como ambos fluidos no se pueden mezclar, el vapor, en lugar de dispersarse en el aceite, forma burbujas, que se expanden violentamente, lo que provoca la proyección de parte del aceite caliente hacia el exterior. Es decir, en realidad el fenómeno no sucede porque salte el aceite, sino porque lo hace el vapor de agua, que arrastra aceite en su camino.

Como podemos imaginar, el fenómeno es más acusado cuanta más agua tengan los alimentos. Para reducir el riesgo de quemaduras y evitar que se nos ponga la cocina perdida de aceite, conviene secarlos bien antes de ponerlos en la sartén; por ejemplo, si se trata de patatas que acabamos de lavar, podemos escurrirlas bien y secarlas con papel de cocina.

Por eso nunca hay que echar agua sobre aceite caliente, ya que puede causar salpicaduras muy violentas de pequeñas gotas de aceite que se oxigenan en el proceso y que son capaces de causar un incendio al entrar en contacto con el foco de ignición.

«Industria alimentaria, ¡sal de mi cocina!»... ¿O no?

Tengo sentimientos encontrados con el huevo frito envasado. Por una parte, como tecnólogo de alimentos, me fascina el desarrollo de ese tipo de productos desde el punto de vista científico y tecnológico. Además, como persona que cocina a diario, también me beneficio de las ventajas de muchos de ellos, como el tomate frito que mencioné antes o el caldo de pescado, que siempre tengo a mano por si hay que improvisar un «arroz con cosas».

Por otra parte, también hay aspectos que me inquietan. Algunos ya los he mencionado, como el impacto ambiental o el precio. Pero hay otro sobre el que creo que se habla poco. De hecho, solo un comentario se refería a ello, de entre los cientos que pude leer durante aquellos días de críticas al huevo frito precocinado. Decía concretamente: «¡Industria alimentaria, sal de mi cocina!». En principio, este grito puede resultar incomprensible, extremista y fuera de lugar porque se supone que «somos libres» para decidir si compramos ese tipo de productos, que además nos facilitan la vida, ahorrándonos tiempo y esfuerzo.

Gracias a ellos disfrutamos de un privilegio que hace décadas no teníamos: podemos decidir no cocinar y dedicar nuestro tiempo y esfuerzo a otras cosas, como trabajar o ver una película. Así que repito la pregunta que planteaba antes: ¿para qué hacerlo? ¿Para qué afanarse media hora en la cocina si podemos optar por alternativas rápidas y cómodas como alimentos preparados o semielaborados?

Esta misma pregunta podemos aplicarla a otros ámbitos. ¿Para qué vamos a multiplicar a mano si una calculadora puede hacerlo por nosotros? ¿Para qué vamos a leer un libro si podemos optar por la versión en audio? ¿Para qué esforzarnos en hacer un trabajo de filosofía para el instituto si una inteligencia artificial lo puede hacer por nosotros?

Obviamente, los avances científicos y tecnológicos nos ofrecen grandes ventajas y comodidades de los que nos beneficiamos a diario. Es lógico y comprensible utilizar la calculadora para multiplicar números grandes, escuchar un audiolibro cuando nos apetece o recurrir a la inteligencia artificial para que nos ayude a realizar ciertas tareas. Pero, a pesar de ello, entendemos que todo el mundo debería aprender a multiplicar, a leer y a razonar.

En la cocina ocurre lo mismo. Es lógico que echemos mano de productos que nos facilitan la vida, como un bote de tomate frito. Pero conviene adquirir unas habilidades culinarias básicas. La razón es la misma que en los casos anteriores: el conocimiento nos hace libres.

Si sabemos cocinar, podemos recurrir a ese tipo de productos elaborados cuando queramos o cuando los necesitemos. Pero si no sabemos hacerlo, nos veremos en la obligación de utilizarlos porque no tendremos otra alternativa. Eso significa que seremos menos libres para elegir lo que comemos, dado que tendremos menos opciones a nuestro alcance, y es probable que nuestra alimentación acabe siendo más monótona, más insana y más cara. De ahí que algunas personas vean el desarrollo de nuevos productos como una injerencia de la industria alimentaria en nuestras cocinas y como una amenaza para nuestra independencia y para el seguimiento de una dieta saludable.

Pero ¿a partir de qué punto consideramos que esa influencia de la industria alimentaria es invasiva? ¿Por qué algunas personas pueden percibir un huevo frito envasado como una «amenaza», mientras que con unos yogures no ocurre lo mismo?

Como ya hemos visto, nuestra relación con estos productos depende de nuestras circunstancias y de nuestra voluntad o convicciones; por ejemplo, la disponibilidad de tiempo, dinero, conocimientos, ganas, recursos, etc. Por eso hay quien no se hace ni un huevo frito, porque no sabe, no quiere o no puede, mientras que otras personas cocinan a diario e incluso elaboran su propio pan o sus propios yogures en casa y hasta tienen gallinas y huerta para autoconsumo. De hecho, algunas de ellas reivindican la autosuficiencia alimentaria. Pero ¿en qué punto ponemos el límite? ¿Elaboramos nuestros propios yogures? ¿Ordeñamos nuestras propias vacas? ¿Podríamos realmente ser autosuficientes a la hora de obtener alimentos y alimentarnos?

A veces esto se plantea como algo casi utópico, pero se ha hecho tradicionalmente en muchas zonas rurales, eso sí, con algunas dependencias externas y pasando muchas penurias. La cuestión es que para conseguirlo deberíamos dedicarle casi en exclusiva nuestro tiempo y nuestro esfuerzo, además de cruzar los dedos para no tener ningún contratiempo, como una plaga o una sequía.

En el año 2015 un *youtuber* llamado Andy George se hizo preguntas como esta y se propuso el reto de elaborar un sándwich de pollo desde cero. Ordeñó una vaca para elaborar el queso, cultivó trigo para obtener harina y elaborar el pan, preparó su propia sal a partir de agua de mar, cultivó las verduras, sacrificó un pollo y así hasta obtener todos los ingredientes necesarios. La tarea le llevó seis meses y mil quinientos dólares. Evidentemente, es un experimento de andar por casa con más efectismo que otra cosa, pero puede servir para reflexionar sobre la importancia que tienen hoy en día el intercambio comercial y la división y especialización del trabajo, sin los cuales la civilización no habría llegado hasta donde hoy se encuentra.

¿Tomamos decisiones libres a la hora de comprar?

De todos modos, lo que hoy reivindican muchas personas y colectivos preocupados por este tema no es la autosuficiencia centrada en cada persona de forma individual, sino la soberanía alimentaria, que se refiere al derecho de los pueblos a decidir su propia política agraria y alimentaria, priorizando la producción local y la alimentación de las personas, en lugar del dinero y el comercio internacional.

Hay quien considera que esto es un delirio de cuatro idealistas trasnochados, entre otras cosas porque supuestamente ya tenemos el poder de decidir los alimentos que se producen y los que se venden. Pero en realidad se trata de una preocupación legítima que forma parte del debate agrario internacional.

Es cierto que como consumidores podemos influir sobre la producción y la venta de alimentos. De hecho, a veces no somos conscientes del poder que tenemos en este sentido. Ya lo hemos visto, por ejemplo, con el aceite de palma, que se ha sustituido por alternativas más saludables y sostenibles en un montón de productos debido a la presión social. Es decir, deberíamos tener siempre presente que lo que no se compra no se vende.

Eso sí, la oferta de alimentos no está determinada enteramente por nuestras decisiones. Además, no debemos olvidar que muchas de esas decisiones no son verdaderamente libres o conscientes, sino que están muy condicionadas por infinidad de factores, como el dinero, la publicidad, la desinformación o nuestra situación en un determinado momento, como el estado de ánimo o el apetito que tengamos, entre otras muchas cosas de las que ya hemos hablado.

Por ejemplo, si tenemos poco dinero para llegar a fin de mes, quizá no podemos permitirnos el lujo de comprar huevos camperos de una pequeña granja, a pesar de considerarlos una opción más ética que los huevos de jaula de una gran empresa, porque los primeros son notablemente más caros que estos últimos.

EL DESAYUNO COMPLETO DEBE ESTAR FORMADO POR LENTEJAS, TOMATES Y NARANJAS

Supongo que esta recomendación resulta chocante para la mayoría de la gente. ¿Por qué íbamos a desayunar a diario lentejas, tomates y naranjas? ¿No serían demasiadas legumbres o demasiadas proteínas? Y ¿por qué desayunar eso y no otra cosa?

Es normal que nos planteemos estas preguntas, pero ¿por qué no nos las planteamos cuando nos aconsejan que el desayuno esté formado por leche, cereales y fruta? Es lo que se recomienda todavía en un montón de sitios: consultas médicas, libros de texto, artículos periodísticos, anuncios publicitarios, envases de alimentos...

No está mal desayunar eso, si queremos y podemos hacerlo. El problema es que solemos optar por versiones insanas: el lácteo suele consistir en leche con cacao azucarado o yogur con azúcar; los cereales generalmente son galletas o cereales azucarados, y la fruta a menudo es un zumo. Esto ocurre sobre todo con los desayunos infantiles y supone un elevado consumo de azúcares. Por eso es mucho más recomendable optar por las versiones saludables: leche o yogur natural sin azúcar, cereales integrales sin azúcar y fruta entera.

En cualquier caso, limitarnos a ese esquema de esos tres tipos de alimentos no tiene fundamento y no es necesario. Si se lleva recomendando durante décadas es sobre todo por la influencia de la industria que fabrica esos productos y su publicidad: la de los cereales de desayuno, la de los cacaos azucarados, etcétera.

En definitiva, de lo que se trata es de elegir alimentos saludables, los que nos apetezcan, considerando, eso sí, el conjunto de la dieta para que sea variada y suficiente para satisfacer las necesidades de nuestro organismo. Es decir, si desayunamos lentejas, igual no es buena idea tomarlas también para comer y para cenar.

Nuestras decisiones también están muy condicionadas por la oferta de alimentos que tenemos en nuestro entorno. El ejemplo más claro podemos encontrarlo en un tren, en un aeropuerto, en un cine o en un festival de música. Cuando estamos en esos lugares y queremos comer algo nos encontramos atrapados. Somos consumidores cautivos y estamos a merced de la oferta de productos que haya y de los precios a los que se vendan, que por lo general suelen ser alimentos insanos o de calidad gastronómica cuestionable a precios exorbitantes: palomitas de maíz con más sal que el mar Muerto, tortillas de cartón piedra, refrescos, chocolatinas, perritos calientes...

Por eso, siempre que hago un viaje largo en tren procuro llevar mi propia comida. A veces hay gente que me mira como si viniera del pueblo con las gallinas en ristre, pero yo, feliz: puedo elegir lo que como y optar por comida más saludable y más barata. En algunos sitios, como cines y festivales de música, se empeñan en impedir que hagamos eso, pero no parece ser muy legal que digamos. De todos modos, creo que hasta ahora nadie se ha muerto de hambre por pasar las dos horas que dura una película sin comer nada. Aunque quizá en el futuro esto cambie porque las películas cada vez son más largas.

Estas cosas no solo ocurren en algunos establecimientos. También somos cautivos cuando hablamos de algunos productos, como las cafeteras de cápsulas de sistema cerrado, que no admiten recambios compatibles. Tenemos «total libertad» para elegir un sinfín de variedades de café, pero no es más que una ilusión porque en realidad estamos limitados a elegir entre los productos de esa marca concreta, que son los únicos que funcionan para esa cafetera.

Es algo parecido a lo que pasa en las plataformas digitales con las películas online: a la hora de elegir estamos limitados por los títulos que tiene cada empresa en su catálogo y muy condicionados por los que destaca o sugiere. Este ejemplo muestra también esa pérdida de poder como consumidores de la que hablábamos antes porque ese contenido digital no nos pertenece, incluso aunque paguemos expresamente por él. Cuando «compramos» una película digital, sigue siendo propiedad de la empresa porque lo que pagamos realmente es una licencia bajo ciertas condiciones de uso, entre las que se pueden incluir, por ejemplo, su derecho a modificar la obra o a retirarla del catálogo en cualquier momento. Por eso hay personas que reivindican otras alternativas, como los formatos físicos, a pesar de que cada vez están más obsoletos, como el DVD o el Blu-ray, donde somos propietarios y tenemos más libertad de uso.

Cuando compramos en un supermercado o en un hipermercado ocurre algo parecido a lo de los ejemplos anteriores. No es un entorno en el que estemos tan condicionados como en un tren, un cine o un aeropuerto, pero en cierto modo también nos encontramos como ratones en un laberinto. Nuestras elecciones se ven condicionadas por algunas estrategias concretas que se siguen para favorecer que compremos ciertas cosas; por ejemplo, las marcas pagan por colocar sus productos en lugares donde son más visibles, como las cabeceras de los pasillos, los estantes que están a la altura de nuestros ojos o las cajas de pago, porque saben que de ese modo venderán más.

También estamos condicionados por la oferta de alimentos. Por ejemplo, si siempre hacemos la compra completa en una tienda donde no se venden nueces o donde el pescado es muy malo, es posible que dejemos de comer estos alimentos o que lo hagamos con menos frecuencia. Es cierto que tenemos la opción de ir a otro sitio a comprarlos, pero requiere un tiempo y un esfuerzo que quizá no estemos dispuestos a asumir solo para eso. Incluso hay quien piensa que no le gusta la fruta cuando lo que ocurre en realidad es que nunca ha probado otra cosa diferente al *corchopán* que se vende en algunos supermercados.

Y por supuesto también nos influye la oferta de alimentos insanos. Si de los veinte pasillos de un supermercado, solo tres o cuatro se destinan a alimentos saludables y el resto está ocupado por chocolates, cereales de desayuno, aperitivos salados, galletas, refrescos, etc., será difícil que no acabemos comprando alguno de estos. Por eso, algunas guías dietéticas, como la de Brasil, recomiendan comprar en mercados o comercios de alimentos frescos, donde lo tendremos más fácil para hacer buenas elecciones.

De la escasez a la abundancia

Si alejamos un poco el foco y nos fijamos en el panorama que encontramos en las calles principales de las ciudades, sobre todo en las de gran tamaño, veremos de nuevo que seguimos siendo esos ratones, pero ahora en un laberinto un poco más grande. En caso de que nos entre hambre a media tarde y queramos comer algo saludable, fácil y rápido, como un plátano, una manzana o cualquier otra cosa por el estilo, será difícil encontrarlo, así que lo más probable es que acabemos saciando nuestro apetito con alguno de los productos insanos que se venden en los mil y un establecimientos que encontramos a cada paso: gofres, helados, golosinas, bollería, pizzas, hamburguesas... Por eso, cuando mis hijas eran más pequeñas, siempre llevábamos algo de fruta encima para la hora de la merienda. Si no, casi misión imposible encontrar algo medianamente decente.

Suele ocurrir además que un gran número de esos establecimientos pertenecen a un puñado de grandes empresas, igual que la mayoría de los alimentos que encontramos en ellos. Sucede lo mismo, directa o indirectamente, con muchos de los que se venden en las tiendas de alimentación: pan, fruta, fiambres, aceites, salsas...

En el caso concreto de algunos alimentos ni siquiera nos damos cuenta. Por ejemplo, muchas veces seguimos con esa idea romántica de pensar que la fruta viene de un pequeño huerto cultivado con mimo por un entrañable anciano. Pero, en realidad, la mayoría de la que encontramos en las tiendas la producen grandes empresas y hasta se venden bajo una determinada marca comercial, como las manzanas Pink Lady o las sandías Fashion.

Todas esas megaempresas dictan en gran medida lo que comemos. No porque nos obliguen a punta de pistola, claro, sino porque acumulan tanto poder que acaparan el mercado y ahogan otras alternativas que no pueden competir con ellas en volumen de producción, presencia, publicidad, precios, horarios, etcétera.

Al final, nuestros hábitos de alimentación y consumo

se ven influidos en gran medida por el sistema en el que nos encontramos inmersos. Quizá las personas más jóvenes no se dan cuenta de ello si no han conocido otra cosa, aunque no hace falta ser muy mayor para haber vivido otra realidad un poco diferente.

Ya hemos comentado cómo ha cambiado el panorama, con una oferta de productos abrumadora, y cómo ha cambiado nuestra mentalidad, menos austera y más consumista. Parece que lo queremos todo y lo queremos ya, como decía la canción de Queen. Todo tipo de alimentos a todas horas y en todos los sitios. ¿De verdad necesitamos eso? ¿Comer carne a diario? ¿Sandías en mayo? ¿Uvas durante todo el año? ¿Kiwis cultivados en la otra punta del planeta?

Al final todo se vende porque lo que prima es el dinero. Hay que consumir de todo a todas horas y de forma indefinida, como si los recursos del planeta fueran infinitos. Pero lo único infinito es la codicia de quienes lo promueven porque lo otro no hay bolsillo ni planeta que lo resista. Si a eso le sumamos que gran parte del consumo que se incentiva es el de productos insanos, podemos concluir que el consumismo perjudica la salud y el medioambiente.

Para mejorar la situación sería conveniente reducir el consumo y comprar lo que realmente necesitamos, priorizando los alimentos saludables, de temporada y de cercanía, adaptados a nuestro entorno (por ejemplo, de poco sirve comprar aguacates producidos en nuestro territorio si se cultivan en lugares donde apenas hay agua).

Pero no es lo que solemos hacer. Algunas personas ni siquiera reparan en ello, otras no quieren hacerlo y otras simplemente no se lo pueden permitir, porque requiere más tiempo, más esfuerzo y más dinero. Es decir, en muchos casos tomar las decisiones «correctas» es un lujo que está solo al alcance de quienes se encuentran en una posición privilegiada.

El hecho de que en nuestro entorno haya abundancia de alimentos no significa que todo el mundo pueda adquirirlos sin problema, pero ya no se trata de una cuestión de escasez, como ocurría en otros tiempos en los que la pobreza y el hambre se asociaban con la desnutrición, es decir, con la ingesta insuficiente de nutrientes y sus síntomas visibles: delgadez extrema, raquitismo, retrasos del crecimiento, etc. Hoy la pobreza y la dificultad para adquirir alimentos se asocian por lo general con otras formas de malnutrición, especialmente con el sobrepeso y la obesidad.

Que las personas tengan problemas para conseguir alimentos saludables cuando estos escasean es difícil de evitar. Pero que suceda cuando la comida abunda, simplemente por una cuestión de dinero, quizá es para replantearse alguna que otra cosilla acerca de cómo funciona el sistema en el que vivimos.

7

CUANDO EL DESTINO NOS ALCANCE

Cuando era pequeño me preguntaba qué tipo de futuro nos encontraríamos. Las películas solían mostrar dos alternativas: el futuro civilizado, utópico, con ambiente pulcro y rodeado de tecnología, como en *Tron* o en *2001: una odisea del espacio*, o bien el distópico y apocalíptico, lleno de miseria y desesperanza, como el de *Mad Max* o el de *Cuando el destino nos alcance*, que es el poético título que se le puso a *Soylent Green*.

La realidad no suele estar tan polarizada. De hecho, suele ser una mezcla de algunas de las situaciones que se mostraban en aquellas pelis. Hoy tenemos a nuestra disposición mucha de aquella tecnología que parecía ciencia ficción: coches que se conducen solos y ordenadores en la muñeca, como en *El coche fantástico*; patinetes eléctricos, casi a la altura de los de *Regreso al futuro II*; inteligencia artificial, como la de *Juegos de guerra* y *2001: una odisea del espacio*. Eso sí, nadie vio venir los huevos fritos precocinados.

Pero también nos acecha la realidad catastrofista que se mostraba en las películas distópicas: la población mundial no cesa de aumentar, los derechos fundamentales se ven cada día más amenazados, las fuentes de energía fósiles se agotan y los recursos naturales son cada vez más escasos, sin olvidar el cambio climático.

A veces da la sensación de que es esta última película la que va ganando. Si no que se lo pregunten al año 2020 y a aquella pandemia. Si aquello no era una distopía, a ver qué era. Madre mía, qué situación más extraña. Todos encerrados en casa y sin poder salir, excepto para hacer la compra y poco más. Ahí sí que agradecí todos mis años de experiencia en la compra y la cocina, que me permitieron hacer encajes de bolillos para no tener que ir mucho a comprar y para aprovechar bien lo que adquiría. Porque la situación fue un poco delicada, con mi mujer enferma, aislada en una habitación y la angustia repartida por toda la casa.

Afortunadamente, se recuperó sin problema y las cosas fueron mejorando poco a poco. Aunque la sensación de distopía seguía presente. Lo noté en particular en Madrid, durante un viaje de trabajo. Ya no había obligación de estar encerrados en casa, pero sí muchas restricciones y eso se notaba en las calles. Se suponía que allí vivían millones de personas, pero no se veía un alma. Solo abundaban los repartidores de comida rápida.

Para mí esa era una de las estampas que mejor reflejaba esa mezcla de utopía y distopía: trabajadores en condiciones de lo más precarias, pero con teléfonos inteligentes y patinetes eléctricos, atendiendo a personas en sus casas que no sabían o no podían hacer algo tan elemental como alimentarse por sí solas, a pesar de disponer también de la tecnología más puntera, como la que hacía funcionar los teléfonos desde los que hacían sus pedidos.

La amenaza del cambio climático

Supongo que aquella pandemia nos dejó a todos un poco tocados. Yo perdí la noción del tiempo y ya casi no sé ni en qué año vivo. También se multiplicaron los trastornos psicológicos y los miedos, fomentados muchas veces por los bulos organizados y las teorías de la conspiración, que corrían como la pólvora a través de las redes sociales: que si el virus no existía, que si nos iban a implantar chips con tecnología 5G para controlar nuestro cerebro, que si las vacunas eran peligrosas... Y la cosa no quedó ahí, porque después vinieron muchos más bulos, como el que dice que la Tierra es plana, el que asegura que nos fumigan desde aviones o el que niega el cambio climático o su origen antropogénico. Todo un complot internacional urdido por las élites en clave ultrasecreta, pero que tu cuñado ha destapado gracias a un vídeo de YouTube.

Es desesperante y aterrador, sobre todo porque la mayoría de quienes creen en esas teorías profesan una fe ciega y no atienden a argumentos fundamentados ni evidencias científicas. Como si la ciencia fuera una religión y como si la realidad fuera algo en lo que puedes creer o no. Podemos negar con todas nuestras fuerzas la existencia de bacterias patógenas como *Salmonella*, pero si comemos una tortilla contaminada con ella, nos enfermará, por mucho que reneguemos de ella.

El negacionismo es peligroso por razones obvias. Por ejemplo, si se niega el cambio climático y se rechazan las ingentes evidencias científicas que muestran que su origen deriva de la actividad humana, también se rechazarán todas las medidas propuestas para tratar de ponerle solución, algo muy preocupante si tenemos en cuenta que es una de las mayores amenazas a las que nos enfrentamos.

Calentamiento global y *cambio climático* son expresiones que a menudo se usan indistintamente, pero la primera es solo un aspecto de la segunda. Es decir, no se trata solo de que se incremente la temperatura del planeta, sino también de otros cambios que están ocurriendo, como el aumento del nivel del mar, la reducción de los glaciares, los cambios en los patrones de temperaturas y precipitaciones o el aumento de la frecuencia de fenómenos extremos, como olas de calor, sequías, inundaciones y temporales invernales. Todo ello, causado por la emisión de gases de efecto invernadero, como el dióxido de carbono y el metano, que se deben fundamentalmente a la acción humana, a través de actividades como la quema de combustibles fósiles para la generación de energía, los procesos industriales y la producción primaria de alimentos, especialmente la ganadería.

Parecía algo que iba a suceder en un futuro hipotético y lejano. Pero basta con asomarse a la ventana y mirar las anomalías que ya nos afectan (temperaturas extremas, sequía, etc.) para que nos venga a la cabeza aquella famosa canción de Radio Futura: «En un momento comprendí que el futuro ya está aquí».

El cambio climático amenaza la seguridad alimentaria en todas sus variantes. Por una parte, compromete la disponibilidad de alimentos. Las sequías, las temperaturas extremas, las lluvias torrenciales en épocas que no tocan y otros fenómenos extremos reducen las cosechas y encarecen los alimentos. No es algo hipotético y lejano que solo ocurra en países especialmente sensibles a la sequía, como Somalia o Etiopía. En España, en tan solo unos meses de 2022 y 2023, estos fenómenos afectaron gravemente a los cultivos y redujeron las cosechas de caquis, cerezas, aceitunas, trigo, sandías o melones, por poner solo unos ejemplos. Así que nos afecta directamente. Que me lo digan a mí, que todos los años me pongo morado a cerezas del Jerte y en el verano de 2023 solo las pude probar una vez porque las tormentas acabaron con el 80 % de la cosecha. Es cierto que algunos de estos fenómenos también ocurrían en el pasado, pero ahora suceden con más frecuencia y con más intensidad. Según el IPCC, que es el Panel Intergubernamental de Expertos sobre el Cambio Climático, se ha reducido ya un 5 % la productividad de los tres principales cultivos en el mundo: el maíz, el trigo y el arroz.

Por otra parte, también la inocuidad de los alimentos se ve amenazada. Para hacernos una idea, el aumento de las temperaturas favorece el desarrollo de hongos productores de micotoxinas en ciertos cultivos; por ejemplo, preocupa especialmente la aflatoxina B1 producida por *Aspergillus flavus* en cultivos de maíz de lugares donde antes no era común. Las altas temperaturas del mar favorecen la acumulación de mercurio en pescados azules de gran tamaño y el desarrollo de organismos potencialmente peligrosos, como la bacteria *Vibrio spp*. que puede contaminar moluscos bivalvos, o como las microalgas productoras de toxinas, como las que de vez en cuando impiden la recogida de mejillones en las costas gallegas.

La ciencia y la tecnología nos pueden ayudar a frenar en cierto modo el cambio climático o a amortiguar sus consecuencias; por ejemplo, sustituyendo los combustibles fósiles por fuentes de energía sostenibles, desarrollando plantas resistentes a la sequía o sistemas de producción más eficientes y con menos requerimientos. No obstante, eso no resuelve el problema. Si no hay agua, las temperaturas son extremas y los mares devoran las zonas costeras, poco podrá hacer la tecnología por nosotros, más que desarrollar naves espaciales para colonizar nuevos planetas que destruir.

La avalancha de los productos a base de vegetales

Como ocurre con todos los problemas complejos, el cambio climático tampoco se puede resolver de forma fácil y rápida. La posible solución pasa por tomar medidas drásticas y urgentes en el ámbito político y en muchos de los hábitos de nuestro día a día. Por ejemplo, restringir en la medida de lo posible el uso del coche, sustituyéndolo por medios de transporte más sostenibles, o reducir el uso de envases y el consumo de carne.

Muchas personas se oponen porque eso supone hacer cambios en sus vidas que a veces no están dispuestas a asumir. Hay quien quiere ir en coche hasta para comprar el pan en la tienda de la esquina.

A veces también ocurre que ni siquiera nos paramos a pensar ciertas cosas. ¿De verdad hacía falta que nos empezaran a cobrar por las bolsas de plástico para que nos animáramos a llevar las nuestras de casa? Sí, parece que sí.

De todos modos, cada vez hay más gente concienciada con este tema, lo que explica en parte el auge que ha experimentado la dieta vegetariana en los últimos años. Aunque, más allá de la preocupación por el medioambiente, la razón principal por la que la mayoría de las personas sigue esta dieta tiene que ver con motivos éticos, dado que lo que se persigue es evitar la explotación y el sufrimiento de los animales. Es decir, no rechazan la carne por ser lo que es, sino por las implicaciones que conlleva su producción. De hecho, no es tan solo una dieta, sino una filosofía de vida.

Hay muchas pistas que muestran ese crecimiento de la dieta vegetariana. Personalmente, lo noto en la cantidad de preguntas que me hacen sobre este tema a través del correo o cuando acudo a los institutos de educación secundaria a dar charlas sobre alimentación. Muchos padres y madres me escriben preocupados porque sus hijos adolescentes han comenzado a seguir esta dieta y no saben si puede suponer un riesgo para su salud. Y, la verdad, no me extraña que lo piensen porque todavía hay muchas creencias desfasadas en este sentido, incluso en ámbitos donde no debería ser así, como el médico o el académico.

Siempre me viene a la mente un titular que leí hace unos años en un periódico. Era de una entrevista a un catedrático de una universidad española y decía: «Ser vegano estricto es incompatible con la vida. ¿Por qué no están muertos? Porque toman complementos». Razón no le faltaba al buen señor, pero la frase es aplicable a muchos otros contextos. «Ser buceador estricto es incompatible con la vida. ¿Por qué no están muertos? Porque llevan botellas de oxígeno.» «Ser soriano estricto es incompatible con la vida. ¿Por qué no están muertos? Porque tienen calefacción.»

En efecto, si seguimos una dieta vegana, es decir, una dieta que excluye completamente los alimentos de origen animal, debemos tomar suplementos de vitamina B12. Por lo demás, no debería haber ningún problema. Se trata de una opción respetable y compatible con una vida saludable, siempre que tengamos en cuenta ese aspecto y hagamos una planificación adecuada para que los alimentos que consumimos sean saludables y nos aporten todos los nutrientes que nuestro organismo necesita, tal y como se debería hacer con cualquier otra dieta. Para eso conviene informarse debidamente. Lo más recomendable es acudir a un dietista-nutricionista, que es el profesional sanitario de referencia en estos casos.

Del mismo modo que hay mitos en contra de las dietas vegetariana o vegana, también hay otros que ensalzan sus virtudes, atribuyéndoles beneficios automáticamente. Me refiero sobre todo a que hay gente que asocia dieta vegetariana con dieta saludable, pero en realidad son dos conceptos que no tienen por qué estar unidos. Por ejemplo, los refrescos y las patatas fritas son veganos, pero eso no significa que sean saludables.

Quizá la asociación entre dieta vegetariana y dieta saludable era más directa hace unos años, cuando apenas existían opciones procesadas destinadas a personas vegetarianas y estas acudían casi en exclusiva a alimentos frescos: verduras, hortalizas, legumbres, etcétera. Pero hoy en día el número de productos es infinitamente mayor.

Este es otro ejemplo de cómo las empresas tienen muy en cuenta las demandas de la sociedad a la hora de desarrollar sus productos, porque, obviamente, eso es lo que reporta beneficios económicos. Prueba de ello es que hay empresas cárnicas que cuentan en su catálogo con productos para veganos, y no es porque les preocupe la explotación animal, precisamente.

El aumento en la oferta de este tipo de productos podemos apreciarlo con tan solo fijarnos en las bebidas a base de vegetales. Hace años apenas había dos: de soja y de almendras. Pero hoy encontramos infinidad de variedades: coco, avena, arroz, avellanas, etc., además de muchos otros productos, entre los que se encuentran algunos que hasta ahora eran exóticos (tofu, seitán, tempeh, etc.), y otros que, en su mayoría, se han desarrollado recientemente a base de proteínas vegetales, como los que «imitan» productos elaborados con carne o lácteos: quesos, hamburguesas, chorizo, salchichas, fiambres... En estos casos conviene leer con detenimiento la etiqueta porque hay opciones aceptables y otras que no lo son; por ejemplo, algunas tienen poca cantidad de vegetales y una elevada proporción de ingredientes poco interesantes, como harinas refinadas, almidones o sal. Es decir, que sean aptos para personas vegetarianas no los hace saludables. Tampoco conviene equipararlos nutricionalmente con los productos de origen animal en los que se inspiran, porque su composición es diferente. Además, no son necesariamente sostenibles; por ejemplo, algunos se elaboran en países lejanos.

¿El futuro de la agricultura?

Una de las propuestas que se barajan para la alimentación del futuro es la de las granjas verticales. El concepto se atribuye a Dickson Despommier, profesor de Salud Pública y Ambiental de la Universidad de Columbia. Junto con sus estudiantes propuso el diseño de una granja vertical de treinta pisos, teóricamente capaz de producir alimentos para 50.000 personas, con frutas y verduras en los pisos superiores y pollos y peces en los inferiores, que se alimentarían con los desechos de las plantas.

Esto sigue siendo aún un plan más propio de la ciencia ficción, pero en muchos países ya se han construido granjas verticales basadas en ese concepto, aunque más realistas. La primera, en 2012, localizada en Singapur, aunque quizá la más famosa es la que se construyó en Japón en 2017, capaz de producir 10.000 lechugas al día, cien veces más que en una granja convencional.

¿Cómo se consigue esto? Con mucha tecnología.

La luz solar se reemplaza por iluminación artificial; el sustrato (la tierra) se sustituye por hidroponía, es decir, por soluciones de nutrientes; las condiciones ambientales de temperatura, humedad y gases se controlan en todo momento, y no es necesario el uso de pesticidas porque se trata de sistemas cerrados y muy controlados donde se extreman las condiciones higiénicas. Producción rápida, cómoda y «limpia» que además se puede localizar en cualquier lugar, incluso en el centro de una gran ciudad.

Carne cultivada

Que el nombre no nos despiste. Cultivar carne no consiste en sembrar pollos en una huerta. Parece un chiste malo, pero es lo que intentó hacer un vecino de mi cuñado con los percebes. Como son tan caros, los plantó en el huerto que tenía en el pueblo para que se reprodujeran. No tuvo éxito, claro.

La carne cultivada se conoce también con muchos otros nombres, como carne de laboratorio, carne artificial, carne *in vitro* o *clean meat* (carne limpia). El concepto no es nuevo. Ya en 1931, el primer ministro británico Winston Churchill hizo una reflexión sobre esto que se ha hecho muy popular: «Escaparemos del absurdo de hacer crecer un pollo entero para comernos solo la pechuga o el ala, cultivando estas partes por separado en un medio adecuado». Es decir, lo primero que se persigue con este invento es desarrollar carne de forma más eficiente. Por eso también se está tratando de hacer lo mismo con otros alimentos, como el pescado. En principio, eso resolvería además otros inconvenientes de un plumazo: eliminaría los problemas éticos y reduciría el impacto ambiental.

EL NOMBRE ES IMPORTANTE. QUE SE LO DIGAN A LA FREIDORA DE AIRE

Senator Frozen Products era el nombre de una marca de helados que pasaba sin pena ni gloria en el Bronx de Nueva York, donde se creó, hasta que sus autores lo cambiaron por Häagen-Dazs, un nombre que no parece tener mucho sentido en términos comerciales: es difícil de escribir, de pronunciar y de recordar. Pero lo asociamos con algo exótico y sofisticado, procedente de algún país escandinavo, lo que explica gran parte de su éxito, como señala Fernando de Córdoba, experto en marcas.

Algo parecido ocurrió con un pequeño electrodoméstico que se popularizó especialmente en torno a 2015-2020: la freidora de aire. Parecía algo revolucionario, pero lo cierto es que lo desarrolló en 1945 el estadounidense William Maxson bajo el nombre de Maxson Whirlwind Oven (literalmente «horno torbellino Maxson»). Su éxito comenzó en 2010, cuando la empresa Phillips lo relanzó al mercado, con una campaña que aludía a la dieta saludable (con recetas incluidas) y, sobre todo, haciendo uso de un nombre muy potente: Airfryer (literalmente, freidora de aire).

Se trata en realidad de un pequeño horno de convección, es decir, un horno con un ventilador. Salvando las distancias, viene a ser como si cocináramos con un secador de pelo. La convección forzada acelera el cocinado, igual que ocurre en algunos hornos convencionales que disponen de esa opción. La diferencia es que aquí el proceso se produce con más intensidad, debido al diseño y las dimensiones del aparato, lo que acorta el proceso y permite ahorrar energía. Eso, junto a su versatilidad, explica parte del éxito de este aparato, que en realidad no fríe, porque para ello hace falta sumergir el alimento total o parcialmente en aceite, sino que hornea. ¿Es más saludable eso que la fritura convencional? Podría ser. Pero lo verdaderamente importante es tener en cuenta los alimentos que elegimos: mejor calabacines que sanjacobos, aunque los primeros estén fritos en una sartén y los segundos, cocinados en una freidora de aire.

Veremos si con el paso del tiempo este aparato acaba haciéndose un hueco en nuestras casas de forma definitiva o si, por el contrario, termina olvidado en un rincón de la cocina, como la licuadora que tenía mi madre a finales de los años setenta.

La técnica para obtener carne cultivada consiste en extraer células madre a partir de animales vivos y cultivarlas en biorreactores con los requerimientos necesarios de temperatura, oxígeno, pH, nutrientes, etc., con el objetivo de obtener células musculares. Puede sonar muy extraño y «artificial», pero eso de cultivar células en biorreactores para desarrollar alimentos es lo que se lleva haciendo desde hace décadas para producir levadura de panadería, yogures o kéfir, por poner algunos ejemplos.

Las investigaciones acerca de la carne cultivada comenzaron hace ya muchos años, aunque empezó a hablarse de ello en todos los medios en 2013, cuando Mark Post, un profesor de la Universidad de Maastricht (Países Bajos), presentó la primera hamburguesa de carne de vacuno, tras un trabajo de dos años y una inversión de más de 300.000 dólares.

Desde ese momento hemos asistido a una vertiginosa carrera investigadora y empresarial a lo largo y ancho del mundo por lograr resultados más asequibles, eficientes y versátiles, un objetivo que cada vez parece más cercano porque los avances se producen a una velocidad de vértigo. Por ejemplo, en 2019 la empresa Mosa Meat anunció que había logrado desarrollar el proceso sin necesidad de suero fetal bovino, un elemento que era fundamental para que las células madre se especializaran en células musculares, pero que lo limitaba notablemente por su precio y porque no evitaba la explotación animal. Un año más tarde, la empresa India Clear Meat anunció que había sido capaz de producir carne cultivada de pollo a un coste inferior al de la convencional (11,4 dólares frente a 13,5 dólares) y en ese mismo año se aprobó por primera vez un producto de este tipo para el consumo y la venta comercial. Ocurrió en Singapur, donde la Agencia de Alimentos (SFA) aprobó los productos de la empresa Eat Just. Después, a mediados de 2023, la FDA y el Departamento de Agricultura de Estados Unidos otorgaron la autorización correspondiente a las empresas Good Meat y Upside Foods para comercializar sus productos. Y un poco más tarde, la empresa brasileña JBS, considerada la mayor productora de carne de vacuno del planeta, anunció que iba a establecer en España la mayor planta de carne cultivada del mundo, con la intención de producir 4.000 toneladas al año.

Insectos para comer

Reconozco que en 2013 pensé que la carne cultivada tardaría más tiempo en llegar hasta donde se encuentra ahora. Pero no hay nada como la motivación económica para acelerar los avances tecnológicos.

Justo en ese año comenzó a hablarse también de otra forma de alimentarse que parecía de película futurista. En esa fecha, la FAO (Organización de las Naciones Unidas para la Alimentación y la Agricultura) publicó un informe sobre los insectos como fuente de alimentación. Destacaba su papel como una forma de combatir el hambre en el mundo y señalaba algunas de sus virtudes, como su eficiencia, su menor impacto ambiental con respecto a la carne y su composición nutricional, rica en proteínas y minerales.

Pero cuando de verdad comenzó a hablarse de este tema fue a partir de 2018. En ese año, la Unión Europea dio luz verde a considerar los insectos como «nuevos alimentos», lo que significa que desde entonces se pueden destinar a consumo humano. Aunque, para poder comercializarse, primero debe evaluarse la inocuidad de cada especie. Es decir, su aprobación se realiza de forma paulatina. En enero de 2023 las especies aprobadas eran cuatro: gusano de la harina (*Tenebrio molitor*); langosta migratoria (*Locusta migratoria*); grillo doméstico (*Acheta domesticus*), que es una especie diferente al que solemos encontrar por el campo, y larvas del escarabajo del estiércol (*Alphitobius diaperinus*). Para este último quizá habría que plantearse otro nombre un pelín más comercial, no sé, una locura que se me ocurre. Como podemos imaginar, se llama así porque uno de los lugares donde vive es precisamente el estiércol, aunque no el único. También vive, por ejemplo, entre la hojarasca. Pero se ve que quien le puso el nombre no le tenía mucho aprecio.

De todos modos, los insectos que se producen en nuestro entorno como fuente de alimento no se recogen del campo, sino que se producen en granjas donde se controlan las condiciones y la alimentación de manera que el producto final sea seguro para la salud, igual que se hace en la producción del ganado. Es decir, las larvas del escarabajo del estiércol no se crían en estiércol. Así se evitan dos de los riesgos asociados a los insectos silvestres —la posible presencia de metales pesados y de pesticidas—, y se reduce el riesgo de que se desarrollen microorganismos patógenos. De todos modos, este sigue siendo uno de los principales riesgos a controlar, igual que la posible presencia de compuestos potencialmente tóxicos o que produzcan reacciones sensibles a personas alérgicas. De ahí la necesidad de evaluar su seguridad antes de ser aprobados para el consumo. De ese modo se pueden identificar los peligros y valorar los riesgos para poder controlarlos, igual que se hace con cualquier otro alimento.

¿ES PELIGROSO COMER INSECTOS POR SU CONTENIDO EN QUITINA?

Uno de los argumentos que se han esgrimido en contra del consumo de insectos es que son peligrosos por su contenido en quitina. Se trata de un hidrato de carbono nitrogenado que forma parte del exoesqueleto de los insectos y de los crustáceos, como las gambas y los langostinos. También se encuentra en otros organismos, como las setas, porque forma parte de sus células, del mismo modo que ocurre con la celulosa en los organismos vegetales. Es decir, cuando comemos níscalos o champiñones, también comemos quitina.

Al igual que ocurre con la celulosa que forma parte de las lechugas o de los tomates, nuestro organismo tampoco es capaz de digerir la quitina. Solo producimos una pequeña cantidad de quitinasas, que son las enzimas encargadas de degradarla para transformarla en otros compuestos que podamos metabolizar, así que la mayor parte de esa quitina que comemos se comporta como si fuera fibra, igual que ocurre con la celulosa.

Por eso uno de los inconvenientes de la quitina es que, debido a su baja digestibilidad, puede dificultar la absorción de otros nutrientes que forman parte de los insectos.

Otro de los posibles problemas es que, si comiéramos una cantidad desmesurada de insectos enteros, la quitina podría acumularse en nuestro aparato digestivo y producir una obstrucción intestinal, del mismo modo que ya comentamos cuando hablamos de los bezoares causados por los chicles, los caquis o el pelo. Pero un consumo dentro de lo razonable no supone un problema para la salud.

Entre el asco y el repelús

La idea de comer insectos causó un enorme revuelo. Algunas personas lo rechazan de pleno porque lo ven como algo indigno. Sin embargo, se trata de una cuestión meramente cultural. Más de dos mil millones de personas en todo el mundo comen insectos con asiduidad, sobre todo en zonas como el sudeste asiático y las zonas centrales de África y América, donde forman parte habitual de la dieta desde hace miles de años.

A veces no nos damos cuenta de estas cosas porque nos centramos en nuestro entorno y no conocemos o no concebimos las costumbres de otros colectivos. Por ejemplo, nos horroriza, por motivos que nos resultan más que obvios, que en algunos países como Vietnam se coma carne de perro. Pero desde otros lugares nos miran con la misma cara de horror cuando se enteran de que en España se come carne de caballo o de conejo.

Es decir, hay alimentos que se comen en algunas culturas, pero provocan aversión en otras por diferentes motivos, ya sean culturales, religiosos o de otro tipo. Quizá el ejemplo más cotidiano de nuestro entorno podemos encontrarlo en el cerdo, del que, como se suele decir, se comen «hasta los andares»: hígado, riñones, testículos, orejas, sangre y un largo etcétera. Pero solo hay que ver la cara que ponen algunas personas cuando vienen de otros países y entran en algunos bares repletos de jamones, que, por muy ricos que estén, no dejan de ser patas de cerdo desecadas. Y eso no es todo. Hay muchas otras cosas que desde fuera se ven con rechazo y que aquí comemos alegremente: caracoles, gambas, percebes, crestas de gallo, ancas de rana, lampreas...

¿Por qué comemos esas cosas que resultan tan extrañas para muchas culturas y por qué muchas de ellas hacen lo propio con otras? La respuesta es simple. Históricamente, la humanidad ha comido todo aquello que estaba a su alcance para sobrevivir. Anda que no tendrían hambre las primeras personas que se atrevieron a comer un queso azul como el cabrales o un centollo.

Lo verdaderamente curioso es que nos encante comer gambas y nos produzca rechazo comer saltamontes, cuando ambos animales vienen a ser primos lejanos.

Ya comemos insectos

Aunque a veces no reparemos en ello, los insectos ya son habituales en nuestra dieta. A veces de forma inadvertida y fortuita, como cuando comemos gorgojos en el arroz, gusanos en las castañas asadas o pulgones en la lechuga, ya sea porque no hemos lavado bien los alimentos o porque no los hemos conservado en condiciones adecuadas. En estos casos el principal problema es que pueden ser vectores transmisores de enfermedades. A saber dónde se posó esa mosca antes de acabar en nuestra lechuga. Por eso es importante lavar bien las frutas y las verduras, o incluso desinfectarlas en caso necesario, sobre todo si estamos en una situación especialmente vulnerable, como ocurre con las personas inmunodeprimidas o las mujeres embarazadas. Recordemos que para hacerlo podemos utilizar lejía apta para uso alimentario, siguiendo las instrucciones de la etiqueta.

Otras veces los insectos están presentes en nuestra dieta de manera consciente e intencionada, como sucede con los productos que obtenemos de las abejas, como la miel, que se forma a partir de la regurgitación del néctar que toman de las flores; la jalea real, que es una sustancia segregada por unas glándulas situadas en la cabeza de estos insectos, mezclada con secreciones estomacales, o la cera, que segregan unas glándulas específicas.

También algunos aditivos que se emplean en los alimentos proceden de insectos. Por ejemplo, el colorante E 120, que engloba el ácido carmínico y el carmín, se aísla a partir de una cochinilla (*Dactylopius coccus*) y se emplea en embutidos y confituras o en la elaboración de lápices de labios. Otro ejemplo es la goma laca (E 904), una sustancia resinosa que secreta la cochinilla de la laca (*Kerria lacca*). Al igual que la cera de abeja, este aditivo se emplea como agente de recubrimiento en diferentes alimentos; por ejemplo, en frutas cumple la función de mejorar el aspecto y reducir la transpiración, aumentando así su duración, mientras que en productos de confitería evita que se derritan y resulten pegajosos al tacto.

En nuestro entorno hay ejemplos incluso más evidentes. Podemos hablar del milbenkäse o del mimolette, que son dos quesos de Alemania y Francia, respectivamente, que se elaboran con ayuda de ácaros. O del casu marzu, un queso de Cerdeña que se elabora con insectos. Durante el proceso, se agujerea la pieza para que la mosca *Pyophila casei* deposite sus huevos. A partir de ellos salen larvas que crecen en el interior del queso, transformando su composición, lo que aporta un olor y un sabor característicos. Este es quizá el que causa más repelús, porque cuando se come el queso esas larvas están vivas. Vale, ya paro. De todos modos, está prohibido vender ese producto, así que apenas se consume.

Después de esto, como para animarse a comer insectos... Pero insisto en lo de antes. Nuestros gustos y aversiones son una mera cuestión cultural. Por eso personas como mi tía Andrea comían hígado crudo sin inmutarse. De todas formas, cuando se sugiere la posibilidad de incorporar los insectos en la dieta, no se habla necesariamente de los bichos enteros, tal cual, que quizá es lo que más reparo puede dar, sino más bien del uso de la harina de insectos como ingrediente proteico para elaborar diferentes productos; por ejemplo, barritas energéticas, en cuyo caso debe mostrarse en la lista de ingredientes, así que podemos decidir si la queremos comer o no.

No es oro todo lo que reluce

La harina de insectos ya se plantea como una opción inminente para la alimentación del ganado, pero es probable que aún tarde en incorporarse a nuestra dieta de forma habitual, si es que lo hace algún día. Y lo mismo se puede decir de los insectos enteros y de la carne cultivada.

Todavía quedan muchos escollos por salvar, tanto legales como tecnológicos y de otros tipos. Por ejemplo, ¿qué nombre legal se utilizará para la «carne cultivada»? ¿Se podrá incluir la palabra *carne* en su denominación? Como mencionamos antes, el nombre influye de manera notable sobre las ventas y sobre el éxito de los productos. De ahí que haya tanta polémica con los nombres legales de aquellos que se elaboran a base de vegetales.

Actualmente, en Europa sí se pueden emplear términos inspirados en preparados de carne, como «hamburguesa vegetal» o «embutido vegetal», pero eso no está permitido para los inspirados en productos lácteos, como «yogur vegetal» o «queso vegetal», salvo tres contadas excepciones que solo aplican a determinados países: leche de almendras, leche de coco y mantequilla de cacahuete. Los criterios en los que se basan estas decisiones parecen contradictorios y no se han aclarado, así que solo podemos hacer conjeturas. De todos modos, es posible que esos criterios cambien en el futuro o que sean diferentes según donde nos encontremos. Por ejemplo, en Estados Unidos, la Food and Drug Administration (FDA) publicó a comienzos de 2023 una guía en la que se muestra a favor del uso de la palabra *leche* para denominar bebidas a base de vegetales, como soja, avena o almendras, porque entiende que no causa confusión.

Por otra parte, si hablamos de los retos tecnológicos, los desafíos más importantes se encuentran en la producción de carne cultivada por la dificultad de conseguir que los productos tengan unas características mucho más parecidas a las de la carne convencional. Los que se han logrado desarrollar hasta el momento están compuestos por estructuras bastante simples, formadas por fibras musculares, así que vienen a ser algo parecido a la carne magra picada. Por eso los productos que se elaboran con ella son hamburguesas o *nuggets* de pollo.

Conseguir productos con la consistencia, la textura y el sabor de un filete es mucho más complicado porque sobre la conformación del músculo de un animal y sobre sus características intervienen elementos como la composición grasa, el ejercicio físico o la presencia de compuestos volátiles que proceden de la dieta y son responsables del aroma y del sabor. Esto tiene una enorme importancia porque las características organolépticas determinarán en gran medida su aceptación.

En cualquier caso, hoy en día se está hablando de todas estas soluciones como si fueran milagrosas y resolvieran de un plumazo todos los inconvenientes asociados a la producción de alimentos. Pero, como podemos imaginar, estos no se generan por arte de magia. Su producción requiere, entre otros recursos, nutrientes y energía, y genera residuos, así que tiene unos costes económicos y un impacto sobre el medioambiente que no son desdeñables y que es necesario valorar.

Sin olvidar lo más importante de todo: la impresión que nos causen, es decir, si los aceptamos y estamos dispuestos a comprarlos y a comerlos o si, por el contrario, no queremos saber nada de ellos.

Lo que pase en el futuro, el tiempo lo dirá.

EPÍLOGO

En tan solo cuatro décadas nuestra alimentación ha cambiado de forma radical.

Veníamos de una época donde reinaban la escasez y la austeridad, y donde la prioridad casi exclusiva era conseguir alimentos. Hoy los alimentos abundan y nuestras preocupaciones son muchas más y muy diferentes. Entre medias, un abismo.

En la España de los ochenta la hambruna de tiempos pasados quedaba ya muy lejos, pero la oferta de alimentos seguía siendo muy básica. Se vendían generalmente en tiendas de barrio y las personas que se encargaban de comprarlos eran las mujeres, que los cocinaban a diario para alimentar a su marido y a sus hijos.

Poco a poco fueron llegando crisis alimentarias, fraudes, tiendas más grandes repletas de nuevos productos, avances tecnológicos, cambios en la publicidad, en los medios de comunicación, en la estructura de las familias y de la sociedad, en el comercio, el transporte...

Hoy tenemos a nuestra disposición más alimentos que nunca, de forma tan fácil que casi ni nos damos cuenta del logro que eso supone. Como cuando abrimos un grifo y sale agua o como cuando pulsamos un interruptor y se enciende una bombilla. Ya no tenemos siquiera que movernos de casa para alimentarnos. No hace falta ni cocinar. Podemos pedir comida a domicilio o echar mano de la innumerable oferta de alimentos pensados para ahorrarnos esfuerzo y tiempo. A veces lo hacemos por obligación, porque ya no hay una persona dedicada en exclusiva a comprar y cocinar, y disponemos de menos tiempo. Pero también porque existe la posibilidad de hacerlo. Tenemos la tecnología y los conocimientos para desarrollar esos productos y para conservarlos. Así que compramos más, pero con menos frecuencia, sobre todo en supermercados, y cocinamos menos.

Hoy esos alimentos son más seguros que nunca. Hemos tenido que vivir muchas crisis alimentarias para llegar hasta aquí y quizá por eso se da la paradoja de encontrar una mayor desconfianza hacia la inocuidad de los alimentos que cuando los controles eran casi inexistentes. Se explica en buena medida por la desinformación y los bulos que circulan a través de internet, medio que ha supuesto toda una revolución en la forma de comunicarnos y de informarnos.

Hoy tenemos a nuestra disposición más información que nunca y más conocimientos que antes, pero no los suficientes como para poder discernir entre tanto ruido y distinguir la información veraz de la que no lo es. Lo mismo nos ocurre con los alimentos. En general contamos con más información y conocimientos y existe una mayor concienciación acerca de la alimentación y de muchos de los aspectos que la rodean. Pero entre la enorme oferta a nuestro alcance cuesta distinguir los alimentos saludables de los que no lo son, en buena parte porque la publicidad se encarga a menudo de hacer pasar estos últimos por los primeros.

Hoy vivimos principalmente en ciudades y eso significa, entre otras cosas, que no tenemos medios para producir alimentos, así que nos hemos convertido en consumidores. Necesitamos comprar los alimentos que comemos. Además, no solo los compramos para nutrirnos y satisfacer nuestras necesidades básicas, sino por razones que obedecen a otras motivaciones, como el estatus o el disfrute. Los alimentos han pasado de ser un bien básico con el que alimentarnos a productos con los que comerciar para ganar dinero, así que se venden con las mismas estrategias comerciales que otras mercancías. Estamos rodeados de alimentos insanos y de su publicidad, que nos incita al consumismo.

Hoy vivimos en un ambiente obesogénico, en el que predominan el sedentarismo y los alimentos insanos, junto con otros factores como la falta de tiempo y de habilidades culinarias, lo que ha disparado las tasas de sobrepeso y obesidad. El problema ya no es la desnutrición asociada a la escasez de alimentos, como ocurría muchas décadas atrás, sino la malnutrición asociada a esa abundancia de alimentos insanos.

Todos los cambios que han ocurrido a nuestro alrededor en estos años nos han llevado de demandar alimentos básicos para nutrirnos a exigir muchas otras cosas: que sean seguros, que no sean fraudulentos y que tengan alguna característica extraordinaria, ya sea para aportarnos placer o salud, o relacionada con el estatus, el medioambiente o el bienestar animal.

Hoy tenemos cada vez más presente que nuestras decisiones no solo afectan a nuestra salud física o mental o a nuestro bolsillo, sino también a nuestro entorno: a las personas que nos rodean, al medioambiente o al conjunto de la sociedad. En definitiva, cada vez somos más conscientes de que, como ciudadanos y como consumidores, no somos meros espectadores. Nuestras decisiones y nuestras iniciativas pueden contribuir a cambiar nuestro entorno.

Yo hace años no tenía ni idea de todo esto. Ahora que lo sé, espero haberte ayudado a entender por qué comemos lo que comemos y a aprender y tomar conciencia para tratar de hacerlo mejor.

AGRADECIMIENTOS

Gracias a todas las personas que me han ayudado a llegar hasta aquí. Son tantas que no caben en un libro.

A Martina Torrades y Ediciones Destino, por la confianza.

A mi familia, especialmente a mi pareja y mis hijas. Gracias por vuestra infinita paciencia. A mis padres y mis suegros, por vuestro apoyo incondicional.

A mis amigos, por estar siempre ahí.

A todas las personas con las que comparto horas de trabajo y mucho más. Sobre todo, a Laura Caorsi, Juan Revenga, Francisco Ojuelos, Julio Basulto, Gemma del Caño, Beatriz Robles, Mario Sánchez, Javier S. Perona, Mikel Iturriaga, Aitor Sánchez, Lucía Martínez, Carlos Casabona, Daniel Ursúa, Ana Lamas, Javier Salas, Patricia Fernández de Lis, Javier Olivares, Jesús Soria, Mara Peterssen, Alejandro Fonseca, Monchi Álvarez, Laura G. Merino, Rocío Benavente, Joselu Zafra, Fermín Grodira, Carmen López. Gracias por el apoyo, la confianza y la inspiración.

A todos los profesores que me enseñaron a entusiasmarme aún más por el mundo de los alimentos, especialmente a Isabel Revilla, Ana Vivar, Jesús Santos, Teresa López, Andrés Rodríguez y José María Fresno.

Y, por supuesto, gracias a ti.

BIBLIOGRAFÍA

Agencia Española de Consumo, Seguridad Alimentaria y Nutrición. Informe del Comité Científico de la Agencia Española de Consumo, Seguridad Alimentaria y Nutrición (AECOSAN) sobre los criterios de seguridad que limiten la exposición a acrilamida producida por la fritura de patatas, *Revista del Comité Científico*, 26 (2017), pp. 29-55.

Agencia Española de Seguridad Alimentaria y Nutrición. Alimentación segura durante el embarazo, disponible en: <https://www.aesan.gob.es/AECOSAN/web/para_el_consumidor/ampliacion/Consejos_Embarazo.htm>. [Consulta: 01/2023.]

Agencia Española de Seguridad Alimentaria y Nutrición. Estudio ALADINO 2019, disponible en: <https://www.aesan.gob.es/AECOSAN/web/nutricion/detalle/aladino_2019.htm>. [Consulta: 11/2022.]

Agencia Española de Seguridad Alimentaria y Nutrición. Prevalencia de sobrepeso y obesidad en España en el informe «The Heavy Burden of Obesity» (OCDE 2019) y en otras fuentes de datos, disponible en: <https://www.aesan.gob.es/AECOSAN/docs/documentos/nutricion/observatorio/Resumen_resultados_informe_OCD-NAOS.pdf>. [Consulta: 02/2023.]

Babín Vich, F., «Encefalopatía espongiforme bovina: el "mal de las vacas locas"», *Revista de Administración Sanitaria Siglo XII*, 2006, 4 (4), pp. 655-673.

Bastida, S. y Sánchez-Muniz, F. J., «Polar content vs. TAG oligomer content in the frying-life assessment of monounsaturated and polyunsaturated oils used in deep-frying», *Journal of the American Oil Chemists' Society*, 2002, 79, pp. 447-451.

Basulto, J., «Un alimento cocinado con alcohol, ¿contiene alcohol?», disponible en: <https://juliobasulto.com/alcohol_coccion/>. [Consulta: 01/2023.]

Basulto, J., Manera, M., Baladía, E. *et al.*, «“Dieta” o “método” Dukan. Postura del GREP-AEDN», *Grupo de Revisión, Estudio y Posicionamiento de la Asociación Española de Dietistas-Nutricionistas*, marzo de 2011, pp. 1-2.

Carter, B. P., Galloway, M. T., Campbell, G. S. y Carter, A. H., «The critical water activity from dynamic dewpoint isotherms as an indicator of crispness in low moisture cookies», *Journal of Food Measurement and Characterization*, 9 (2015), pp. 463-470.

Donini, L. M., Barrada, J. R., Barthels, F. *et al.*, «A consensus document on definition and diagnostic criteria for orthorexia nervosa», *Eating and Weight Disorders - Studies on Anorexia, Bulimia and Obesity*, 27 (2022), pp. 3695-3711.

Engin, O., Yildrim, M., Yakan, S. y Ay Coskun, G., «Can fruit seeds and undigested plant residuals cause acute appendicitis», *Asian Pacific Journal of Tropical Biomedicine*, 1 (2) (2011), pp. 99-101.

Espinoza González, R., «Bezoares gastrointestinales: mitos y realidades», *Revista Médica de Chile*, 144 (8) (2016).

European Food Safety Authority, «Tolerable upper intake level for dietary sugars», *EFSA Journal*, 20 (2) (2022), p. 7074.

Food and Drug Administration. Draft Guidance for Industry: Labeling of Plant-Based Milk Alternatives and Voluntary Nutrient Statements, FDA, 2023, disponible en: <https://www.fda.gov/regulatory-information/search-fda-guidance-documents/draft-guidance-industry-labeling-plant-based-milk-alternatives-and-voluntary-nutrient-statements>. [Consulta: 03/2023.]

Gobierno de Canadá, *Guía alimentaria canadiense*, disponible en: <https://www.canada.ca/en/health-canada/services/canada-food-guide/resources/snapshot/languages/spanish-espagnol.html>. [Consulta: 03/2023.]

Holgado, F., Ruiz-Méndez, M. V., Velasco, J. y Márquez-Ruiz, G., «Performance of olive-pomace oils in discontinuous and continuous frying. Comparative behavior with sunflower oils and high-oleic sunflower oils», *Foods*, 10 (12) (2021), p. 3081.

Iheonunekwu, C., Jackson, C., Weichler, K. *et al.*, «Chewing gum bezoar in a pediatric patient», *JEM Reports*, 2 (2) (2023), p. 100036.

Instituto de Salud Carlos III, Unidad de Investigación sobre el Síndrome del Aceite Tóxico, disponible en: <https://www.isciii.es/QuienesSomos/CentrosPropios/IIER/AreaEpidemiologia/SindromeAceiteToxico/Paginas/default.aspx>. [Consulta: 01/2023.]

Instituto Nacional de Estadística, «Mujeres y hombres en España», INE, 2019.

Instituto Nacional de Estadística, «Población del padrón continuo por unidad poblacional», disponible en: <https://www.ine.es/nomen2/index.do>. [Consulta: 01/2023.]

Laich, F., Fierro, F. y Martín, J. F., «Organization of the gene cluster for biosynthesis of Penicillin in *Penicillium nalgiovense* and antibiotic production in cured dry sausages», *Applied and Environmental Microbiology*, 65 (3) (1999), pp. 1236-1240.

Lartigue, «Hydrocution in Surface swimming and in deep dive», *Annale di Medicina Navale*, 59 (4) (1954), pp. 349-368.

Latasa, P., Louzada, M. L. D. C., Martínez Steele, E. y Monteiro, C. A., «Added sugars and ultra-processed foods in Spanish households (1990-2010)», *European Journal of Clinical Nutrition*, 72 (2017), pp. 1404-1412.

Li, X., Jing-Nan, J., Fan, G. y Pan S., «Changes of aroma compounds and qualities of freshly-squeezed orange juice during storage», *Journal of Food Science and Technology*, 55 (11) (2018), pp. 4530-4543.

Marles, R. J., «Mineral nutrient composition of vegetables, fruits and grains: The context of reports of apparent historical declines», *Journal of Food Composition and Analysis*, 56 (2017), pp. 93-103.

Martín Llaguno, M., «Historia mediática de la anorexia. La constricción inicial del problema a finales de los 90», *Revista Icono 14*, 8 (2010), pp. 45-61.

Ministerio de Agricultura, Pesca y Alimentación, Datos del desperdicio alimentario en hogares, disponible en: <https://www.mapa.gob.es/es/alimentacion/temas/desperdicio/desperdicio-alimentario-hogares/>. [Consulta: 01/2023.]

Ministerio de Salud, «Guía alimentaria para la población brasileña», 2014, disponible en: <https://www.foodpolitics.com/wp-content/uploads/Brazils-Dietary-Guidelines_2014.pdf>. [Consulta: 03/2023.]

Naranjo, M., Denayer, S., Botteldoorn, N. *et al.*, «Sudden death of a young adult associated with *Bacillus cereus* food poisoning», *J. Clin Microbiol*, 49 (12) (2011), pp. 4379-4381.

National Academies of Sciences, Engineering, and Medicine; Health and Medicine Division; Food and Nutrition Board; Committee to Review the Process to Update the Dietary Guidelines for Americans. «Redesigning the Process for Establishing the Dietary Guidelines for Americans», Washington

(D. C.). National Academies Press (U. S.), 2017. Appendix D, Dietary Guidelines for Americans Guidelines and Key Recommendations.

Nemery, B., Fischler, B., Boogaerts, M. *et al.*, «The Coca-Cola incident in Belgium», *Food and Chemical Toxicology, June 1999*, 40 (11) (2002), pp. 1657-1667.

Organización Mundial de la Salud, «Guideline: sugars intake for adults and children», 2015, disponible en: < https://www.who.int/publications/i/item/9789241549028>.

Parra-Fernández, M. L., Rodríguez Cano, T., Onieva-Zafra, M. D. *et al.*, «Prevalence of orthorexia nervosa in university students and its relationship with psychopathological aspects of eating behaviour disorders», *BMC Psychiatry*, 18 (364) (2018).

Rey-Gayo, A. y Calbo Torrecilla, F., «Estructura de proteínas: plegamiento y priones», *Enfermedades Infecciosas y Microbiología Clínica*, 2002, 20 (4), pp. 161-167.

Ruiz, E., Rodríguez, P., Valero, T., Ávila, J. M., Aranceta-Bartrina, J., Gil, A. *et al.*, «Dietary Intake of Individual (Free and Intrinsic) Sugars and Food Sources in the Spanish Population: Findings from the ANIBES Study», *Nutrients*, 14, 9 (3) (2017), p. 275.

Schlech, W. F., Lavigne, P. M., Bortolussi, R. A. *et al.*, «Epidemic Listeriosis — Evidence for Transmission by Food», *The New England Journal of Medicine*, 1983, 308 (4), pp. 203-206.

Spinosa, J., Christiansen, P., Dickson, J. M. *et al.*, «From Socioeconomic Disadvantage to Obesity: The Mediating Role of Psychological Distress and Emotional Eating», *Obesity (Silver Spring)*, 27 (4) (2019), pp. 559-564.

The Economist, «Our Big Mac index shows how burger prices are changing», *The Economist*, 2023, disponible en: <https://www.economist.com/big-mac-index>. [Consulta: 03/2023.]

The New York Times, «Some Poisoned Israeli Oranges Discovered in Europe», 2 de febrero de 1978, Sección A, p. 2.

Vera Anekwe, C., Jarrell, A. R., Townsed, M. J. *et al.*, «Socioeconomics of Obesity», *Current Obesity Reports*, 9 (3) (2020), pp. 272-279.

Zribi A., Jabeur, H., Aladedunye, F. *et al.*, «Monitoring of quality and stability characteristics and fatty acid compositions of refined olive and seed oils during repeated pan- and deep-frying using GC, FT-NIRS, and chemometrics», *Journal of Agricultural and Food Chemistry*, 62 (42) (2014), pp. 10357-10367.